物流运输管理实务
(第2版)

王金妍　主　编
刘　莉　施　雯　张卓远　副主编

清華大學出版社
北　京

内 容 简 介

本书是根据教育部《高职高专教育专业人才培养目标及规格》编写的，主要阐述了物流运输管理方面的基本理论和实际操作。本书以运输工具为载体，按照运输业务流程重构知识、通过任务驱动介绍了物流运输中的典型工作业务。本书共分六个项目，每个项目又分为若干个任务，内容涵盖了公路货物运输、铁路货物运输、水路货物运输、航空货物运输、集装箱运输与多式联运等领域。每个项目在编排上力求内容广泛、重点突出。

本书内容丰富、设计新颖、实用性强、案例丰富、训练多样、考核全面、功能齐全，通俗易懂，集可读性和应用性于一体，力求体现“教、学、做、评合一和以学生为主体，以教师为引导”的高职高专教育教学改革新思想。

本书既可作为高职高专物流管理专业的教材，又可作为物流从业人员的培训教材和参考书。

图书在版编目(CIP)数据

物流运输管理实务/王金妍主编. —2版. —北京：清华大学出版社，2023.11（2025.1 重印）
ISBN 978-7-302-64848-2

Ⅰ. ①物… Ⅱ. ①王… Ⅲ. ①物流管理—交通运输管理—高等职业教育—教材 Ⅳ. ①F252.14

中国国家版本馆 CIP 数据核字(2023)第 215278 号

责任编辑：陈冬梅　陈立静
装帧设计：李　坤
责任校对：周剑云
责任印制：宋　林
出版发行：清华大学出版社
网　址：https://www.tup.com.cn, https://www.wqxuetang.com
地　址：北京清华大学学研大厦 A 座　　邮　编：100084
社 总 机：010-83470000　　邮　购：010-62786544
投稿与读者服务：010-62776969, c-service@tup.tsinghua.edu.cn
质量反馈：010-62772015, zhiliang@tup.tsinghua.edu.cn
课件下载：https://www.tup.com.cn, 010-62791865
印 装 者：三河市龙大印装有限公司
经　销：全国新华书店
开　本：185mm×260mm　　印　张：17.25　　字　数：422 千字
版　次：2014 年 1 月第 1 版　2023 年 12 月第 2 版　　印　次：2025 年 1 月第 2 次印刷
印　数：1201～2200
定　价：55.00 元

产品编号：092078-01

前　言

随着现代物流业的不断发展壮大，物流为国民经济和企业的发展带来了巨大的经济效益，得到了政府和企业的广泛关注和大力支持，物流业已成为21世纪我国经济发展的一个新的增长点。作为物流的核心功能之一——实现物体的空间位移，是通过物流运输来完成的，而物流运输管理是物流链中的核心环节，在整个物流运作过程中起着关键性作用。

本书结合我国物流运输发展的现状，广泛吸收当前物流及运输管理方面的新知识和新技能，从公路、铁路、水路、航空、集装箱运输与多式联运、合理化运输等方面对物流运输活动进行了全面的介绍和论述，力求新颖、实用、通俗易懂。在教材的编写过程中，我们遵循高职教育的发展规律，重点关注和突出了以下特点。

1. 教材内容与时俱进

根据高职院校技术型人才的培养定位，为了有效地实现本课程的教学目标，力避传统教材编撰上过多理论陈述、缺乏案例图表、缺乏职业特色的通病，避免教与学双方陷入理论“误区”、职业“盲区”，同时结合党的二十大精神，“建设高效顺畅的流通体系，降低物流成本”的理念，教材内容在选取时以完成合理化运输方案设计为最终目标，从而实现降低运输成本，作为物流企业未来的从业者有责任为百姓办实事，提高民生福祉，同时本书针对市场需求和涵盖了最新的观点和方法，在内容上做到了与时俱进。

2. 编写体例务实创新

在编写过程中，我们高度重视教材内容的针对性与可读性，借鉴国内外成功的教材编写经验，在编写体例上力求有所创新。每个项目都分为若干个任务，每个任务中都设有以下几个栏目。

(1) 工作思考。根据实际的工作流程和情况，为完成本任务，需要具备的知识和能力，以及应该熟悉的工作流程。

(2) 任务内容。以案例的形式设定任务，给出该任务的主题，学生学习之后，对该任务会有大致的了解。

(3) 任务目标。提纲挈领地告诉学生，学完本项目之后，应该掌握哪些知识、具备什么能力，以便明确教学目标，提高学生的学习效率和实践技能。

(4) 任务准备和实施。为了完成本任务所需要的任务准备和根据物流企业中实际的工作流程来进行任务的具体实施，使学生能较早体会职场氛围和了解工作流程，同时有利于实现学校和企业的零距离对接。

(5) 相关知识。本书主要介绍了五种运输方式的基本含义及各自的优缺点、通过工作任务引出各种运输方式的作业流程、各种运输方式费用的计算，通过企业中真实案例引出如何实现合理化运输，实现“理实一体化教学”。除了相关的实践外，本书还要求

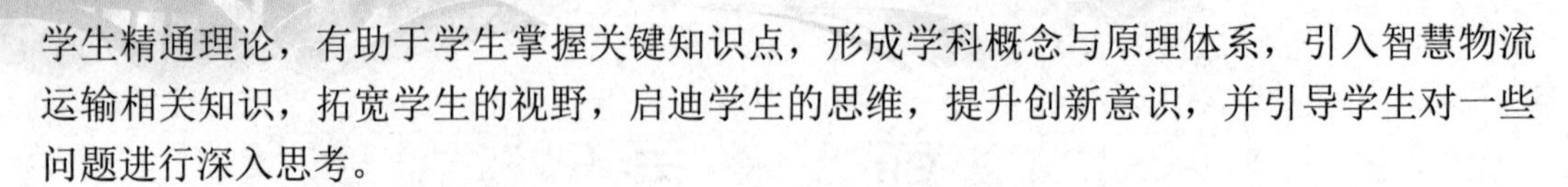

学生精通理论，有助于学生掌握关键知识点，形成学科概念与原理体系，引入智慧物流运输相关知识，拓宽学生的视野，启迪学生的思维，提升创新意识，并引导学生对一些问题进行深入思考。

3. 教材内容有机融入思政元素

根据物流运输管理课程的特点和学生必须掌握的知识，结合当下的热点问题，深入挖掘课程内容中的思政元素，做到自然有效地融入思政元素，在润物细无声中培养学生的价值观。如在介绍公路运输车辆发展史时，通过扫码观看视频里面的图片展示公路运输的发展史，尤其汽车发展的历史变迁，展示祖国科技发展的日新月异和给我们带来的工作和生活改变，提升学生的爱国情怀和科技自信以及对公路运输创新、数字化发展的认知能力。

本书在编写中组织了物流行业有实践经验的专家、企业高管参与审稿和定稿，力求内容丰富，理论联系实际，突出重点。本书具体写作分工如下：王金妍(黑龙江职业学院)负责编写第一章、第二章、第六章，施雯(黑龙江职业学院)负责编写第三、第五章，张卓远(黑龙江职业学院)负责编写第四章，梁楠(黑龙江圆通速递有限公司)参与教材编写中企业案例的选取指导，王金妍负责全书统稿。

第 2 版教材相比第 1 版教材的显著特点是将学生任务完成后的多种评量引入评价体系，便于对学生进行过程考核，同时第 2 版更注重知识的更新和案例的时效性，引入了当下物流运输发展的实践案例，这样不仅可以提高学生的学习兴趣，也可以很好地培养学生解决实际问题的能力；同时第 2 版教材将教材中的重点和难点录制成视频，学生通过扫描二维码就可以获取相关的知识，便于学生的自学和课后知识的巩固；第 2 版教材中思政元素有机融入课堂教学，在润物细无声中实现“三全育人”。

本书在编写过程中浏览和援引了中国物流与采购联合会、中华物流网、百度等网络上的相关内容资料，此外还参考了大量有关的书籍及文献，引用了许多专家学者的资料，在此对他们表示衷心的感谢！

由于编者水平有限，书中难免存在不妥之处，恳请各位专家和读者批评指正。

编 者

目　录

项目一　公路货物运输 1

【理论知识】 3

一、公路运输的历史沿革及含义 3

二、公路运输的种类 7

三、公路运输的技术装备与设施 7

四、公路运输的优、缺点分析 11

五、公路运输的重要功能 12

六、公路货物运输业务运作的基本程序 12

七、公路运输的经营方式 12

八、公路零担货物运输的组织形式 13

九、零担货物运输的货源组织 15

十、货运事故处理 17

十一、运输风险的一般控制途径 18

【实训任务】 20

任务一　受理托运 20

任务二　车辆计划与调度 27

任务三　车辆时间进度及路线安排方法 30

任务四　货物交接 34

任务五　货物押运、中转及交付 36

任务六　公路货物运费的结算 38

【综合案例】 43

课程思政 47

拓展提升 47

资料链接 49

项目二　铁路货物运输 51

【理论知识】 53

一、铁路运输的沿革 53

二、铁路货物运输的基本条件 60

【实训任务】 65

任务一　填写运输任务单 65

任务二　铁路货物运输的托运与承运 76

任务三　铁路货物运输装车作业 81

任务四　铁路货物运输到达交付作业 85

【综合案例】 94

课程思政 94

拓展提升 94

资料链接 95

项目三　水路货物运输 99

【理论知识】 102

一、水路运输概述 102

二、水路运输服务的特点及功能 103

三、船舶航线和航次的概念 107

四、班轮货物运输概述 109

五、海运运费的计算规则 113

六、租船运输业务 114

【实训任务】 118

任务一　班轮运输出口业务流程 118

任务二　班轮运输进口业务流程 122

任务三　海运提单的填制 126

任务四　海运班轮运费的计算 130

【综合案例】 136

课程思政 136

拓展提升 137

资料链接 138

项目四　航空货物运输 139

【理论知识】 141

一、航空货物运输概述 141
二、航空运输的主要技术装备与设施 144
三、航空运输的特点及功能 149
四、中国主要航空公司标志 150
五、航空货物运输的业务流程 151
六、航空运费的计算 153
七、航空货物的声明价值 155
八、航空快递 156
【实训任务】 159
任务一 航空货运出口业务流程 159
任务二 航空货运进口业务流程 164
任务三 航空运单的填制 167
任务四 航空运费的计算 175
【综合案例】 181
课程思政 183
拓展提升 183
资料链接 184
项目五 集装箱运输与多式联运 185
【理论知识】 189
一、集装箱的定义与种类 189
二、集装箱货物 198
三、集装箱货运过程与组织形式 200
四、集装箱运费的计算 203
五、国际多式联运相关内容 210
六、多式联运的组织形式 214
【实训任务】 215
任务一 签订多式联运合同 215
任务二 国际多式联运方案设计 218
任务三 国际标准集装箱的结构及标记标识 220
任务四 集装箱货运单证的流转与使用 223
任务五 集装箱海运运费的计算 228
课程思政 233
拓展提升 233
资料链接 235
项目六 合理化运输 237
【理论知识】 239
一、运输概述 239
二、运输的分类 244
三、运输价格 245
四、运输合理化 247
五、运输与物流各要素之间的关系 254
六、运输在物流中的作用 255
【实训任务】 255
任务一 运输方式的选择 255
任务二 运输合理化的方案 258
【综合案例】 263
课程思政 264
拓展提升 265
资料链接 269
参考文献 270

项目一　公路货物运输

【知识目标】

- 掌握公路货物运输的概念及类型
- 了解公路货物运输的技术装备与设施
- 掌握公路货物运输的作业流程
- 掌握公路货物运输路线安排的方法
- 掌握公路货物运输费用的计算

【能力目标】

- 会设计公路货物运输路线
- 能计算公路货物运输费用
- 会填制公路运单
- 能管理公路运输业务
- 理解并掌握公路运输的基本程序

【课程思政】

- 提升学生的社会责任感和历史使命感
- 提升学生的爱国情怀和科技自信
- 提升学生的职业素养和管理能力

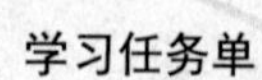

学习任务单

学生学习条件分析	起点分析： 1. 初步了解了公路货物运输的基本知识 2. 在日常生活中了解了公路货物运输的广泛应用 重点分析： 1. 公路零担货物运输作业、整车货物运输作业的流程 2. 公路货运单据的填写 难点分析： 1. 如何组织公路货物运输 2. 公路货物运输线路的选择
教学方法与手段	1. 教学方法：案例教学法、讨论法、讲授法 2. 学习方法：自主学习法、分组合作学习法、问题导向学习、善用资源与求助学习 3. 教学手段：多媒体、黑板、视频
教学资源	1. 学校资源：课件、网络环境下的实训室、多媒体教室 2. 文献资源：课程大纲、教案、参考教材
能力指标	1. 认知公路货物运输的基本理论知识 2. 熟练填制公路货运单据
教学目标	知识目标： 1. 认知公路货物运输的基本理论知识 2. 熟悉公路货物运输的作业流程和线路选择 技能目标： 1. 能够熟练地填写货运单据 2. 根据货运案例组织公路货物运输 3. 能够计算公路运输的费用和进行线路的选择与优化 思政目标： 1. 培养学生具有团结合作的精神和节约成本的意识 2. 提升学生道路自信和民族的自豪感，提升学生社会责任感
教师课前准备	1. 设置学习情境，精选教学案例和熟悉公路货运作业流程 2. 准备教具(公路运单、课件、视频等)
学生课前准备	1. 认知公路货物运输的基本概念、特点和适合公路货运的条件 2. 理解不合理运输的表现形式
学生需要完成的主要任务	1. 公路运单的填制 2. 公路运输费用的计算 3. 公路运输线路的规划
学习评量	1. 本单元评量满分100分 2. 评量表及评量尺规参照下表 3. 本单元的课后作业纳入本次评量 4. 学生归纳、整理本单元的主要内容
课后作业	归纳、整理本单元的主要内容
教学反思	

沃尔玛的整合物流体系

2019 年 11 月 15 日下午 3 点，在南宁市货运北站广西运德物流公司，有龙吉商贸公司、丰达木制品公司和南国书市等 9 个客户，要求托运货物到广西大化县。按其托运的货物种类、数量、流向及相关要求可以整理成表 1-1。

表 1-1　客户托运货物简明记录表

序　号	托运人	收货人	货物及数量	起点—终点	要　求
托运 1	龙吉商贸公司	马毅	汽车零配件 30 箱(25 千克/箱)	南宁—大化县	以最经济的办法，两天内送达
托运 2	丰达木制品公司	牛嘉	课桌椅(半成品)23 套(20 千克/套)、床垫(2.00 米×1.50 米×0.20 米) 20 床(25 千克/床)	南宁—大化县	以最经济的办法，两天内送达
托运 3	南国书市	朱光中	图书 45 件(20 千克/件)	南宁—大化县	以最经济的办法，两天内送达
托运 4	瑞光中学	满标葵	粉笔 60 箱(15 千克/箱)，篮球、乒乓球、羽毛球各 5 箱(10 千克/箱)	南宁—大化县	以最经济的办法，两天内送达
托运 5	张灵玲	欧阳甫	飞人牌家用缝纫机机头 1 件(16 千克)、机座 1 件(13 千克)	南宁—大化县	以最经济的办法，两天内送达
……	……	……	……	……	……
托运 9	—	—	—	—	—
合计	9 户		约 5000 千克		

(资料来源：豆丁网.选择适宜运输方式及货物运输合理化[EB/OL]. (2023-08-11)[2023-10-01]. https://www.docin.com/p-4508233445.html)

■案例研讨

公路汽车零担货物运输，是指汽车运输企业承办的一次托运的货物不足规定的整车重量(我国规定是 3 吨)限额货物的运输。本案例中，龙吉商贸公司和张灵玲等 9 家客户称为托运人，广西运德物流公司称为承运人。本次托运的货物中，每人都不足 3 吨，是从上午 10 点起陆续来要求托运的。组织这些货物从起运地南宁到大化县的运输，称为公路零担货物运输。如何完成这些货物的运输呢？需要以下相关知识的支持。

【理论知识】

一、公路运输的历史沿革及含义

公路运输如图 1-1 所示。

(a)

(b)

图 1-1　公路运输

(一)公路运输的历史沿革

第一次世界大战结束后，基于汽车工业的发展和公路里程的增加，公路运输进入了发展阶段，不仅成为短途运输的主力，而且涉入长途运输的领域。第二次世界大战结束后，公路运输发展更为迅速。欧洲许多国家和美国、日本等国已建成比较发达的公路网，汽车工业又提供了雄厚的物质基础，促使公路运输在运输业中跃至主导地位。发达国家公路运输完成的客货周转量占各种运输方式总周转量的90%左右。

我国56个民族的人民居住在960万平方公里的土地上，东西跨度长达5200公里，时差在4小时以上，南北相距也有约5500公里，如此大跨度的国土，致使各地气候条件差异明显，蕴藏着丰富的资源，生产着各种各样不同的产品，为人们越来越多样化和个性化的生活追求提供了良好条件。那么，靠什么方法或途径帮助人们实现互通有无呢？——运输，物流运输！

运输行业的重要性随着我国经济的不断发展而快速提高。不管是旅客运输还是货物运输，其发展与变化成为国民经济发展的重要组成部分，其中公路运输又成为运输行业的重中之重。

1992年，在公路、水路交通“三主一支持”长远发展规划的指导下，交通部组织编制了《全国公路主枢纽布局规划》，确定了全国45个公路主枢纽的布局方案。2004年12月，国务院审议通过了《国家高速公路网规划》。为适应新时期公路交通发展的要求，加快与国家高速公路网相协调，与铁路、港口等其他运输方式紧密衔接，建设布局合理、运转高效的国家公路运输枢纽，交通部在《全国公路主枢纽布局规划》的基础上，制定了《国家公路运输枢纽布局规划》。原45个公路主枢纽已全部纳入布局规划方案，成为国家公路运输枢纽的重要组成部分。

2004年，全国公路客运量累计完成运输量为162.89亿人，同比增长11.2%，同时旅客周转量全年达到8719.15亿人公里，同比增长13.5%；完成货运量121.36亿吨，同比增长9.9%，完成货运周转量7621.32亿吨公里，同比增长11.4%。2004年，全国公路货物运输周转量7596亿吨公里，比2003年增长了7%；全国公路旅客货物运输周转量为8765亿人公里，比2003年增长13.9%。

2005年全年我国公路运输客运量总计为168.4亿人，与2004年同期相比，增长了3.4%，公路旅客周转量总计为9241.7亿人公里，与2004年同期相比，增长了6%；2005年全年我国公路货运量总计为131.4亿吨，与2004年累计同期相比，增长了8.3%，公路货运周转量总计为8475.8亿吨，与2004年同期累计相比，增长了11.2%。由于目前我国运输业瓶颈效应尚未消除，而陆上运输方式中铁路运力增长有限，因此公路运输是全社会物流量大幅增长的主要受益者。

公路运输随着治理超载的深入和降低大吨位车辆路桥通行费等政策措施的落实，运价水平回落，货运量将保持较快的增长速度，运输市场将出现供大于求的局面。我国公路在客运量、货运量、客运周转量等方面均遥遥领先于其他运输方式的总和。根据交通部规划，到2010年，公路总里程要达到210万～230万公里，全面建成“五纵七横”国道主干线，人口在20万以上的城市高速公路连接率将达到90%，高速公路总里程达到5万公里。

2007年8月，交通部公布了在《全国公路主枢纽布局规划》的基础上制定的《国家公路运输枢纽布局规划》(简称《布局规划》)，共确定179个国家公路运输枢纽，其中12个为组合枢纽，共涉及196个城市。《布局规划》覆盖60%地级以上城市，遍及84%国家开放口岸，涉及所有的沿海主要港口。在分布上，东部地区61个，中部地区56个，西部地区62个。

2008年年底，全国公路总里程达373.02万公里，比上年年末增加14.64万公里。其中，国道15.53万公里，省道26.32万公里，县道51.23万公里，乡道101.11万公里，专用公路6.72万公里，村道172.10万公里，分别比上年年末增加1.82万公里、增加0.80万公里、减少0.21万公里、增加1.27万公里、增加1.01万公里、增加9.95万公里。各行政等级公路里程占公路总里程的比例比上年年末分别提高0.4个百分点，持平、下降0.7个百分点，下降0.8个百分点，提高0.2个百分点，提高0.9个百分点。

2008年，全国营业性客车完成公路客运量达268.21亿人、旅客周转量12 476.11亿人公里，平均运距为46.52公里。全国营业性货运车辆完成货运量191.68亿吨、货物周转量32 868.19亿吨公里，平均运距为171.48公里。

2008年全国高速公路年平均日交通量为16 270辆/日，与上年相比下降4.2%，年平均行驶量为98 113万车·公里/日，比上年增长7.1%。

2009年1～5月，公路的货运量为80.48亿吨，与去年同期相比增长了2.7%，周转量是13 662.14亿吨公里，比去年同期增长了1.5%。

随着道路运输业的快速发展，形成了一批规模化道路运输企业，已成为道路运输业的骨干。全国排名前30名的道路客运企业，年客运量和客运周转量分别达到28.3亿人次、1094.1亿人公里，分别占全国道路运输客运总量的15.2%和10.8%。道路运输已初步形成大型专业集团主导发展方向的市场格局。

到2010年，中、东、西部地区将基本形成“东网—中联—西通”的高速网络。城镇人口的增加将持续显著地提升交通运输量，新农村的建设也将在更为广泛、深远的框架下为交通运输提供不竭动力。2010年，GDP比2000年翻一番，国民经济的快速发展，带来了旺盛的运输需求。

(二)公路运输的含义

公路运输(highway transport)是在公路上运送旅客和货物的运输方式，是交通运输系统的组成部分之一。现代所用的运输工具主要是汽车。因此，从狭义上来说，公路运输一般指汽车运输。从广义上来说，公路运输是指利用一定的运载工具(如汽车、拖拉机、畜力车、人力车等)沿着公路实现旅客或货物空间位移的过程。在地势崎岖、人烟稀少、铁路和水运不发达的边远地区和经济落后地区，公路为主要运输方式，起着运输干线作用。

(三)公路运输的意义与功能

规划建设国家公路运输枢纽，建设提供公共客、货运输服务的站场设施，是加快发展公共交通的基础条件和重要环节，对实现公路交通的可持续发展具有重大的现实意义和战略意义。规划建设国家公路运输枢纽是实现交通“三个服务”的重要举措，是实施和完善国家高速公路网，促进交通运输向现代服务业发展的迫切需要，是建立现代综合交通运输体系的基础条件，是提高公共交通资源利用效率，建立资源节约型、环境友好型交通运输行业的必然要求。

公路运输枢纽的核心功能具体如下。

1．支持经济社会发展

支持经济社会发展要求提高运输能力和效率，促进工业化，加快信息化，服务现代化；服务现代综合交通运输，强化运输过程的无缝衔接；服务公路快速客、货运输，强化快速客、货运输组织功能；服务集装箱运输，拓展内陆口岸功能；服务现代物流业发展，强化货运枢纽的物流功能；服务交通信息化建设，提供及时、有效的客、货运输信息。

2．服务公众，便捷安全出行

方便公众出行，加强源头安全管理，提升运输服务水平，为公众提供便捷、安全、可靠的出行条件。

3．保障国家安全

加强运输组织，协调运力，保障国家重点物资和紧急物资的运输，保障春运、黄金周旅客的运输，确保社会稳定，维护经济安全。

4．服务可持续发展

有效地提高运输装备的利用效率，合理组织多式联运，发挥综合运输优势，提高综合运输能力，集约利用土地，降低能源消耗，促进交通与环境的和谐发展。

公路运输的其他功能包括以下几点。

(1) 公路运输主要为中、短途运输。短途运输运距为 50 公里以内，中途运输运距为 50～300 公里。

(2) 公路运输衔接其他运输方式。即其他运输方式(如铁路、水路或航空)为主要(长途)运输方式时，由公路运输负责其起始点和终点的客、货集散运输。

(3) 公路运输独立担负长途运输。即当汽车运输的经济距离超过 300 公里时，但基于

需要，也常由汽车负责长途运输。

总之，在近距离、小批量的客货运输和水运、铁路运输难以到达地区的长途、大批量货运，以及铁路、水运优势难以发挥的短途运输中，公路运输都发挥着重要作用。

二、公路运输的种类

公路运输的种类见表 1-2。

表 1-2　公路运输的种类

序　号	划分标准	划分结果
1	按托运批量大小	整车运输、零担运输、集装箱运输和包车运输
2	按运送距离	长途运输和短途运输
3	按货物性质及对运输条件的要求	普通货物运输和特种货物运输
4	按托运的货物是否保险或保价	不保险(不保价)运输、保险运输和保价运输
5	按货物运送速度	一般货物运输、快件货物运输和特快专运
6	按运输的组织特征	集装化运输和联合运输

三、公路运输的技术装备与设施

公路货物运输

1. 公路货运车辆

公路货运车辆包括载货汽车、牵引车和挂车及专用汽车，载货汽车的类型如图 1-2 所示。

(a) 敞车

(b) 厢式车

(c) 自卸汽车

(d) 专用车辆——混凝土搅拌车

图 1-2　载货汽车的类型

牵引车与挂车的类型如图 1-3 所示。

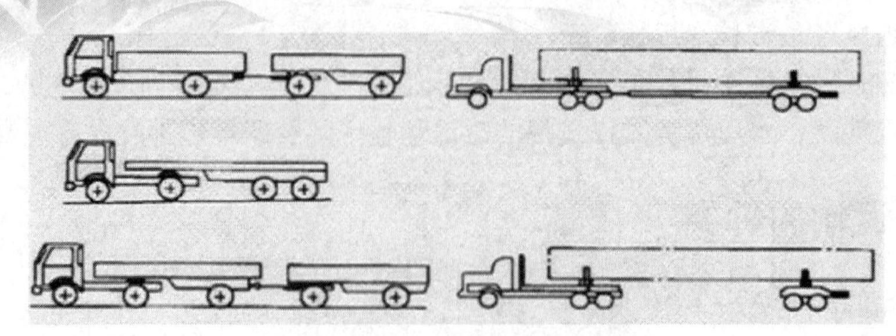

(a) 全挂车、半挂车及牵引车

(b) 轴式挂车

图1-3 牵引车与挂车

驱动能力的车头叫牵引车，没有牵引驱动能力的车叫挂车，挂车是被牵引车拖着走的，挂车又分为半挂车与全挂车。牵引车和挂车的连接方式有以下两种。

(1) 挂车的前端连在牵引车的后端，牵引车只提供向前的拉力，拖着挂车走，但不承受挂车向下的重量，这就是全挂车。

(2) 挂车的前面一半搭在牵引车后段上面的牵引鞍座上，牵引车后面的桥承受挂车的一部分重量，这就是半挂车。

2. 交通标志

交通标志就是把交通指示、交通警告、交通禁令和指路等交通管理与控制法规用文字、图形或符号形象化地表示出来，设置于路侧或公路上方的交通控制设施。交通标志一般分为以下四种。

(1) 警告标志。警告标志是警告车辆、行人注意危险地点的标志。其形状为等边正三角形，颜色为黄底、黑边、黑图案。警告标志距危险地点的距离为20～250米，如陡坡、急转弯、窄桥的标志等(见图1-4)。

(2) 禁令标志。禁令标志是对车辆、行人禁止或加以限制的标志。其形状为圆形或等边倒三角形，颜色为白底、红圈、红杠、黑图案，如限宽、限速、不准停车、不准超车、不准左转的标志等(见图1-5)。

(3) 指示标志。指示标志是指示车辆、行人行进或停止的标志。其形状为圆形、长方形或正方形，颜色为蓝底、白图案，如向左和向右转弯的标志等(见图1-6)。

(4) 指路标志。指路标志是传递道路方向、地点、距离信息的标志。其形状为长方形或正方形，颜色一般为蓝底、白图案。高速公路为绿底、白图案，如预告和指示高速公路或一级公路的中途出入口、沿途的服务设施的标志等(见图1-7)。

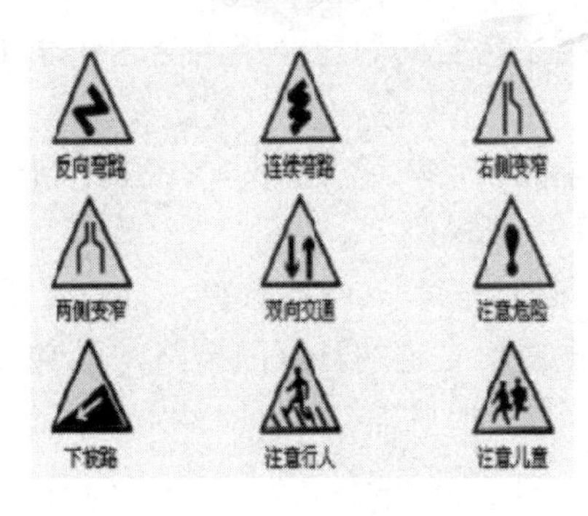

图 1-4　警告标志

图 1-5　禁令标志

图 1-6　指示标志

图 1-7　指路标志

齐全的交通标志，能有效地保护路桥设施，保障交通秩序，提高运输效率和减少交通事故，它是公路沿线设施必不可少的组成部分。

3．路面标线和路标

路面标线是指用漆类物质或用混凝土预制块或瓷瓦等为介质，将交通的警告、禁令、指示和指路标志以画线、符号、文字等，喷刷或嵌在路面或路边的建筑物上的一种交通安全控制设施。它的作用是配合标志牌对交通进行有效管制，指引车辆分道行驶，达到安全和畅通的目的。

4．公路

连接城市、乡村和工矿基地之间，主要供汽车行驶并具备一定技术标准和设施的道路称为公路。公路是一种线型构造物，是汽车运输的一个重要的基础设施，它主要由路基、路面、桥梁、涵洞、渡口码头、绿化、通信、照明、防护工程、排水设施与设备等基本部分组成。此外，还需设置交通标志、安全设施、服务设施及绿化栽植等。

在我国，公路主要根据以下两个标准进行分类。

1) 按行政等级划分

按行政等级可将公路分为国家公路、省公路、县公路和乡公路(简称为国道、省道、县道、乡道)以及专用公路五个等级。一般把国道和省道称为干线，把县道和乡道称为支线。

(1) 国道。国道是指具有全国性政治、经济意义的主要干线公路，包括重要的国际公路，国防公路，连接首都与各省、自治区、直辖市首府的公路，连接各大经济中心、港站枢纽、商品生产基地和战略要地的公路。国道中跨省的高速公路由交通部批准的专门机构负责修建、养护和管理。

(2) 省道。省道是指具有全省(自治区、直辖市)政治和经济意义，并由省(自治区、直辖市)公路主管部门负责修建、养护和管理的公路干线。

(3) 县道。县道是指具有全县(县级市)政治和经济意义，连接县城和县内主要乡(镇)、主要商品生产地和集散地的公路，以及不属于国道、省道的县际间公路。县道由县、市公路主管部门负责修建、养护和管理。

(4) 乡道。乡道主要为乡(镇)村经济、文化、行政服务的公路，以及不属于县道以上公路的乡与乡之间及乡与外部联络的公路。乡道由有关人民政府负责修建、养护和管理。

(5) 专用公路。专用公路是指专供或主要供厂矿、林区、农场、油田、旅游区、军事要地等与外部联系的公路。专用公路由专用单位负责修建、养护和管理，也可委托当地公路部门修建、养护和管理。

2) 按功能和适应的交通量划分

根据我国2015年1月1日起施行的《公路工程技术标准》(JTGB 01—2014),公路按功能和适应的交通量分为高速公路、一线公路、二级公路、三级公路及四级公路等五个技术等级。

(1) 高速公路为专供汽车分方向、分车道行驶，全部控制出入的多车道公路。高速公路的年平均日设计交通量宜在15000辆小客车以上。

(2) 一级公路为供汽车分方向、分车道行驶，可根据需要控制出入的多车道公路。一级公路的年平均日设计交通量宜在15000辆小客车以上。

(3) 二级公路为供汽车行驶的双车道公路。二级公路的年平均日设计交通量宜为5000～15000辆小客车。

(4) 三级公路为供汽车、非汽车交通混合行驶的双车道公路。三级公路的年平均日设计交通量为2000～6000辆小客车。

(5) 四级公路为供汽车、非汽车交通混合行驶的双车道或单车道公路。双车道四级公路年平均日设计交通量宜在2000辆小客车以下；单车道四级公路年平均日设计交通量宜在400辆小客车以下。

5. 我国公路建设及通达情况

近些年，特别是“十五”大以来，我国公路建设取得了前所未有的发展。截至2020年年底，我国公路通车总里程519.81万公里，其中高速公路通车里程16.1万公里，稳居世界第一，路网密度达到37.22千米/百平方公里，路网结构逐步完善，公路通达深度明显提高。

经过多年的建设，我国公路、港口、航道的面貌得到了很大改观，有力地促进了国民经济的增长，保障了国家重要战略物资运输的畅通，有效地促进了区域协调发展和城乡发展。

6．公路货运站

公路货运站的类型大致有以下 3 种。

(1) 零担货运站。零担货运站是专门经营零担货物运输的汽车站，简称零担站。凡一批货物托运的计费重量在 3 吨以下或不满一整车装运时，该批货物就称为零担货物。零担货物要求单件质量不超过 200 千克，单件体积不超过 1.5 立方米，货物长度不超过 3.5 米，宽度不超过 1.5 米，高度不超过 1.3 米。

(2) 整车货运站。整车货运站是以货运商务作业机构为代表的汽车货运站。它在我国各地的名称不一，如营业所、运输站、运管办等。它是调查并组织货源、办理货运商务作业的场所。有的整车货运站也兼营零担货运。

(3) 集装箱货运站。集装箱货运站是以承担集装箱中转运输任务为主的货运站，又称集装箱公路中转站。

四、公路运输的优、缺点分析

(一)公路运输的优点

(1) 机动灵活，适应性强。由于公路运输网一般比铁路、水路网的密度要大十几倍，分布也广，因此公路运输车辆可以“无处不到、无时不有”。公路运输在时间方面的机动性也比较大，车辆可随时调度、装运，各环节之间的衔接时间较短。尤其是公路运输对客、货运量的多少具有很强的适应性，汽车的载重吨位有小 (0.25～1 吨)有大(200～300 吨)，既可以单个车辆独立运输，也可以由若干车辆组成车队同时运输，这一点对抢险、救灾工作和军事运输具有特别重要的意义。

(2) 可实现“门到门”直达运输。由于汽车体积较小，中途一般也不需要换装，除了可沿分布较广的路网运行外，还可离开路网深入到工厂企业、农村田间、城市居民住宅等地，即可以把旅客和货物从始发地门口直接运送到目的地门口，实现“门到门”直达运输。这是其他运输方式无法比拟的特点之一。

(3) 在中、短途运输中运送速度较快。在中、短途运输中，由于公路运输可以实现“门到门”直达运输，中途不需要倒运、转乘就可以直接将客、货运达目的地，因此，与其他运输方式相比，其客、货在途时间较短，运送速度较快。

(4) 原始投资少，资金周转快。公路运输与铁路、水路、航空运输方式相比，所需固定设施简单，车辆购置费用一般也比较低，因此，投资兴办容易，投资回收期短。有关资料表明，在正常经营情况下，公路运输的投资每年可周转 1～3 次，而铁路运输则需要 3～4 年才能周转一次。

(5) 掌握车辆驾驶技术较容易。与火车司机或飞机驾驶员的培训要求来说，汽车驾驶技术比较容易掌握，对驾驶员的各方面素质要求相对也比较低。

(二)公路运输的缺点

(1) 运量较小，运输成本较高。目前，世界上最大的汽车是美国通用汽车公司生产的矿用自卸车，长逾20米，自重610吨，载重350吨左右，但仍比火车、轮船的运量少得多；由于汽车载重量小，行驶阻力比铁路大9～14倍，所消耗的燃料又是价格较高的液体汽油或柴油，因此，除了航空运输，就属汽车运输成本高了。

(2) 运行持续性较差。据有关统计资料表明，在各种现代运输方式中，公路的平均运距是最短的，运行持续性较差。如我国1998年公路平均运距客运为55千米，货运为57千米，铁路客运为395千米，货运为764千米。公路运输安全性较低，环境污染较大。

据历史记载，自汽车诞生以来，已经吞噬掉3000多万人的生命，特别是从20世纪90年代开始，死于汽车交通事故的人数急剧增加，平均每年达50多万人。这个数字超过了艾滋病、战争和结核病人每年的死亡人数。汽车所排出的尾气和引起的噪声也严重地威胁着人类的健康，是大城市环境污染的最大污染源之一。

五、公路运输的重要功能

1．主要担负中、短途运输

短途运输，通常运距为50千米以内，中途运输运距为50～200千米。

2．衔接其他运输方式的运输

由其他运输方式(如铁路、水路或航空)担任长途运输时，可以由汽车运输担任其起点、终点处的客货集散运输。

3．独立担负长途运输

当汽车运输的经济运距超过200千米时，或者其经济运距虽短，但基于国家或地区的政治经济建设等方面的需要，也常由汽车担负长途运输。

六、公路货物运输业务运作的基本程序

公路货物运输的基本程序包括托运受理、配载装车、货物中转、货物交付等内容，如图1-8所示。

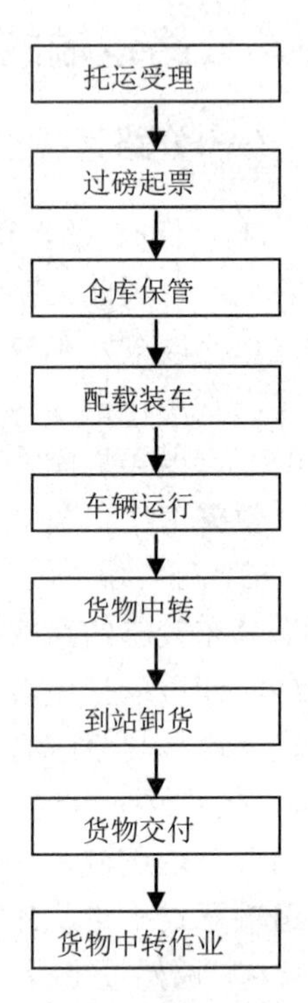

图1-8　公路货物运作流程

七、公路运输的经营方式

在市场经济条件下，公路运输的经营方式一般有以下几类。

1．公共运输(common carrier)

此类企业专业经营汽车货物运输业务并以整个社会为服务对象，其经营方式如下。

(1) 定期定线。不论货载多少，在固定路线上按时间表行驶。

(2) 定线不定期。在固定路线上视货载情况，派车行驶。

(3) 定区不定期。在固定的区域内根据货载需要，派车行驶。

2. 契约运输(contract carrier)

此类企业按照承托双方签订的运输契约运送货物。与之签订契约的一般是一些大型工矿企业，常年运量较大而又较稳定。契约期限一般比较长，短的有半年、一年，长的可达数年。按契约规定，托运人保证提供一定的货物运输量，承运人保证提供所需的运力。

3. 自用运输(private operator)

此类企业自置汽车，专为运送自己的物资和产品，一般不对外营业。

4. 汽车货物运输代理(freight forwarder)

此类企业本身既不掌握货源也不掌握运输工具，它们以中间人的身份一面向货主揽货，一面向运输公司托运，借此收取手续费用和佣金。有的汽车货物运输代理专门从事向货主揽取零星货载，加以归纳集中成为整车货物，然后自己以托运人的名义向运输公司托运，赚取零担和整车货物运费之间的差额。

八、公路零担货物运输的组织形式

公路零担运输的组织形式

公路汽车零担货物运输，由于集零为整，站点、线路较复杂，业务较烦琐，因而开展零担货运业务，必须采用合理的车辆运行组织形式。零担车按照发送时间的不同可分为固定式和非固定式两种。

(一)固定式零担运输

固定式零担运输也称汽车零担货运班车。“五定运输”是指车辆运行采用定线路、定沿线停靠点、定班期、定车辆、定时间的一种组织形式。这种组织形式要求根据营运区内零担货物流量、流向等调查资料，结合历史统计资料和实际需要，在适宜的线路上开行定期零担货运班车。固定式零担运输组织形式为广大零担货主提供了方便，有利于他们合理地安排生产和生活。对汽车运输部门来讲，固定式零担运输有利于实现有计划地调配货源。

零担货运班车主要采用直达式零担班车、中转式零担班车和沿途式零担班车三种运行方式。

1. 直达式零担班车

直达式零担班车是指在起运站，将各发货人托运到同一到达站，而且性质适合配装的零担货物。同一车装运直接送至到达站，途中不发生装卸作业的一种组织形式，也可以称为整车零担，如图 1-9 所示。

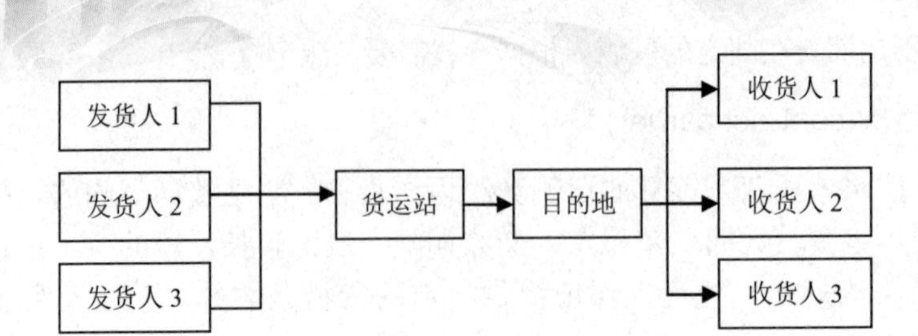

图1-9　直达式零担班车简图

直达式零担货运的货物在中途无须倒装，因此经济性最好，是零担班车的基本形式，它具有以下四个特点。

(1) 避免了不必要的换装作业，节省了中转费用，减轻了中转站的作业负担。

(2) 减少了货物的在途时间，提高了零担货物的运送速度，有利于加速车辆周转和物资的调拨，特别适合季节性商品和贵重商品的调运。

(3) 减少了货物在周转站的作业，有利于运输安全和货物的完好，减少事故，保证运输质量。

(4) 货物在仓库内的集结时间少，充分发挥仓库货位的利用效率。

2. 中转式零担班车

中转式零担班车是指在起运站将各个托运人发往同一去向、不同到达站，而且性质适合于配装的零担货物，同车装运到规定的中转站，卸货后另行配装，重新组成新的零担班车运往各到达站的一种组织形式，如图1-10所示。

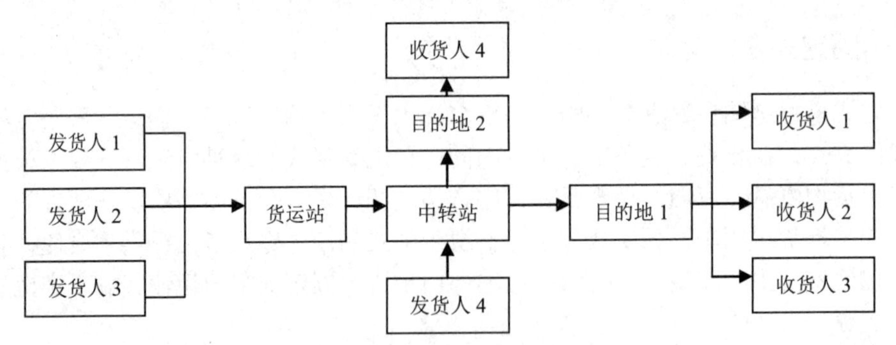

图1-10　中转式零担班车简图

中转式和直达式是互为补充的两种不同的组织形式。直达式效果较好，但它受到货源数量、货流及行政区域的限制，而中转式可使那些运量较小、流向分散的货物通过中转及时运送，所以它是一种不可缺少的组织形式。但中转式耗费的人力、物力较多，作业环节也比较复杂。因此，必须根据具体情况，合理地组织这两种运输方式，使它们各得其所，充分发挥各自的优势。

3. 沿途式零担班车

沿途式零担班车是指在起运站将各个托运人发送同一线路、不同到站，且性质适宜

配装的各种零担货物，同车装运，按计划在沿途站点卸下或装上零担货物再继续前进，直到最后到达站的一种组织形式，如图 1-11 所示。

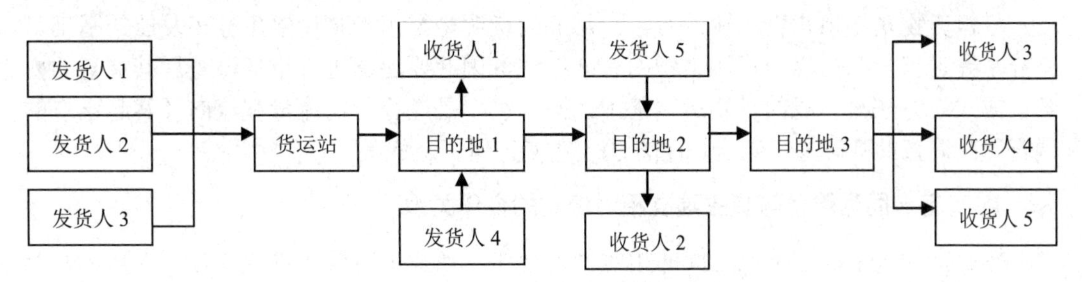

图 1-11　沿途式零担班车简图

这种组织形式工作较为复杂，车辆在途中运行时间也较长，但它能更好地满足沿途各站点的需要，充分利用车辆的载重和容积，是一种不可缺少的组织形式。

在上述三种零担班车运行模式中，以直达式零担班车经济性最好，是零担班车的基本形式。

(二)非固定式零担运输

非固定式零担运输是指按照零担货流的具体情况，根据实际需要，随时开行零担货车的一种组织形式。这种组织形式由于缺少计划性，给运输部门和客户带来一定的不便，因此只适宜于在季节性或在新辟零担货运线路上作为一项临时性的措施使用。

九、零担货物运输的货源组织

(一)零担货物运输的特点

汽车零担货物运输是汽车货物运输中的一个重要分支，相对于其他汽车运输，其主要特点如下。

(1) 零担货源不确定。零担货物的流量和流向多为随机发生，并且批量小，品种繁多，托运批次多，托运时间和到站分散，一辆货车所装货物往往由多个托运人的货物汇集而成，并由几个收货人分别接收，故难以通过运输合同的方式将其纳入计划管理范围，大多使用运单方式来确定承托双方的合同关系，所以要加强零担货源市场调查，做好零担货源组织工作。

(2) 组织工作复杂。零担货物运输货运环节多，作业工艺细致，对货物配载和装载要求相对较高，因此零担运输企业需要有较强的业务组织能力。要加强培训，提高员工素质和服务水平，才能促进企业发展。

(3) 运输成本昂贵。零担货物运输需要配备一定的仓库、货栅、站台及相应的装卸、搬运、堆码机具和专用厢式车辆。此外，零担货物周转环节多，更容易出现货损、货差，赔偿费用相对较高，因而导致了零担货物运输的成本比较高。因此零担货物运输要全面综合考虑，选择成本低的方式与方法。

(二)零担货物运输的货源组织方法

零担货物是零担货物运输的对象，足够的货源是零担货物运输生存和发展的基础。充分掌握零担货源信息是货源组织的有效办法，因此要注意进行市场调查。其调查的内容、方式、方法与一般的货物运输基本相同，主要是进行货物流量和流向及其起讫点的调查。在调查的基础上，结合以下方法才能使工作更有成效。

1. 实施合同运输，与货主建立相对稳定的合作关系

托运方与汽车运输单位之间的相对稳定合作，当货主需要运输货物时，告知运输单位，由运输单位按货主要求将货物运往目的地。它具有以下特点。

(1) 使零担货运企业拥有一定数量的稳定货源。

(2) 有利于合理地安排运输。

(3) 有利于加强企业责任心，提高运输服务质量。

(4) 有利于简化运输手续，减少费用支出。

(5) 有利于改进客户的产、供、销关系，优化其资源配置。

2. 设立零担货运代办站(点)，承接社会货源

零担货物具有品种繁多、小批量、多批次、价高贵重、时间紧迫、到站分散的特点，零担货运企业可自行设置独立的货运站点，也可与其他社会部门或企业联合设立零担货运代办站点，这样，既可加大零担货运点的密度，又可有效利用社会资源，减少企业成本，弥补企业在发展中资金、人力的不足。在设立零担货运站点时，一定要经过广泛的社会调查，充分了解货源情况。

3. 委托社会相关企业代理货运业务

零担货运企业可以委托货运交易市场、货物联运公司、停车场、邮局等单位办理零担货运受理业务，利用这些单位的既有设施及社会关系网络，取得相对稳定的货源。

4. 聘用货运信息联络员，建立货源情报网络

聘用货运信息员上门与货主洽谈，承揽业务，或在媒体上刊登广告，向社会提供运输方式、运价、在途时间、联系方式等服务信息。在有较稳定零担货源的单位设专职货运联络员，随时掌握货源情况，了解客户要求，提供增值服务，加深客户对其服务质量的信赖程度。

5. 建立电话受理业务

设立固定、统一的电话号码，有利于某区域客户的联系与沟通，及时办理托运受理业务。

6. 网上接单业务

设立专门的零担货运网站，公布零担货物运输线路、运输价格、运输时间、服务承诺和网上业务登记办法等，方便承运人选择。

7. 构建零担货物运输网络，扩大零担货物运输业务

1) 零担货物运输网络的含义及其主要意义

零担货物运输网络是指将不同营运路线上各地的零担货运站(点)，以沟通货流信息、协作配合开展中转业务为目的而连接构成的路线网络。

构建零担货物运输网络，有利于零担货物中转运输的衔接，减少线路交叉造成的不合理运输，降低运输成本。

2) 汽车零担货运网的基本特点

(1) 零担站(点)、零担货运班车和零担货运班线是组成零担货运网的三要素，缺一不可。

(2) 信息沟通是零担货运网取得成效的前提和关键。

3) 零担货运网建设的原则

根据服务区域内经济发展状况、产业构成、公路网状况、运输方式构成等特点，确定零担货运站点个数、分布状况、货运班次数及班期密度等。

4) 零担货物运输网络的主要工作

零担货物运输网络的主要工作是进行零担运输量预测、各站点平均受理量的确定、站点个数的计算及空间分布、货运班线条数的确定、班车期密度的计算等。

根据我国的实际情况，可依托行政区域，建立相应的各层次零担货运网，进而形成全国范围内的零担货运网络：①县内网络；②城市(地区)网络；③省(自治区)网络；④片区网络；⑤全国网络。

建立以方便客户、服务客户为目的的全方位的运输网络，是现今零担货物运输的主要目标之一。

十、货运事故处理

(一)货运事故的概念

货物在承运责任期内，在装卸、运送、保管、交付等作业过程中所发生的货物损坏、变质、误期和数量差错而造成经济损失的事件，称为货运事故。

(二)货运事故处理办法

货运事故发生后应努力做好以下工作。

(1) 承运人应及时通知收货人或托运人。

(2) 查明原因、落实责任，事故损失由责任方按有关规定计价赔偿。

(3) 承运与托运双方都应积极采取补救措施，力争减少损失和防止损失继续扩大并做好货运事故记录。

(4) 若对事故处理有争议，应及时提请交通运输主管部门或运输经济合同管理机关调解处理。当事人不愿和解、调解或者和解、调解不成的，可依仲裁协议向仲裁机构申请仲裁；当事人没有订立仲裁协议或仲裁协议无效的，可以向人民法院起诉。

(三)货运事故赔偿的相关规定

关于货运事故的赔偿，有以下几项具体规定。

(1) 当事人要求另一方当事人赔偿的有效期限，从货物开票之日起，不得超过 6 个月。须提出赔偿要求书，并附运单、货运事故记录和货物价格证明等文件。要求退还运费的，还应附运杂费收据。另一方当事人应在收到赔偿要求书的次日起，60 日内作出答复。

(2) 货物损失赔偿费包括货物价格、运费和其他杂费。赔偿分限额赔偿和实际损失赔偿两种。法律、法规对赔偿责任限额有规定的按规定执行；尚未规定赔偿责任限额的按货物的实际损失赔偿。

(3) 在保价运输中，货物全部灭失按货物保价声明价格赔偿；货物部分毁损或灭失，按实际损失赔偿；货物实际损失高于声明价格的按声明价格赔偿；货物能修复的，按修理费加维修取送费赔偿。保险运输按投保人与保险公司商定的协议办理。

(4) 由于承运人责任造成货物灭失或损失，以实物赔偿的，运费和杂费照收；按价赔偿的，退还已收的运费和杂费。被损货物尚能使用的，运费照收。丢失货物赔偿后，又被寻回并送还原主，收回赔偿金或实物；原主不愿接受失物或无法找到原主的，由承运人自行处理。

(5) 由托运人直接委托站场经营人装卸货物造成货物损坏的，由站场经营人负责赔偿；由承运人委托站场经营人组织装卸的，承运人应先向托运人赔偿再向站场经营人追偿。货物运输途中，发生交通肇事造成货物损坏或灭失，承运人应先行向托运人赔偿，再由其向肇事的责任方追偿。

对货物赔偿价格，按实际损失价值赔偿。如货物部分损坏，按损坏货物所减低的金额或按修理费用赔偿。

十一、运输风险的一般控制途径

(一)运输风险的概念

运输风险是指运输过程中危险发生的意外性和不确定性，包括损失发生与否及损失程度大小的不确定性。简单地说，运输风险就是运输过程中遭受损失的可能性。

(二)运输风险产生的一般原因

运输风险产生的原因有多种，因而风险具有不同的表现形式，如地震、火灾、洪水等自然风险；雇员的恶意行为、不良企图等道德风险；疏忽大意、重大过失等人为风险；供求关系变化、价格上涨等市场风险；此外，还有技术风险、政治风险等。

(三)运输风险的主要控制途径

运输风险可以通过识别、分析和应对来进行管理。风险可以从发生的可能性(概率)、影响因素、造成的损失和引起的原因等方面进行分析，采取相应对策加以控制。常见的

运输风险控制的措施如下。

(1) 购买保险，以较小的固定成本控制意想不到的巨大风险。目前，大部分物流公司都与保险公司合作，为货物运输购买保险，以应对运输风险。

(2) 加强管理，严格落实各项预防措施。降低事故率，避免空白地带风险。

(3) 合约转移，作为承运公司通过与司机签订合同降低事故率；与货主商定，避免不能承担的风险；出口方可以在贸易合同中写清楚，超过免费堆存期的滞箱费由进口方承担等，可以达到降低或转移风险的目的。

(4) 综合风险管理，最大限度地保障客户利益，为客户创造价值。

(四)常见运输风险及承保注意事项

1. 化肥类的常见风险

特性：化肥种类较多，主要分氮肥、磷肥、钾肥、复合肥料等，特性各异，承保时应先了解化肥的具体种类。大多数化肥易溶于水，易吸湿结块，除选用适当的包装材料外，还应保证货舱以及衬垫材料的干燥和船舱的通风；部分化肥(如硝酸钾、硝酸铵等)，应按危险货物运输规则处理；铵态化肥不能与水泥混装，以免降低肥效和加速凝固及结块。

损失主要形式及其原因：结块，有水湿、受潮(外来、船舱)；短量，有包装破损、洒漏。

2. 活牲畜的常见风险及承保注意事项

常见的活牲畜主要有奶牛或种牛。奶牛承保一般从装船开始，到港口卸货隔离后结束或继续运往目的地才结束。要求承运船舶为标准牲畜船，船龄不超过 25 年，1 头牛 1 格，有兽医随同。

注意事项：

根据有关统计，目前我国奶牛进口时检疫期不合格率为 2%～3%，主要为传染性鼻气管炎、结核、副结核抗体阳性。在检疫过程中，如检出《中华人民共和国进境动物一、二类传染病名录》中一类病的，全群动物或动物遗传物质禁止入境，做退回或者销毁处理；检出二类病的阳性动物及其遗传物质禁止入境，做退回或者销毁处理，同群的其他动物放行并隔离观察。因此对于活牲畜要慎保。

3. 轻工品类的常见风险及承保注意事项

(1) 玻璃制品，包括热水瓶、灯泡、灯管、玻璃制品等。这种商品的主要损失原因为破损。

(2) 陶瓷制品，包括日用陶瓷、工艺陶瓷、陶瓷洁具、瓷砖等。这一类商品的主要损失原因是破碎。

注意事项：

以上商品的包装好坏对损失率影响很大，建议在设计承保方案时对包装严格限制。

(3) 家用电器和相机类，这类商品常见的损失为碰损和盗窃，在设计承保方案时根据

条款建议客户附加盗抢险或提货不着险。

(4) 杂货类，包括仪表、金属餐具、文体用品、各类鞋帽等。

4. 矿产品的常见风险及承保注意事项

(1) 矿石、矿砂易短量，且使用老船情况较多，易沉船，建议关注船舶状况。

(2) 建筑材料主要容易产生途耗和破碎。

(3) 水泥主要是破包和湿损结块，要多关注包装规格、包装的质量及船舶质量。

以上均需设定绝对免赔。

5. 原木的常见风险及承保注意事项

原木主要风险是温度、湿度及通风情况导致自燃、缩水、虫蛀及短量等。一般为单独或成捆包装。部分原木密度较高，落海会沉。

如海运，通常为甲板货，此时，应有水喉装置及防止日晒燃烧及干裂的措施。运输船舶重心较高，稳定性较差，易沉船。要重点关注船况及台风、季风的影响，建议使用《协会木材贸易联盟条款》。

如陆运，要求运输工具箱体底板四周要有一定强度，捆扎要结实。

【实训任务】

任务一　受理托运

工作思考

(1) 如何签订公路货物运输合同？

(2) 公路货物运输运费怎样计算？

(3) 公路货物运输单如何填写？

任务内容

黑龙江龙运物流园区中某一货站现有货物一批，准备通过公路来组织运输业务。请完成这一公路货物运输托运的受理，并完成这一运输任务的运单填写。

任务目标

熟悉公路货物运输合同及托运单。

任务准备

公路运输合同、公路托运单样本一份。

任务实施

步骤一　熟悉运单

公路货物运输合同是汽车承运人与托运人之间签订的明确相互权利和义务关系的协议。在实际操作中，可以以双方签字确认的货物托运单作为运输合同成立的证明(合同样本参见本书模块二物流运输合同管理)。货物托运单是指托运人应承运人要求填写的表明有关货物运输情况的单据，也可以说是货主(托运方)与运输方(承运方)之间就货物运输所签订的契约，按照规定由托运方填写约定事项，再由运输方审核承诺。经双方审核并签章认可的托运单，具有法律效力。托运单确定了承运方与托运方在货物运输过程中的责任、权利和义务，是货主托运货物的原始凭证，也是运输单位承运货物的原始依据。根据托运单，货主负责将准备好的货物向运输单位按时提交，并按规定的方式支付运费；运输单位则应负责及时派车将货物安全地运送到托运方指定的卸货地点，交给收货人。

步骤二　受理托运

(1) 零担货物的受理托运。

受理托运是指零担货物承运人根据营业范围内的线路、站点、距离、中转车站、各车站的装卸能力、货物的性质及运输限制等业务规则和有关规定接受托运零担货物，办理托运手续。受理托运时，必须由托运人认真填写托运单，承运人审核无误后方可承运。

在受理托运时，可根据受理零担货物数量、运距以及车站作业能力采取不同的制度。

① 随时受理制。这种受理制度对托运日期无具体规定，在营业时间内，发货人均可将货物送到托运站办理托运，为货主提供了很大的便利。但是这种受理不能事先组织货源，缺乏计划性，因此，货物在库时间长，设备利用率低。在实际操作中，随时受理制主要被作业量小的货运站、急运货运站以及始发量小、中转量大的中转货运站采用。

② 预先审批制。预先审批制要求发货人事先向货运站提出申请，车站再根据各个发货方向及站别的运量，结合站内设备和作业能力加以平衡，分别指定日期进货集结，组成零担班车。

③ 日历承运制。日历承运制是指货运站根据零担货物流量和流向规律，编写承运日期表，并事先公布，发货人则按规定的日期来站办理托运手续。

(2) 整车货物的受理托运。

整车货物的受理托运先是由托运人填写托运单。整车货物的托运单一般由托运人填写，也可以委托他人填写，但应在托运单上加盖与托运人名称相符的印章。

托运员在收到托运人的托运单后，要对托运单的内容进行审核，主要审核以下几个方面。

① 审核货物的详细情况(包括名称、体积、重量、有关运输要求)以及根据具体情况确定是否受理。通常有下列情况的，承运人不予受理。

第一，法律禁止流通的物品或各级政府部门指令不予运输的物品。

第二，属于国家统管的货物或经各级政府部门列入管理的货物，必须取得准运证明

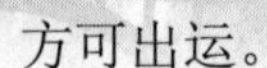

方可出运。

第三，禁运的危险货物。

第四，未取得卫生检疫合格证明的动、植物。

第五，未取得准运证的超长、超高、超宽的货物。

第六，需要托运人押运而托运人不能押运的货物。

当市场部业务人员接到客户(厂家或发货商等)的出货通知单后，就会将其复印几份发给营运部、财务部等相关部门负责人进行审单；全面审核无误后交开单员，根据出货明细(到站、收货人、联系电话等)开具单据；输单员将出货信息资料输入计算机，同时运营部根据出货日期和时间制订发货计划。运载部根据出货量，安排车辆及制订理货计划，同时将信息传达给运载调度和其他相关部门人员，做好出货前的准备工作。

② 检查有关运输凭证。货物托运应向运输部门提供证明文件和随货同行的有关票据和单据，如动、植物检疫合格证，超限运输许可证等。

③ 审核货物有无特殊要求，如运输期限、押运人数或托运方的有关事项。

在审核和认定托运单内容后，要确定货物的运输里程、运杂费和托运编号。托运单认定后，编制托运单的号码，将费用结算通知货主。

步骤三　货物托运人填写托运单

公路货物运输托运单是由公路运输管理部门印发，货主向公路运输单位托运货物时填写的单证。托运单上要详细填写货物名称、包装式样、件数、每件的体积和重量、托运总吨位、所需车种和辆数、要求时间等。对危险品及体形特殊的货物，要在托运单上填明，以供配车时参考。如有委托事项，也应在单内注明。

托运单的填写要求如下。

(1) 一张运单托运的货物必须是同一托运人；对拼装分卸的货物应将每一拼装或分卸情况在运单记事栏内注明。

(2) 易腐、易碎、易溢漏的液体、危险货物与普通货物，以及性质相抵触、运输条件不同的货物，不得用一张运单托运。

(3) 一张运单托运的件货，凡不是具备同品名、同规格、同包装的以及搬家货物，应提交物品清单。

(4) 托运集装箱时应注明箱号和铅封印文号码，接运港、站的集装箱，还应注明船名、航次或车站货箱位，并提交装箱清单。

(5) 轻泡货物按体积折算重量的货物，要准确地填写货物的数量、体积、折算标准、折算重量及其有关数据。

(6) 托运人要求自理装卸车的，经承运人确认后，在运单内注明。

(7) 托运人委托承运人向收货人代递有关证明文件、化验报告或单据等，需在托运人记事栏内注明名称和份数。

(8) 托运人对所填写的内容及所提供的有关证明文件的真实性负责，并签字盖章；托运人或承运人改动运单时，亦须签字盖章说明。

如果是已经签订定期运输合同或一次性运输合同的，运单由承运人按以上要求填写，

但要在运单托运人签字盖章处填写合同序号。

托运单过去是一式两联：第一联为承运人存根；第二联为托运人托运回执。现在是一式多联，企业之间有差异，有的达到一式六联。

公路货物运输托运单范本见表 1-3 和表 1-4。

表 1-3　公路货物运输托运单范本

上海振财物流有限公司货物托运单

托运日期：　　年　月　日　　起运站：　　到达站：　　No 0000001

收货单位					联系人			
详细地址					电话/手机			
货物名称	件数	包装	重量	体积	保险金额	保险费	运费	合计
总运费金额	万　仟　佰　拾　元整　￥：							
付款方式	预付：　到付：　回结：				送货方式	送货(　) 自提(　)		
备注								
运输协议	请托运方认真阅读以下运输协议，在您签字后说明您已无异议： (1) 托运人应如实申报货物名称和重量，不得夹带易燃、易爆、剧毒等违禁物品，否则所引起的一切后果由托运方全部负责。 (2) 承运方不开箱验货，交接货物时以外包装完好为准，在外包装完好的情况下内包装缺损和丢失与承运方无关。 (3) 收货人收货时应对货物认真清点验收，如货物丢失、损坏(不可抗力除外)应当场要求索赔，收货人在收到货物签收后，货损、丢失承运方概不负责。 (4) 托运人或收货人不按时支付运杂费，承运方有权拒运或留置其货物。若一个月后仍不提货，按无主货物处理。 (5) 托运人需变更到货地点或收货人，应在货物未运达目的地之前书面通知承运方，并承担由此增加的费用。 (6) 托运人对所托运货物必须参加保险，如不参加保险承运方在运输中若发生重大货损，其最高赔偿额按照运费的三倍理赔。							
托运单位 联系电话 托运方签章					承运人签章			

表 1-4　广西南宁××××物流公司公路汽车零担货物托运单

托运日期：2022 年 11 月 15 日　发站：南宁　到站：大化　运单编号：15-G065-30

收货单位(人)：马毅					电话：1599×××××××		详细地址：大化县大化镇新化西路 16 号	
重要声明：(若货物不保险，出险后我公司将按背书条款赔偿) 本票货物：已保价(√)，未保价( )					重量(千克)		货物价值(元)	体积(立方米)
					750		25000.00	
货物名称	包装	件数	运费			代付款	保价费(3‰)	合计金额(元)
汽车零配件	木箱	30	180.00				75.00	255.00
付款方式：现付(√) 到付( )签回单付( )月结( )合计金额(大写)：零万 零 仟 贰 佰 伍 拾 伍 元								
发货人签字	龙吉商贸公司	发货人电话	吴国勇 1332×××××××	收货人签字		承运经办人	陈东	承运单位盖章：
重要提示：请发货人及收货人认真阅读本托运单背面托运协议条款，特别是免除或限制承运人责任条款，如有异议，请要求承运人说明。您在本协议上签字或盖章，即表示您理解并同意本协议所记载的全部内容。								
本公司地址：广西南宁市**路**号　业务电话：0771-33075**　传真：33493**　提货：332297**								

注：托运单一式四联。第一联：承运人存根。第二联：托运人。第三联：财务统计。第四联：随货同行。

托运协议(印在托运单背面)以下条款是托运、承运双方明确权利和义务的协议，均是本托运协议的组成部分，托运人如对本格式协议内所列的各项条款或部分条款有异议，双方可协商另行约定协议条款。

1. 货物托运：托运人办理货物托运时，应当向承运人准确表明托运人和收货人名称(姓名)、地址(住所)、电话，以及货物名称、性质、重量、体积、件数和包装方式等有关货物运输的必要情况。因托运人申报不实或遗漏重要情况，造成承运人损失的，托运人承担损害赔偿责任。

2. 货物包装：托运人货物的包装必须遵循足以保证运输、搬运装卸作业安全和货物完好的原则，依法应执行特殊标准的，按照相关规定执行。凡是由于货物包装原因造成所托运货物或其他物品毁损的，由托运人负责赔偿损失。

3. 货物性质：托运人托运货物禁止夹带易燃、易爆、有毒、有腐蚀性、有放射性等危险物品或国家禁运品。国家有关部门规定需办理准运或审批、检验等手续的货物，托运人应当将办理完相关手续的文件提交给承运人。如因托运人假报货名，夹带违法违禁品被国家有关执法机关查扣，给承运人造成的一切损失全部由托运人承担赔偿责任。

4. 保价与保险：托运货物由托运人自愿选择货物保价运输或保险运输。同一批托运的货物价值不同，托运人应对此批货物进行分别保价(运单上另行注明)，否则视为平均保价。发生货物赔偿时，赔偿金额超过保价金额的按保价金额赔偿，低于保价金额的按实际损失金额赔偿。自托运人将保险或保价货物交付承运人起，保险或保价货物运输合同生效；至收货人验收货物为止，保险保价期限结束。但货物到达目的地 15 天后未提货的，保价或保险自然失效。未采取保价保险运输的货物在运输中被毁损、灭失的，承运人按最高不超过本次托运该件货物运费的 5～30 倍给予赔偿。

5. 提货期限：货物到达目的地后，收货人应自接到通知之日起 3 日内将货物取走，逾期每天按运费的 5‰收取保管费。收货人不明或者无正当理由拒绝领货物的或者 30 天内无人认领的，按无主货物处理。

6. 提货凭证：收货人凭运单第二联或收货人身份证提货。如收货人是单位的，还应有单位出具的加盖单位公章的提货证明及提货证明上指定的经办人的身份证提货。

7. 货物验收：收货人办理提货手续后，当场对货物外包装进行验收，验收合格后则本次货物运输结束。托运人在托运时未要求承运人当场开箱验货的，收货人开箱后货物在标准完好无损的情况下，承运人不承担货物短损的赔偿责任。

8. 运输期限：自托运人将货物交付承运人起，国内运输最长时间在 15 天内运送至目的地(双方另有约定的除外)。凡托运人或收货人对本次托运货物需要咨询的，应在托运之日起 30 天内提出，逾期不予受理，承运人不承担任何责任。

9. 违约责任：承运人逾期将货物交付收货人，每逾期一日，按运费的 3‰向收货人支付逾期违约金。托运人、收货人无故拒绝支付运费和其他费用的，承运人有权留置相应的货物。

10. 免除责任：承运人对运输过程中货物的毁损、灭失承担损害赔偿责任，但承运人证明货物的毁损、灭失是因不可抗力、货物本身的自然性质变化或者合理损耗以及托运人或收货人的过错造成的，不承担损害赔偿责任。

11. 纠纷解决：由于本次运输引起的纠纷，由托运人或收货人与承运人协商解决，协商不成的，应向南宁市人民法院提起诉讼解决。

12. 生效时间：本合同书经双方签字后立即生效。

步骤四　核对运单

承运人在接到托运单后应认真审核，检查各项内容是否正确，如确认无误，则在运单上签章，表示接受托运。

审核运单的具体要求如下。

(1) 检查核对托运单的各栏有无涂改，涂改不清的应重新填写。

(2) 审核到站与收货人地址是否相符，以免误运。

(3) 对货物的品名和属性进行鉴别，注意区别普通零担货物与笨重零担货物，同时注意货物的长、宽、高能否适应零担货物的装载及起运站、中转站、到达站的装卸能力等。

(4) 对一批货物多种包装的应认真核对、详细记载，以免错提、错交。

(5) 对托运人在声明事项栏内填写的内容，应特别注意货主的要求是否符合有关规定、能否承运。

(6) 核对货物品名、件数和包装标志是否与托运单相符。

(7) 注意是否夹带限制运输的货物或危险货物，做到清点件数，防止发生差错。

(8) 对长大、笨重的零担货物，要区别终点站，长大件不超过零担货运班车车厢的长度和高度；中途站长大件不超过零担货运班车后门宽度和高度；笨重零担货物，不超过发站和到站的自有或委托装卸能力。

(9) 单件重量，一般在人力搬运装卸的条件下，以不超过 40 千克为宜，笨重零担货物应按起运站、中转站、到达站的起重装卸能力受理。

步骤五　验收入库

(1) 检查货物包装。

① 看：包装是否符合相关的规定要求，有无破损、异迹。笨重货物外包装上面是否用醒目的标记标明重心点和机械装卸作业的起吊位置。

② 听：有无异声。

③ 闻：有无不正常的气味。

④ 摇：包装内的衬垫是否充实，货物在包装内是否晃动。

(2) 过磅。

货物重量分为实际重量、计费重量和标定重量三种。

① 实际重量是根据货物过磅后(包括包装在内)的毛重来确定的。

② 计费重量可分为折算重量和不折算重量，不折算重量就是货物的实际重量，折算重量是根据体积折算的重量。

③ 标定重量是对特定的货物所规定的统一计费标准。

(3) 扣、贴标签和标志。

(4) 货物入库。

零担货物入库保管，是物流公司对货物履行责任运输和保管的开始。把好验收关，能有效地杜绝差错。进出仓要照单入库或出库，做到以票对票，货票相符，票票不漏。

零担货物仓库应严格划分货位，一般可分为待运货位、急运货位、到达待交货位。

零担货物仓库要具有良好的通风、防潮、防火、防盗条件和灯光照明设备，以保证货物的完好和适应各项作业要求。

小贴士

公路零担货物运杂费计算公式是：

零担货物运费=计费重量×计费里程×零担货物运价+货物运输其他费用

(1) 确定零担货物的计费重量。

计费重量：零担货物起码计费重量为 1 千克。重量在 1 千克以上，尾数不足 1 千克的，四舍五入。

(2) 确定零担货物的计费里程。

(3) 确定零担货物的种类和基本运价。

零担普通货物基本运价是指零担普通货物在等级公路上运输的每千克千米运价。

运价与货物种类有关。普通货物实行分等计价，以一等货物为基础，二等货物加成 15%，三等货物加成 30%。

例如根据《公路普通货物运价分等表》，机器设备属于三等货物，则运价需要加成 30%。

(4) 确定零担货物运输的其他费用。

例如经过双方商量，确定按照运价的 50%收取返程空驶调车费。

技能训练

1．训练内容

(1) 如何理解公路货物托运单在公路运输中的作用?
(2) 填写一份规范的公路货物托运单。

2．训练要求

(1) 资料查阅要全面、翔实。
(2) 公路托运单相关栏目内容的填写要准确、无误。
(3) 积极参与，认真仔细。
(4) 建议根据当地实际公路货物运输业务进行训练。

任务二　车辆计划与调度

工作思考

(1) 如何编制车辆计划?
(2) 如何进行合理的车辆调度?

任务内容

现有货物一件，准备通过公路来组织运输业务。请完成这一公路货物运输的车辆计划的编制和车辆调度。

任务目标

能编制车辆计划。

任务准备

车辆计划表。

任务实施

步骤一　编制车辆计划

(1) 车辆计划的含义和内容。

车辆计划是企业计划期内的运力计划，主要表明企业在计划期内营运车辆的类型和各类车辆数量的增减变化情况及其平均运力。

车辆计划的主要内容包括车辆类型及区分年初、年末、全年平均车辆数，各季度车辆增减数量，标记吨位等。车辆调度计划表见表 1-5。

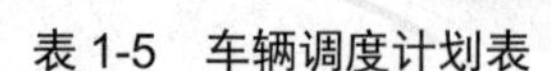
表 1-5　车辆调度计划表

车辆计划											
类　别		额定	年　初		增(+)或减(−)			年　末		全年平均	
		吨位	车数	吨位	季度	车数	吨位	车数	吨位	车数	总吨位
货车	大型货车										
	中型货车										
	零担货车										
	集装货车										
挂车	全挂车										
	半挂车										

(2) 车辆计划的编制过程。

车辆计划是反映运输企业在计划期内营运车辆类型及各类车辆数量的增减变化情况及其平均运力，是确定企业运输量的主要依据之一，其主要内容包括以下几点。

① 确定年初车辆数、增加与减少车辆数、标记吨数、年末车辆数、全年平均车辆数、全年平均总吨位数。

年初车辆数及吨(座)位数应根据前一统计期末实有数据列入。

增加车辆是指由其他单位调入和新增的车辆。减少车辆是指调拨给其他单位和计划报废的车辆及原属营运车辆经批准封存或改为非营运的车辆。

年末车辆数及吨(座)位数按计划期车辆增减后的实有数量计算。车辆的标记吨位以记载于行车执照上的数据为准，不得随意改动。若车辆进行改装，则应以改装后的数据为准。

车辆编制过程中经常用到车辆数和平均总吨位数。平均车数，指货运企业在计划期内平均拥有的车辆数，平均总吨位数是指货运企业在计划期内平均拥有的吨位总数。

$$\text{平均车数}=\frac{\text{计划营运车日总数}}{\text{计划期日历天数}}$$

$$\text{平均每日吨(座)位数}=\frac{\text{计划营运车吨(座)日总数}}{\text{计划期日历天数}}$$

$$\text{车辆平均吨位}=\frac{\text{计划营运车吨(座)日总数}}{\text{计划期营运车日}}$$

$$\text{车吨(座)日}=\text{营运车日}\times\text{标记吨(座)位}$$

以上公式中，一个运营车日指一辆营运车列入计划内一天；一个营运车吨(座)日指一个营运车吨(座)位列入计划内一天。

平均车数和平均总吨位数指的是运输企业在计划期内可以投入营运的运力规模的大小，不能等同于企业拥有的车辆数和吨位数，其区别在于是否投入营运。平均车数和平均总吨位数是整个车辆计划的主要依据。

② 确定车辆增减时间。增减车辆的时间通常采用“季中值”法确定，即不论车辆是季初还是季末投入或退出营运，车日增减计算均以每季中间的那天起算。因为在编制计

划时很难预计车辆增减的具体月份和日期。

为简化计算工作，可采用表 1-6 所列近似值作为计算各季度车辆增加后或减少后在企业的保有日数。

表 1-6　增加车辆季中计算日数

时　间	第一季度	第二季度	第三季度	第四季度
增加后计算日数	320	230	140	45
减少后计算日数	45	140	230	320

步骤二　车辆调度

(1) 车辆调度的概念。

车辆调度是通过车辆运行作业计划和调度命令，将企业内的车站、车队、广场、装卸等各个环节进行合理安排，使各个部门在时间和空间上有效衔接，紧密配合，组成一个为完成统一目标而协调动作的整体，保证生产运输过程的连续性和均衡性。

(2) 车辆调度的原则。

车辆调度工作的好坏直接影响企业运输的质量和企业的经济效益。在调度过程中为保证运输的正常进行，应遵循以下三个原则。

① 集中领导，统一指挥，逐一负责，落实到人。

② 从全局出发，局部服从整体。

③ 合理且灵活地安排车辆，使运输生产计划有效完成。

(3) 调度工作的“三熟悉、三掌握、两了解”。

调度人员通过调查研究，对客观情况必须做到“三熟悉、三掌握、两了解”。

“三熟悉”的具体内容如下。

① 熟悉各种车辆的一般技术性能和技术状况、车型、技种、吨位容积、车身高度、自重、使用性能、拖挂能力、技术设备、修保计划、自编号与牌照号、驾驶员姓名。

② 熟悉汽车运输的各项规章制度、安全工作条例、交通规则、监理制度的基本内容。

③ 熟悉营运指标完成情况。

“三掌握”的具体内容如下。

① 掌握运输路线、站点分布、装卸现场的条件及能力等情况，并加强与有关部门的联系。

② 掌握货物流量、流向、货种性能、包装规定，不断地分析研究货源物资的分布情况，并能加强与有关部门的联系。

③ 掌握天气变化情况。

“两了解”的具体内容如下。

① 了解驾驶员技术水平和思想情况、个性、特长、主要爱好、身体健康情况、家庭情况等。

② 了解各种营运单据的处理程序。

调度工作是运输企业的核心工作，调度员非常重要。调度员综合素质的高低，直接影响调度工作的质量，影响运输企业的方方面面。

(4) 对调度员的要求。

① 调度员业务素质要求。

a. 非常熟悉全车队的车辆情况，包括车牌号、车型、装载情况、车况等。

b. 非常熟悉全队驾驶员情况，包括每个驾驶员的姓名、年龄、驾驶技术、性格特点等。

c. 了解道路情况，尤其要非常熟悉运输企业业务所覆盖区域的道路情况，包括公路名、车流情况、里程等。

d. 了解货物情况，包括货物的名称、重量、包装情况、体积、性质等。

e. 了解客户及其有关情况。

f. 了解运输市场的行情。有时候可以租用外部车辆，所以调度员要了解市场情况。

g. 全面考虑问题。影响每一次调度的因素很多，要站在一定的高度，全面考虑问题。

② 调度员思想素质要求。

a. 热爱调度工作，把调度工作看成是一种乐趣，全身心地投入。

b. 有责任心。调度工作非常讲究责任心，因为运输过程中发生突发性事件的可能性很大，有时候需要24小时值班，没有责任心是很难做到的。

c. 有很强的沟通和协调能力。一是要与客户沟通协调；二是要与驾驶员沟通；三是要与装卸点的工作人员协调，每时每刻都在沟通协调。

d. 有不断创新和进取的思想。没有一次调度可以说是十全十美的，要不断努力，力求创新与变革，努力做到“更好”。

e. 廉洁自律。调度员有时“权力”很大，所以要注意自身问题，廉洁自律，不贪图客户、驾驶员等有关人员的小恩小惠，否则，调度员会很难开展工作，也会毁掉自我。

技能训练

(1) 某企业计划第二季度增加营运车辆30辆，则增加的营运车日数为多少?

(2) 某企业年初有额定载重量3吨的货车40辆，4吨的货车50辆，第三季度增加5吨的货车40辆，第四季度减少3吨的货车10辆。计算该企业年初车数、年末车数、总车日、平均车数、平均总吨位和平均吨位。

任务三　车辆时间进度及路线安排方法

工作思考

(1) 如何制定车辆时间进度?

(2) 如何合理地安排路线?

任务内容

根据具体实例和任务要求，制定车辆时间进度和路线安排方案，使所需车辆数量

最少。

任务目标

掌握车辆驾驶时间计算方法，能够运用节约法制定车辆运行路线。

任务准备

各级公路车辆平均速度表。

任务实施

步骤一　了解影响运输路线和时间进度安排的因素

运输路线和时间进度安排如图 1-12 所示。

步骤二　确定车辆时间进度安排要达到的目标

(1) 车辆额载重量的最大化。

(2) 车辆利用最大化。

(3) 距离最小化。

(4) 花费时间最小化。

(5) 满足客户在成本、服务及时间方面的要求，满足车辆载重量和司机工作时间方面的法律规定。

步骤三　解决目标实现的途径

不论是本地送货还是长途行车作业，运营成本的节约都可以通过以下途径来实现。

(1) 增加每辆车所装载的货物，从而增加运输载重量。

(2) 计划合理的送货路线，避免重复行驶。

(3) 保持按计划的日常性的送货，避免特殊的送货。

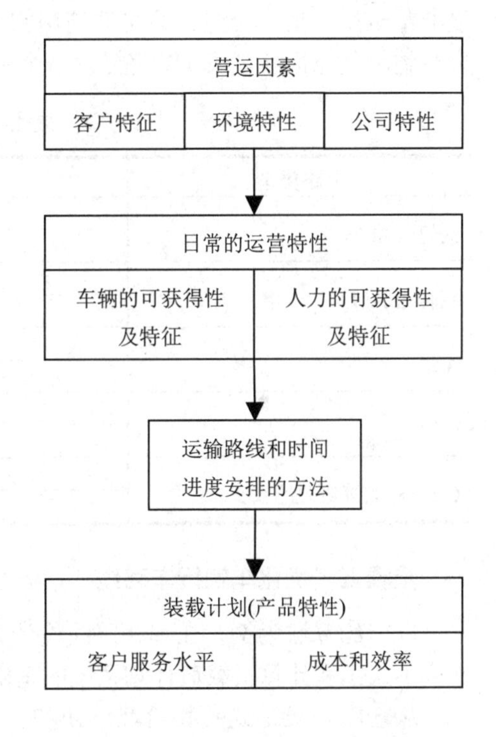

图 1-12　运输路线和时间进度安排

(4) 必要时，通过改变订单最小规模，减少送货的频率。

(5) 安排返回送货，限制空载。

(6) 减少司机的非驾驶时间，与客户协调，使无效等待时间最小化。

一个令人满意的方案是应能制定出一个路线的安排，使车辆行驶的总距离(里程数)或时间最小。

车辆的配载应基于以下假设。

(1) 车辆的容量受到限制(体积和重量)。

(2) 司机的时间受到限制。

(3) 每一份订单都有确定的一个送货点，有相应的驾驶时间用以到此仓库或从此仓库到下一个客户。

(4) 每一份订单都包括货物的特定数量，以及客户规定的送货/收货时间。

方案编制方法如下。

单个车辆的装载量通过订单来计算，然后增加下一个地理位置上较近的订单。这个过程持续进行，直到接近限制中的那一个，那么这就是最后一张订单，此时就完成了司机的可用的总时间或达到了车辆的全部载荷。

持续进行这个过程，直到所有的订单分配完毕，或者所有手头的车辆全部装货。

步骤四　计算车辆的驾驶时间

为了有助于计算仓库和客户之间或者至下一个客户间的驾驶时间，表 1-7 中的平均速度非常有用。也许一些公司可能使用它们自己合同约定的标准驾驶速度，或者由实践研究得到的其他标准，表 1-7 将提供一个实用的指南。

表 1-7　平均速度表

公路类型	地　段	评价速度/(千米/小时)
高速公路 M	城市	55
	农村	65
双行道 A(T)	城市	48
	农村	55
A 级	城市	32
	农村	40
B 级	城市	24
	农村	32
C 级(未上等级公路)	城市	20
	农村	24

步骤五　优化车辆行车路线

以节约算法为例，在车辆路线设计方案中，“节约法”是最广为人知的方法，它也形成了人工和计算机载荷计划系统的基础。节约法的原理如图 1-13 所示。

从仓库 O 要运送货物给客户 A 和 B。第一条路线是从 O 到 A，再返回 O，然后从 O 到 B，再返回 O，总距离为：

$$a+a+b+b=2a+2b$$

另一条路线，从 O 到 A 到 B，再到 O。总距离为：$a+b+x$。将客户结合考虑，走第二种方案的路线节约了里程数。所以可知节约的里程数为 $2a+2b-a-a-x=a+b-x$。

关于这个公式有以下优点。

(1) 它从不为负。因为三角形的第三条边总是小于其他两条边之和，因此，它最小为零。

(2) 将客户连接起来，增加了节约值。

(3) 客户之间的距离越近，并且他们距离仓库越远，那么节约就会越大。

(4) 这个方法也可以用时间来代替距离进行计算。

下面举例说明节约法的使用。

【例 1-1】 如图 1-14 所示，需要安排从仓库 *O* 送货给四个客户 *A*、*B*、*C*、*D*。

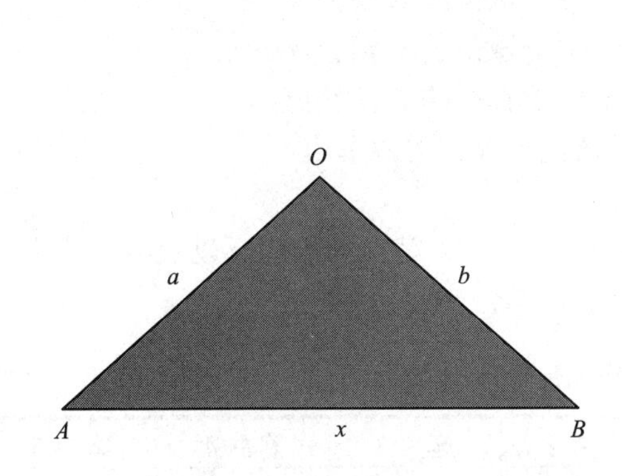

图 1-13　节约法原理

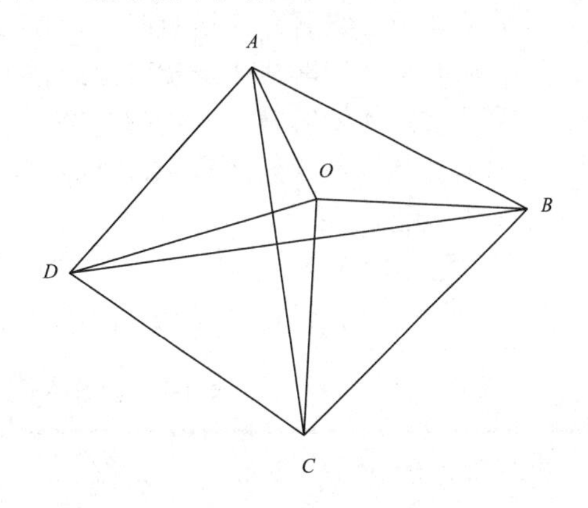

图 1-14　仓库送货线路图

解：

第一步　计算任一对客户的节约里程值，见表 1-8。

表 1-8　节约里程表

客　户	A	B	C	D
A	—	20	5	5
B	—	—	10	3
C	—	—	—	27
D	—	—	—	—

$S_{AB}=OA+OB-AB=15+20-15=20$

$S_{AC}=OA+OC-AC=15+25-35=5$

$S_{AD}=OA+OD-AD=15+20-30=5$

$S_{BC}=OB+OC-BC=20+25-35=10$

$S_{BD}=OB+OD-BD=20+20-37=3$

$S_{CD}=OC+OD-CD=25+20-18=27$

第二步　从最大的节约值开始，将客户连接在一起。

第三步　(1)*C*—*D*；(2)*A*—*B*；(3)*B*—*C*；(4)*A*—*C*；*A*—*D*；(5)*B*—*D*。

第四步　依次开始连线，经过所有客户，*O*—*C*—*D*—*A*—*B*—*O*，路线总长为 108。

技能训练

(1) 驾驶时间计算。

假如你是仓库送货员，需要将货物从仓库送到五个地点(客户 1、客户 2、客户 3、客户 4、客户 5)，并最终返回仓库。请根据平均速度表计算送到各个客户所用时间和返回仓库总共所用时间。

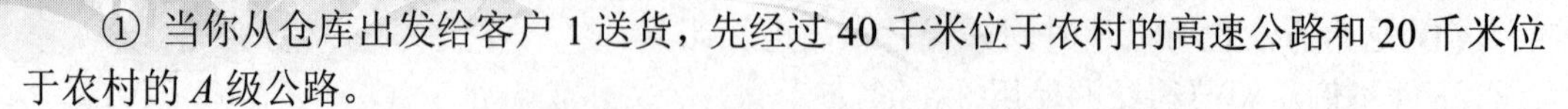

① 当你从仓库出发给客户1送货，先经过40千米位于农村的高速公路和20千米位于农村的A级公路。

② 从客户1到客户2送货时，经过11千米位于农村的B级公路。

③ 从客户2给客户3送货时，经过6千米位于城市的B级公路。

④ 从客户3给客户4送货时，经过5千米位于城市的C级公路。

⑤ 从客户4给客户5送货时，经过8千米位于农村的C级公路。

⑥ 当你从客户5返回仓库，需经过53千米位于农村的双车道。

(2) 节约法应用。

已知配送中心O到客户1、客户2、客户3、客户4、客户5的距离以及各客户之间的距离，见表1-9，试用节约法找出配送中心到各个客户的最短路径。

表1-9 配送中心到客户及各客户之间的距离 单位：千米

客 户	配送中心O	客户1	客户2	客户3	客户4	客户5
客户1	9	—	7 ·	14	17	7
客户2	6	—	—	7	8	10
客户3	10	—	—	—	3	17
客户4	12	—	—	—	—	16
客户5	13	—	—	—	—	—

任务四 货物交接

工作思考

(1) 货物交换的相关凭证有哪些？

(2) 公路货物运输交接的程序。

任务内容

现有货物一件，准备通过公路来组织运输业务。请完成这一公路货物运输的货物交接。

任务目标

掌握货物交接的程序。

任务准备

货物交接单。

任务实施

步骤一 汽车货物运输中货物交接的手续

(1) 承托双方对包装货物要件交件收；对散装货物原则上要磅交磅收；对“门到门”重箱、集装箱及其他施封的货物要凭铅封交接。

(2) 托运人应凭约定的装卸手续发货。装货时，双方当事人应现场核对货物品名、规格、数量与运单上的是否相符，并查看包装是否符合规定标准或要求，承运人确认无误后，应在托运人发货单上签字，发现不符合规定或危及安全运输的不得起运。由于包装轻度破损，短时间修复换调有困难，托运人坚持装车起运的，经双方同意，并做好记录和签名盖章后，方可装运，其后果由托运人负责。

(3) 货物运达指定地点后，收货人和承运人应现场交接，收货人查验无误后应在承运人所持有的运费结算凭证上签字。如发现货损、货差，双方交接人员做好记录并签认，经双方共同查明情况、分清责任的，由收货人在运费凭证上批注清楚。收货人不得因货损、货差拒绝收货。

(4) 货物交接时，承托双方对货物重量和内容如有异议，均可提出查验和复磅，如有不符，按有关规定处理。查验、复磅所发生的费用由责任方负担。

(5) 承运人对发出领货通知次日起超过 30 天无人领取的货物，按以下规定处理。

① 建立台账，及时登记，妥善保管，在保管期间不得动用，并认真查找物主。

② 经多方查询，超过一个月仍无人领取的货物，按国家经委《关于港口、车站无法交付货物的处理办法》的规定办理，但鲜活和不易保管的货物，经企业主管部门批准可不受时间限制。

步骤二　货物交接单

货物交接单式样见表 1-10。

表 1-10　货物交接单式样

货物交接单

送货单位：　　　　　　　　　　收货单位：

送 货 人：　　　　　　　　　　收 货 人：

经双方现场验收，对所交接货物的具体情况作以下描述，并达成共识确认所述真实有效。

货物名称	
型号	
外观有无磨损	
型号是否和合同相符	
有无使用说明书	
有无产品合格证	
约定安装调试时间	
货物是否按期到达	
押货人签字	
送货人签字	
收货人签字	
收货时间	

技能训练

1. 训练内容

(1) 简述货物交接的基本程序。
(2) 简述货物交接的注意事项。

2. 训练要求

(1) 资料查阅要全面、翔实。
(2) “货物交接单”的各栏目内容填写要准确、无误。
(3) 训练过程积极参与，认真、细致。
(4) 建议结合当地实际公路货物运输业务进行训练。

任务五　货物押运、中转及交付

工作思考

(1) 货物进行押运作业的操作流程有哪些?
(2) 到站卸货交付时异常情况的相关处理。

任务内容

现有货物一件，准备通过公路来组织运输业务。请完成这一公路货物运输的货物押运、中转及到站卸货交付。

任务目标

掌握货物押运、中转及到站卸货交付作业流程。

任务准备

押运登记表、交运物品清单。

任务实施

步骤一　熟悉押运作业操作流程

(1) 掌握押运途中的路况和社会治安保卫力量的情况。
① 熟悉路基情况，是柏油路还是水泥路，道路宽度如何，有多少个“Z”形急转弯和多少个桥梁，沿途要穿过多少个闹市区。还要注意雨雪天气对道路造成的影响。
② 向当地派出所详细了解近几年的沿途盗窃、当地车匪路霸等社会治安情况。
(2) 拟定方案。
在接到执行押运命令后，保卫部门应迅速拟定预案。预案内容包括运送时间、地点、路线、执行押运任务的负责人和遇到异常情况所采取的措施等。
(3) 送请领导签发。
填写押运登记表送请领导审核、签发。

(4) 事前检查。

详细检查车辆、警卫设备、通信器材等是否完好，手续是否齐全。

(5) 依章执行。

严格执行押运守则和途中的规章制度，严禁途中走亲访友，严禁携带易燃易爆物品和其他无关物品。要严格保密，不准向无关人员泄露押运事项，严禁途中无故停留。押运途中，要时刻保持高度的警惕性，服从命令，听从指挥，需要在途中就餐时，应保证双人守卫，轮流就餐。

(6) 沉着应急，妥善排障。

① 若车辆在途中发生故障被迫停驶，押运负责人应根据停车位置和当时的情况，指挥司机尽快抢修，排除故障。

② 当车辆发生车祸丧失继续运行能力时，押运员要组织力量想方设法保护好现场，同时，派人与附近交通部门取得联系，请求帮助处理，并将发生的情况迅速报告上级领导，以便尽快派人、派车。

③ 当发生火灾时，押运负责人应迅速组织灭火，奋勇抢救，同时要加强警戒，保护好现场。

(7) 总结汇报。

当押运任务完成后，要认真总结，吸取经验教训，并将有关情况向领导汇报。

步骤二　货物的中转作业

对于需要中转的货物，需以中转零担班车或沿途零担班车的形式运到规定的中转站进行中转。一般有以下三种基本方法。

(1) 落地法。

将到达车辆上的全部零担货物卸下入库，按方向或到达站在货位上重新集结，再重新配装。

(2) 坐车法。

将到达车辆上运往前面同一到站且中转数量较多或卸车困难的那部分核心货物留在车上，将其余货物卸下后再加装一同到站的其他货物。

(3) 过车法。

当几辆零担车同时到站进行中转作业时，将车内的部分中转货物由一辆车直接换装到另一辆车。组织过车时，可以向空车上过，也可以向留有核心货物的重车上过。

步骤三　到站卸货交付

班车到站后，仓库人员检查货物情况，如无异常情况，在交接单上签字并加盖业务章。如有异常情况发生，则应采取以下相应措施处理。

(1) 有单无货，双方签注情况后，在交接单上注明，将原单返回。

(2) 有货无单，确认货物到站后，由仓库人员签发收货清单，双方盖章，然后将清单寄回起运站。

(3) 货物到站错误，将货物原车运回起运站。

(4) 货物短缺、破损、受潮、污染、腐烂时，应双方共同签字确认，填写事故清单。

货物入库后，通知收货人凭提货单提货，或者按指定地点送货上门，并做好交货记录，逾期提取的按有关规定办理。

交运物品清单见表 1-11。

表 1-11 交运物品清单

发站 货票第 号

货件编号	包 装	详细内容			件数或尺寸	质 量	规 格
		物品名称	材 质	新旧程度			

托运人签章： 承运人签章： 年 月 日

技能训练

1. 训练内容

(1) 简述货物押运的基本程序。

(2) 简述货物押运的注意事项。

(3) 简述货物中转的几种基本方法。

2. 训练要求

(1) 资料查阅要全面、翔实。

(2) “交运物品清单”的各栏目内容填写要准确、无误。

(3) 训练过程要积极参与，认真、细致。

(4) 建议结合当地实际公路货物运输业务进行训练。

任务六 公路货物运费的结算

工作思考

(1) 如何进行货物运费的结算？

(2) 公路运价的类别有哪些？

任务内容

现有货物一件，准备通过公路来组织运输业务，请完成这一公路货物运输的货物运费的结算。

任务目标

掌握公路货运费用的计算。

任务准备

公路货运价目表。

任务实施

步骤一　熟悉公路货运计价标准

(1) 计费重量。

① 计量单位。主要有以下三种。

第一，整批货物运输以吨为单位。

第二，零担货物运输以千克为单位。

第三，集装箱运输以箱为单位。

② 重量确定。主要有以下几种形式。

第一，一般货物。无论是整批货物还是零担货物，计费重量均按毛重计算。

整批货物以吨为单位，尾数不足100千克的，四舍五入。

零担货物起码计费重量为1千克，重量在1千克以上，尾数不足1千克的，四舍五入。

第二，轻泡货物。轻泡货物是指每立方米重量不足333千克的货物。

装运整批轻泡货物的高度、长度、宽度以不超过有关道路交通安全规定为限，按车辆标记吨位计算重量。

零担运输轻泡货物以货物包装最长、最宽、最高部位尺寸计算体积，按每立方米折合333千克计算重量，即

$$折合重量(千克)=333\times 体积$$

第三，包车运输按车辆的标记吨位计算。对于包车进行的货物运输，要按包车运输承载的货物品类、运输的特征(如线路)，以及包车行驶所占用的时间来考虑包车运费。

第四，货物重量一般以起运地过磅为准。起运地不能或不便过磅的货物，由承、托运双方协商确定计费重量。

第五，散装货物，如砖、砂、石、土、矿石、木材等，按体积由各省、自治区、直辖市统一规定的折合重量换算标准计算重量。

(2) 计费里程。

① 里程单位。货物运输计算里程以千米为单位，尾数不足1千米的，进整为1千米。

② 里程确定。

第一，货物运输的营运里程，按交通部和各省、自治区、直辖市交通行政主管部门核定、颁发的“营运里程图”执行。“营运里程图”未核定的里程由承、托双方共同测定或经协商按车辆实际运行里程计算。

第二，出入境汽车货物运输的境内计费里程以交通主管部门核定的里程为准；境外里程按毗邻(地区)交通主管部门或有权认定部门核定的里程为准。未核定里程的，由承、托双方协商或按车辆实际运行的里程计算。

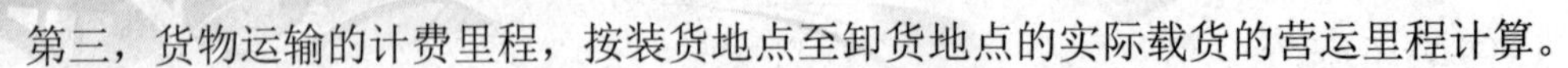

第三，货物运输的计费里程，按装货地点至卸货地点的实际载货的营运里程计算。

第四，因自然灾害造成道路中断，车辆需绕道行驶的，按实际行驶的里程计算。

第五，城市市区里程按当地交通主管部门确定的市区平均营运里程计算；当地交通主管部门未确定的，由承、托双方协商确定。

(3) 计时包车货运计费时间。

计时包车货运计费时间以小时为单位。起始计费时间为4小时；使用时间超过4小时，按实际包用时间计算。整日包车，每日按8小时计算；使用时间超过8小时，按实际使用时间计算。时间尾数不足半小时舍去，达到半小时进整为1小时。

(4) 运价单位。

① 整批运输：元/(吨·千米)。

② 零担运输：元/(千克·千米)。

③ 集装箱运输：元/(箱·千米)。

④ 包车运输：元/(吨位·时)。

⑤ 出入境运输，涉及其他货币时，在无法按统一汇率折算的情况下，可使用其他自由货币为运价单位。

步骤二　熟悉公路货运计价的类别

(1) 车辆类别。

载货汽车按其用途不同，划分为普通货车和特种货车两种。特种货车包括罐车、冷藏车及其他具有特殊构造和专门用途的专用车。

(2) 货物类别。

货物按其性质不同分为普通货物和特种货物两种。普通货物分为三等；特种货物分为长大笨重货物、大型物件、危险货物、贵重货物和鲜活货物五类。

(3) 集装箱类别。

集装箱按箱型分为国内标准集装箱、国际标准集装箱和非标准集装箱三类，其中国内标准集装箱又分为1吨箱、6吨箱和10吨箱三种，国际标准集装箱分为20英尺箱和40英尺箱两种。

集装箱按货物种类不同分为普通货物集装箱和特种货物集装箱。

(4) 公路类别。

公路按等级不同分为等级公路和非等级公路。

(5) 区域类别。

汽车运输区域分为国内和出入境两种。

(6) 营运类别。

根据道路货物运输的营运形式不同，公路运输分为道路货物整批运输、零担运输和集装箱运输。

步骤三　熟悉公路货运价目

(1) 基本运价。

① 整批货物基本运价。整批货物基本运价是指一等整批普通货物在等级公路上运输

的每吨·千米运价。

② 零担货物基本运价。零担货物基本运价是指零担普通货物在等级公路上运输的每千克·千米运价。

③ 集装箱基本运价。集装箱基本运价是指各类标准集装箱重箱在等级公路上运输的每箱·千米运价。

(2) 吨(箱)次费。

① 吨次费。对整批货物运输在计算运费的同时，按货物重量加收吨次费。

对整车货物运输运距在40千米以内，在计算运费的同时，按货物重量加收吨次费。为消除40千米上下之间运价的反差，吨次费从21千米起递远递减。

② 箱次费。对汽车集装箱运输在计算运费的同时，加收箱次费，箱次费按不同箱型分别确定。

对汽车集装箱运输运距在40千米以内，在计算运费的同时，加收箱次费。箱次费按不同箱型分别确定。为消除40千米上下之间的反差，箱次费从21千米起递远递减。空箱箱次费按重箱箱次费的60%计收。

(3) 普通货物运价。

普通货物实行分等计价，以一等货物为基础，二等货物加成15%，三等货物加成30%计价。

(4) 特种货物运价。

① 长大笨重货物运价。

一级长大笨重货物在整批货物基本运价的基础上加成40%～60%。

二级长大笨重货物在整批货物基本运价的基础上加成60%～80%。

② 危险货物运价。

一级危险货物在整批(零担)货物基本运价的基础上加成60%～80%。

二级危险货物在整批(零担)货物基本运价的基础上加成40%～60%。

③ 贵重、鲜活货物运价。

贵重、鲜活货物在整批(零担)货物基本运价的基础上加成40%～60%。

(5) 特种车辆运价。

按车辆的不同用途，在基本运价的基础上加成计算。

特种车辆运价和特种货物运价两个价目不准同时加成使用。

(6) 非等级公路货运运价。

非等级公路货物运价在整批(零担)货物基本运价的基础上加成10%～20%。

(7) 快速货运运价。

快速货物运价按计价类别在相应运价的基础上加成计算。

(8) 集装箱运价。

① 标准集装箱运价。标准集装箱重箱运价按照不同规格的箱型的基本运价执行，标准集装箱空箱运价在标准集装箱重箱运价的基础上减成计算。

② 非标准箱运价。非标准箱重箱运价按照不同规格的箱型，在标准集装箱基本运价

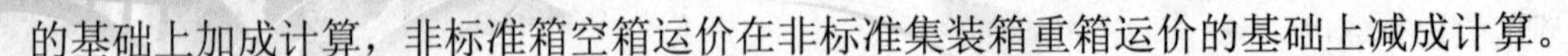

的基础上加成计算，非标准箱空箱运价在非标准集装箱重箱运价的基础上减成计算。

③ 特种箱运价。特种箱运价在箱型基本运价的基础上按装载不同特种货物的加成幅度加成计算。

(9) 出入境汽车货物运价。

出入境汽车货物运价，按双边或多边出入境汽车运输协定，由两国或多国政府主管机关协商确定。

步骤四　熟悉公路货运其他收费

(1) 调车费。

① 应托运人要求，车辆调往外省、自治区、直辖市或调离驻地临时外出驻点参加营运，调车往返空驶者，可按全程往返空驶里程、车辆标记吨位和调出省基本运价的 50%计收调车费。在调车过程中，由托运人组织货物的运输收入，应在调车费内扣除。

② 经承、托运双方共同协商，可以核减或核免调车费。

③ 经铁路、水路调车，按汽车在装卸船、装卸火车前后行驶里程计收调车费；在火车、在船期间包括车辆装卸及待装待卸时，每天按 8 小时、车辆标记吨位和调出省计时包车运价的 40%计收调车延滞费。

(2) 装货(箱)落空损失费。

(3) 道路阻塞停运费。

(4) 车辆处置费。

(5) 车辆通行费。

(6) 运输变更手续费。

(7) 延滞费。

(8) 在运输过程中，国家有关检疫部门对车辆进行检验发生的检验费以及因检验造成的车辆停运损失，由托运人负担。

(9) 装卸费。

(10) 保管费。

步骤五　计算公路货运费用

(1) 整批货物运费计算。

整批货物运费=吨次费×计费重量+整批货物运价×计费重量×计费里程+货物运输其他费用

(2) 零担货物运费计算。

零担货物运费=计费重量×计费里程×零担货物运价+货物运输其他费用

(3) 计时包车运费计算。

包车运费=包车运价×包用车辆吨位×计费时间+货物运输其他费用

下面举例说明公路货运费用的计算。

【例1-2】某货主托运一批瓷砖，重4538千克，承运人公布的一级普货费率为1.2元/(吨·千

米)，吨次费为 16 元/吨，该批货物运输距离为 36 千米，瓷砖为普货三级，计价加成 30%，途中通行收费 35 元。请计算货主应支付多少运费?

解：计算过程如下。

① 瓷砖重 4538 千克，超过 3 吨按整车办理，计费重量为 4.5 吨。

② 瓷砖为三级普货，计价加成 30%。

运价=1.2×(1+30%)=1.56 元/(吨・千米)

③ 运费=16×4.5+1.56×4.5×36+35=359.72≈360(元)

技能训练

(1) 某商人托运两箱毛绒玩具，每箱规格为 1.0 米×0.8 米×0.8 米、毛重 185.3 千克，该货物运费率为 0.0025 元/(千克・千米)，运输距离为 120 千米。计算货主应支付多少运费？

(2) 某人包用运输公司一辆 5 吨货车 5 小时 40 分钟，包车运价为 12 元/(吨・时)，应包用人要求对车辆进行了改装，发生工料费 120 元，包用期间运输玻璃 3 箱、食盐 3 吨，发生通行费 70 元，行驶里程总计 136 千米。请计算包用人应支付多少运费?

(3) 沈阳有一批纸品 350 箱，每箱体积为 20 厘米×30 厘米×40 厘米，重量为 5 千克。目的地是哈尔滨，试计算运价(沈阳至哈尔滨 564 千米)。

(4) 货物和运输情况见表 1-12，试分别计算运费。

表 1-12　货物和运输情况

货物名称	重量(吨)	始发地	目的地
化工	20	沈阳	大连
食品	1.8	沈阳	内蒙古赤峰

【综合案例】

十四五国家公路网规划

规划基础

改革开放特别是党的十八大以来，我国公路发展取得了举世瞩目的成就。《国家公路网规划(2013—2030 年)》明确，国家高速公路网由“7 射、11 纵、18 横”(以下简称“71118”)等路线组成，总规模约 13.6 万公里；普通国道网由“12 射、47 纵、60 横”等路线组成，总规模约 26.5 万公里。经各方的共同努力，截至 2021 年年底，国家高速公路建成 12.4 万公里，基本覆盖地级行政中心；普通国道通车里程达到 25.8 万公里，基本覆盖县级及以上行政区和常年开通的边境口岸。

规划方案

国家公路网规划总规模约 46.1 万公里，由国家高速公路网和普通国道网组成，其中国家高速公路约 16.2 万公里(含远景展望线约 0.8 万公里)，普通国道约 29.9 万公里。

(一)国家高速公路网。

按照“保持总体稳定、实现有效连接、强化通道能力、提升路网效率”的思路，补充并完善国家高速公路网。保持国家高速公路网络布局和框架总体稳定，优化部分路线的走向，避让生态保护区域和环境敏感区域；补充连接城区人口 10 万以上市县、重要陆路边境口岸；以国家综合立体交通网“6 轴 7 廊 8 通道”主骨架为重点，强化城市群及重点城市间的通道能力；补强城市群内部城际通道、临边快速通道，增设都市圈环线，增加提高路网效率和韧性的部分路线。

国家高速公路网由 7 条首都放射线、11 条南北纵线、18 条东西横线，以及 6 条地区环线、12 条都市圈环线、30 条城市绕城环线、31 条并行线、163 条联络线组成。

(二)普通国道网。

按照“主体稳定、局部优化，补充完善、增强韧性”的思路，优化完善普通国道网。以既有普通国道网为主体，优化路线走向，强化顺直连接、改善城市过境线路、避让生态保护区域和环境敏感区域；补充连接县级节点、陆路边境口岸、重要景区和交通枢纽等，补强地市间通道、沿边沿海公路及并行线；增加提高路网效率和韧性的部分路线。普通国道网由 12 条首都放射线、47 条南北纵线、60 条东西横线，以及 182 条联络线组成。

规划实施

(一)建设需求。

截至 2021 年年底，国家高速公路已建成 12.4 万公里、在建约 1 万公里、待建约 2.8 万公里，分别占 77%、6%和 17%。此外，随着交通量的增长，预计未来约有 3 万公里繁忙路段需要扩容改造。普通国道目前一级公路约 5.9 万公里、二级公路约 15.6 万公里、三级公路约 4.7 万公里、四级公路约 2.2 万公里、等外及无路路段约 1.5 万公里，二级及以上公路占比约 72%、三级和四级公路占比约 23%，等外及无路路段占比约 5%。预计未来约有 11 万公里的普通国道需要建设和改造。

(二)近期建设重点。

“十四五”期间,有序推进对加强国际、区域、省际和城际联系具有重要作用的国家高速公路建设，优先打通主线和省际待贯通路段，实现“71118”国家高速公路主线基本贯通；推动实施京沪、京港澳、长深、沪昆、连霍等国家高速公路主线拥堵路段扩容改造，提高主要公路通道的通行能力。加快推进普通国道建设,优先打通 G219 线和 G331 线等沿边国道，基本消除普通国道等外及待贯通路段；提质改造川藏公路 G318 线，推进城市群地区拥堵路段和城镇过境路段改造，实现东中部地区普通国道基本达到二级及以上标准，西部地区普通国道二级及以上公路比重达到 70%。基本建成与国家综合立体交通网相衔接、有效满足客货运需求的国家公路网络，国家公路对畅通国内、国际双循环主动脉的支撑和先导作用显著增强。

(资料来源：国家发展和改革委员会.国家公路网规划[EB /OL].(2022-07-28)[2023-09-29]. http://www.cacp.org.cn/u/cms/www/202207/12152245pert.pdf)

任务完成评测见表1-13。

表1-13　任务完成评测

<table>
<tr><td colspan="2">被考评团队名称或个人姓名</td><td></td><td>班级</td><td></td><td colspan="2">学号(评价个人用)</td><td></td></tr>
<tr><td colspan="2">考评地点</td><td colspan="2"></td><td>日期</td><td colspan="3"></td></tr>
<tr><td colspan="2">学习情境</td><td colspan="6">1. 公路货物运输</td></tr>
<tr><td colspan="2">测评单元主题</td><td colspan="6">1.1　组织公路零担货物运输</td></tr>
<tr><td colspan="2">测评项目</td><td colspan="2">优秀级评价标准</td><td>分值/分</td><td>自我评价A</td><td>小组评议B</td><td>企业专家或教师评价C</td></tr>
<tr><td rowspan="11">专业能力测评/(80%)</td><td rowspan="2">准备工作</td><td colspan="2">相关知识准备充分，回答问题正确</td><td>10</td><td></td><td></td><td></td></tr>
<tr><td colspan="2">物件和资料准备齐全，摆放整齐</td><td>5</td><td></td><td></td><td></td></tr>
<tr><td>运输风险控制</td><td colspan="2">能举例说出三种以上控制运输风险的方法，概念描述清楚，控制方法正确</td><td>10</td><td></td><td></td><td></td></tr>
<tr><td>填写公路零担货物托运单</td><td colspan="2">托运单中的各个项目填写具体、清楚、正确</td><td>10</td><td></td><td></td><td></td></tr>
<tr><td>受理托运的操作</td><td colspan="2">审核托运单、检查货物包装、过称量方、拴(贴)标签、收取运杂费</td><td>10</td><td></td><td></td><td></td></tr>
<tr><td>货物中转运输处理</td><td colspan="2">掌握中转方法，交接正确</td><td>5</td><td></td><td></td><td></td></tr>
<tr><td>配载装车</td><td colspan="2">车辆吨位容积利用充分，不甩货。符合混装限制规定，货物之间性质或灭火方法无抵触。符合货物堆放规则，做到重不压轻、大不压小、木箱不压纸箱。符合货物运输先后原则。先装远，后装近。货物装载后堆垛稳固，车辆受力均匀，不偏装</td><td>10</td><td></td><td></td><td></td></tr>
<tr><td>变更运输处理</td><td colspan="2">熟悉允许变更和解除运输合同的情况，处理办法正确</td><td>5</td><td></td><td></td><td></td></tr>
<tr><td>到站卸货及异常情况处理</td><td colspan="2">能自觉索阅货物交接单及随车单证，核对货物装载情况。掌握通常发生的几种异常情况及其处理措施</td><td>5</td><td></td><td></td><td></td></tr>
<tr><td>交付货物</td><td colspan="2">办理交付手续正确</td><td>10</td><td></td><td></td><td></td></tr>
<tr><td rowspan="4">方法能力测评(10%)</td><td>工作目标及相关角色</td><td colspan="2">工作目标理解准确，角色扮演到位</td><td>2</td><td></td><td></td><td></td></tr>
<tr><td>信息源的寻找</td><td colspan="2">查阅资料的范围广泛，内容正确、完整</td><td>3</td><td></td><td></td><td></td></tr>
<tr><td>工作内容调查</td><td colspan="2">调查内容完整</td><td>3</td><td></td><td></td><td></td></tr>
<tr><td>信息的选取及整合</td><td colspan="2">信息选取及整合准确、合理</td><td>2</td><td></td><td></td><td></td></tr>
<tr><td rowspan="3">社会能力测评(10%)</td><td>敬业精神表现</td><td colspan="2">参与讨论，发言积极，认真训练</td><td>3</td><td></td><td></td><td></td></tr>
<tr><td>组织协调能力表现</td><td colspan="2">善于与人沟通，活动的组织与策划表现积极</td><td>3</td><td></td><td></td><td></td></tr>
<tr><td>团队合作能力表现</td><td colspan="2">各司其职，协同作战，配合默契，如两人交流发言，每次既有新面孔又能形成合力</td><td>4</td><td></td><td></td><td></td></tr>
<tr><td colspan="4">合计</td><td>100</td><td></td><td></td><td></td></tr>
<tr><td colspan="4">总评得分(=20%A+20%B+60%C)</td><td colspan="4"></td></tr>
</table>

为了达到更好的教学效果，本单元对学生考评包括两部分，平时成绩和任务完成，其中平时成绩包括课堂表现、口语表现、考勤表现和作业表现四部分。任务完成的评价主体包括教师、企业专家和学生，评价内容从最初的工作准备到最后的货物交付，也包含对学生思政素养评价、沟通能力、团结合作能力等的评价，具体评价如表 1-14 所示。

评量表 1

平时成绩考核表

班级： 单元名称： 评量期间：自 年 月 日起至 年 月 日止

序号	学号	姓名	评量内容																									平时成绩总评
			课堂表现								口语表现								考勤表现					作业表现				
1																												
2																												
3																												
4																												
5																												
6																												
7																												
8																												
9																												
10																												
11																												
12																												
13																												
14																												
15																												
16																												
17																												
18																												
19																												
20																												
21																												
22																												
23																												
24																												
25																												
26																												
27																												
28																												
29																												
30																												

课 程 思 政

在网上搜索并观看“茶马古道、丝绸之路”视频，该视频引出了公路运输的发展史，充分说明了中国人民克服困难的勇气和信心。在公路运单的填制和运输费用的计算过程中，需要团队合作意识和严谨细致的工作态度以及养成节约成本的意识。

拓 展 提 升

一、公路路线命令和编号规则

根据交通部 1988 年颁布的《公路路线命名编号和编码规则命名和编号规则》(国标GB 917.1—1988)规定，中国道路的命名要点如下。

(1) 中国道路按其行政等级主要分为国道、省道、县道三级，由国、省、县三字的汉语拼音首字母 G、S、X 作为它们各自相应的标识符(公路管理等级代码)，一位标识符加三位数字组成公路路线编号。

(2) 国道按首都放射线、北南纵线、东西横线分别按顺序编号。从北京出发的放射线国道以“1”开头，如 G101 北京至沈阳。南北方向的国道以“2”开头，如 G205 秦皇岛(中国的北面)至广州(中国的南面)。东西方向的国道以“3”开头，如 G318 上海(中国的东面)至聂拉木(中国的西面)。

(3) 省道的编号，以省级行政区域为范围编制。省会城市放射线的编号，由省道标识符“S”、放射线标识“1”和两位数字顺序号组成，如 S120，广州是广东省的省会城市，以广州放射出去到广东省其他城市；北南纵线的编号，由省道标识符“S”、北南纵线标识“2”和两位数字顺序号组成；省道东西横线的编号，由省道标识符“S”、东西横线标识“3”和两位数字顺序号组成。

(4) 编号区间。公路路线编号区间国道为 G101～G199、G201～G299、G301～G399；省道为 S101～S199、S201～S299、S301～S399；县、乡专用公路及其他公路用X/Y/Z/Q/001～X/Y/Z/Q/999 命名。

二、载货汽车技术的发展趋势

在国民经济飞速发展的今天，公路运输依然有着无可替代的重要性。载货汽车作为实现公路货物运输的载运工具，其所具备的独特优势自然不言而喻。随着相关技术的不断发展及完善，载货汽车必将有着更加广阔而美好的应用前景。

1. 发动机技术

载货汽车用发动机的技术发展趋势是，尽可能采用简单的基本设计和高集成、多功能的辅助组件，由此可为生产、加工过程及随后的维修保养带来诸多技术便捷性。标准发动机总成，包括在大功率要求的情况下，均采用直列式 6 缸发动机，因为它与 V 形发动机相比具有结构方面的优势。

2. 悬架技术

随着国内道路条件不断提升、载货汽车客户消费升级、节能环保政策趋严，悬架技

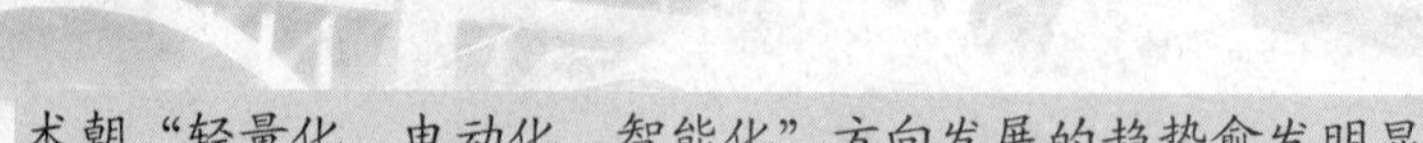

术朝“轻量化、电动化、智能化”方向发展的趋势愈发明显。

1) 轻量化

悬架系统轻量化主要通过零部件结构优化、材料轻量化、集成化等来实现。牵引车市场少片钢板弹簧应用已十分普遍，非金属复合材料作为低密度轻质材料代替传统钢板弹簧，轻量化效果突出，有望得到进一步发展。其他零部件减重方案如采用空心稳定杆、非金属限位块垫板、空气弹簧复合材料活塞等可有效减轻悬架零部件的重量。另外悬架系统零部件众多，可考虑集成化设计。如推力杆和横向稳定杆功能可以集成设计为复合稳定杆、将空气弹簧与减振器集成为复合弹减总成等，这些集成设计既简化了悬架结构，又降低了悬架系统的质量。

2) 电动化

悬架系统电动化即被动悬架向半主动悬架、主动悬架方向发展。随着汽车电子技术的快速发展，电控单元模块不断丰富，传感器和控制器的成本不断降低而精度不断提高，商用车悬架系统新技术中涉及的电控单元越来越多，悬架系统电动化是智能化的基础。

3) 智能化

悬架系统智能化主要是针对空气悬架等半主动/主动悬架系统来说的，通过在系统中增加传感器、控制单元以及执行机构来实现悬架高度、刚度、阻尼等单一参数或全部参数的调节，满足车辆不同的使用要求以及保证良好的性能。

三、我国道路交通事故

1) 我国道路交通事故现状

纵观 2009—2018 年，在我国交通基础设施快速发展、机动车数量快速增长的情况下，全国交通安全事故出现先降后增现象，在 2015 年达到历史最低水平，但因交通事故造成的死亡人数一直居高不下，直接财产损失进一步扩大。根据国家统计局数据显示，2018 年全国共发生道路交通事故 244937 起，造成 63194 人死亡、258532 人受伤，直接财产损失 13.8 亿元，事故发生数较 10 年前相比略有上升。

虽然全国交通基础设施建设日益完善，道路安全水平、车辆安全系数逐渐提高，但随着全国车辆保有量的提高、驾驶人的违法驾驶，事故发生数量、死亡人数依然居高不下，道路交通事故已经对我国国民经济和社会发展造成了重大影响，也对一些家庭造成了难以磨灭的心理阴影。

导致道路交通事故的原因很多，如道路因素、车辆安全性能隐患、自然条件、交通管理等。因机动车造成的道路安全事故比例达到 90%以上，其中汽车交通事故比例更是高达 75%。

公安部统计数据表明：2018 年全国道路交通事故主要有以下几个方面特点。

从行政区域来看，中南、华东地区交通事故死亡人数占全国总数的 60%，是全国预防交通事故的重点区域。中南、西南、西北地区一次死亡 3 人以上的交通事故占全国总数的 62%，是全国预防大事故的重点区域。存在因自然环境的差异导致交通事故的发生，特别是西南山区，桥隧相对偏多，更容易发生交通安全事故。

从道路类型来看，发生在公路上的交通事故导致的死亡人数同比下降 4.7%，发生在城市道路的交通事故导致的死亡人数同比上升 4.8%，二者呈现“一降一升”态势。公路交通事故中，高速公路、一级公路、二级公路降幅明显；城市事故中，主要肇事原因是

未按规定让行、无证驾驶、醉酒驾驶、超速行驶、违反交通信号等，可见城市道路监管力度还需进一步加强。

从肇事驾驶人驾龄来看，3年以内低驾龄驾驶人肇事导致的死亡人数同比下降19.5%，反之，驾龄在4年、16年至20年、20年以上的驾驶人肇事死亡人数同比上升。说明驾龄偏低的驾驶人普遍驾驶相对谨慎，随着驾龄提高、驾驶频率的增加，自认为驾驶技术已经非常娴熟，往往容易忽视驾驶的安全性。

从肇事车型来看，小客车肇事导致的死亡人数占总数的59%，同比上升9%。这与我国目前小客车增长速度快、占机动车保有量占比高有关。2018年小客车保有量首次突破2亿辆，占机动车总量的61%。

2)　我国道路交通事故预防对策

从以上对于交通事故发生的原因分析，要想从根本上预防道路交通事故的发生，应该从机动车驾驶人的监督教育出发，强化交通安全意识，提高监管力度。

(1) 抓源头，培养安全观念。

通过驾培行业全面强化学员的安全驾驶意识，真正做到从源头上预防交通安全事故的发生显得至关重要。

(2) 强管理，加强交通安全监管工作。

公安交通管理部门应在事故多发路段布设醒目的安全提示，加强限速管理，更要充分利用各种宣传媒介加大交通安全宣传，扩大宣传教育范围，增加教育深度，增强所有交通参与者的交通安全意识，提高道德意识，自觉遵守交通安全法规，从根本上减少道路交通事故发生。

(3) 重技术，提高汽车的安全性能。

良好的车辆性能是保证安全驾驶的重要前提。目前，除了要建立完善的汽车安全检测制度和车辆维修制度外，驾驶员日常也应养成保养和维护车辆的习惯，在驾驶前应对车辆的转向系统、刹车系统和轮胎压力做好检查，及时消除隐患，确保车况良好。

(资料来源：华经产业研究院.中国载货汽车产销量与技术发展趋势分析. [EB /OL]. (2021-02-08) [2023-09-28].https ://www.yoojia.com/article/9596239824390555560.html;
ISA. 我国道路交通安全事故统计分析[EB/OL].(2022-02-09)[2023-09-28].
http://www.isa-hsse.com/index.php?a=show&catid=203&id=54936)

资料链接

本项目相关网站的网址，供读者拓展学习之用。

(1) 中国卡车网：http://www.chinatruck.org/chinese/index.htm

(2) 中国道路运输网：http://www.chinarta.com/html/kydt_board/2006325170800.htm

(3) 中国汽车网：http://www.chinacar.com.cn/

(4) 货物运单和货票填制办法. 人民网：http://www.people.com.cn/item/flfgk/gwyfg/1991/226002199104.html

(5) 交通部物流工程研究中心网：http://www.cltc.com.cn
(6) 海关综合信息资讯网：http://www.china-customs.com
(7) 中山货运网：http://www.zsxinda.cn/gonglu/
(8) 损害赔偿网：http://www.peichang.com/
(9) 全国主要城市间公路里程表：http://www.cngrain.com/databank/ywsc0007.doc

项目二　铁路货物运输

【知识目标】

- 掌握铁路货物运输的概念及其类型
- 了解铁路货物运输的技术装备与设施
- 掌握铁路货物运输的作业流程
- 掌握铁路货物运到期限的计算方法
- 掌握铁路货物运输费用的计算

【能力目标】

- 会计算铁路货物运到期限
- 会计算铁路货物运输的费用
- 会填制铁路运单
- 能管理铁路运输业务
- 理解并掌握铁路运输的基本程序

【课程思政】

- 提升学生的民族自豪感和学习紧迫感
- 培养学生严谨细致的工作态度和团结合作能力

学习任务单

学生学习条件分析	起点分析： 1. 初步了解了铁路货物运输的基本知识 2. 基本了解了铁路货物运输的适用范围 重点分析： 1. 铁路货物运输的作业流程 2. 铁路货运单据的填写 3. 铁路运输费用的计算 难点分析： 1. 铁路货物运到期限计算 2. 铁路货物运输整车运输的作业流程
教学方法与手段	1. 教学方法：案例教学法、讨论法、讲授法 2. 学习方法：自主学习法、分组合作学习法、问题导向学习法、善用资源与求助学习法 3. 教学手段：多媒体、黑板、视频
教学资源	1. 学校资源：课件、网络环境下的实训室、多媒体教室 2. 文献资源：课程大纲、教案、参考教材、物流大赛案例库
能力指标	1. 熟练填制铁路货运单据 2. 精通铁路运输费用的计算 3. 能够处理危险货物的运输
教学目标	知识目标： 1. 认知铁路货物运输的基本理论知识 2. 熟悉铁路货物运输的作业流程和铁路货运运到期限及运费的计算 技能目标： 1. 能够熟练填写货运单据 2. 能够根据货运案例组织铁路货物运输 3. 能够计算铁路货物运输的费用和运到期限 思政目标： 1. 培养学生具有团结合作意识和科技创新意识 2. 培养学生具有严谨细致的工作态度和节约成本意识
教师课前准备	1. 设置学习情境，精选教学案例、布置工作任务和熟悉铁路货运作业流程 2. 准备教具(铁路运单、铁路货票、课件、视频等)
学生课前准备	1. 认知铁路货物运输的基本概念、特点以及铁路货运的作业流程、中国地图 2. 理解铁路货运费用的计算
学生需要完成的主要任务	1. 铁路运单的填制 2. 铁路货运运到期限和运费的计算 3. 铁路运输合同的签订
学习评量	1. 本单元评量满分 100 分 2. 评量表及评量尺规 3. 本单元的课后作业纳入本次评量 4. 学生出席率纳入单元课堂学习表现成绩
课后作业	归纳、整理本单元的主要内容
教学反思	

铁路货物运输接收责任

20××年2月，天津某有限责任公司在齐齐哈尔火车站办理托运，将一批豆粕发往衡阳。但托运人在办理托运票据时误将收货人名称写为衡阳县粮油贸易运输总公司贸易分公司(实际收货人应为衡南县粮油贸易运输总公司贸易分公司)。20××年2月26日，豆粕陆续到达衡阳站。衡阳站货运部门于货物到达次日按运单记载的收货人名称及地址连续三次发出催领货物通知书。20××年3月7日，取货人邓某持盖有衡阳县粮油贸易运输总公司公章并注明“经查我公司从齐齐哈尔发来豆粕已到”的取货公函到衡阳站领货。货运员刘某某在邓某称“领货凭证未寄过来”后，对其公函进行了审查，在发现公章与收货人名称不相符且邓某所写的内容都有错误的情况下未进行认真核对即办理了两车豆粕的交付手续。衡南县粮油贸易运输总公司贸易分公司因未收到货物而数次到衡阳站查询，衡阳站经过调查后方知该批货物已误交付第三人。

(资料来源：zhuwo. 组织铁路货物整车运输[EB/OL]. (2017-10-18)[2023-09-28]. https://max.book118.com/html/2017/1018/137433947.shtm)

■案例研讨

(1) 从案例中得知，铁路货物运输在接收作业中要注意哪些问题？

(2) 案例中的货运员刘某某在这个案例中是否有责任？如果有，他应负有什么责任？货物到达后需要进行哪些操作？

【理论知识】

一、铁路运输的沿革

铁路是工业革命的产物，是蒸汽机应用于运输的结果，是社会经济、技术不断发展的必然产物。19世纪，工业革命的发展推动了交通运输业的革命和发展，蒸汽机的出现及应用为铁路运输以蒸汽机为动力奠定了基础。铁路运输的高速度、大运量吸引着不少工业发达的资本主义国家兴建铁路。

1825—1850年为铁路发展的开创时期。这个时期正值产业革命后期，钢铁工业、机器制造业等已达到一定水平，同时工业发展又有原材料和产品的输送问题需要解决，从而促使铁路迅速兴起。1825年，英国在斯托克顿和达灵顿之间修建了一条运输煤炭和旅客的铁路，用蒸汽机车牵引列车。这就是世界上第一条公用铁路，它在陆地运输发展史上树立了一个里程碑。到了19世纪50年代，欧洲和北美几乎所有的国家都修建了铁路，亚洲、非洲、拉丁美洲和大洋洲大多数国家在19世纪下半叶也都开始修筑铁路。到1850年止，世界上已有19个国家建成铁路并开始运营。

1850—1900 年为铁路的发展时期。在这个时期，有 60 多个国家和地区建成铁路并开始营业。在这个时期，工业先进的国家的铁路已渐具规模。俄国修建的西伯利亚铁路和美国开发西部修建的铁路，都长达数千千米。此外，这个时期在铁路建筑技术和铁路机车制造技术方面也有了新的发展。例如，在铁路隧道开凿技术方面，1872—1881 年建成的圣哥达隧道，长 15 千米；在铁路机车制造方面，蒸汽机的性能日趋完善，同时电力机车和内燃机车先后于 1879 年和 1892 年研制成功。

1900—1950 年是铁路发展的成熟时期。这个时期新建的铁路大部分位于非洲和中东地区，而且大多数建成于第二次世界大战以前。在这个时期，一些国家因公路和航空等运输方式与铁路之间的激烈竞争，促使铁路提高了行车速度并改进了铁路客、货运输的服务设施，开始采用内燃机车和电力机车代替落后的蒸汽机车。但由于铁路运输难以同公路运输的方便和航空运输的快速相竞争，逐渐出现萧条景象。

1950 年至今为铁路的新发展时期。这个时期铁路的技术改造获得了重大进展。美、英、法、日本和苏联等国的铁路，牵引动力几乎全部采用内燃机车和电力机车。这些新型机车的优点是能源省、污染少。随着铁路能源形势的变化以及各种新技术的采用，铁路的经济效益有了新的提高。20 世纪 60 年代后期，各国铁路建设又有走向兴旺的趋势。截至 1981 年，世界各国铁路的总长达到 130 余万千米。20 世纪 60 年代初期，日本建成东京大阪间的东海道新干线，专门行驶旅客列车，最高行车速度达到 210 千米/时。此后，法、英、美等国和联邦德国也开始修建行驶高速列车的高速铁路。在高速铁路出现的同时，世界上一些有大宗煤炭或其他矿产货物输送任务的国家开始行驶重载列车。行驶这种列车的铁路称为重载铁路，主要办理货运。

铁路作为陆上运输的主力军，在长达一个多世纪的时间里居于垄断地位，但是随着汽车、航空和管道运输的迅速发展，铁路不断地受到冲击。为了适应社会和经济发展的需要，各国纷纷进行大规模的铁路现代化技术改造，同时改革运输组织工作，积极采用高新技术，在重载、高速运输和信息技术方面取得了新的突破，再加上现代管理和优质服务以及铁路的区域联网、洲际联网，使铁路增添了新的活力。铁路货物运输的集中化、单元化和大宗货物运输重载化是各国铁路货物运输发展的共同趋势。重载单元列车是用同型车辆固定编组、定点定线循环运转，首先用于煤炭运输，后来扩展到其他散装货物。

(一)我国铁路运输的发展

我国铁路发展历史与我国近现代史的发展有密切关系。

1. 晚清时期的铁路建设

我国第一条铁路是 1876 年英商在上海至吴淞间修建的，较之世界上第一条正式营业的铁路落后了 51 年。1881 年清政府准许修建一条从唐山矿区至胥各庄的 10 千米铁路，掀开了我国铁路建设的序幕。1876—1911 年，清政府时期总共建成铁路 9100 千米。其中，京张铁路(北京—张家口)是第一条由中国人主持修建的铁路干线。1876—1911 年的 35 年间，新增铁路 9100 千米，平均每年增加铁路 260 千米。

2. 民国时期的铁路建设

1911—1949 年，民国时期共建成铁路 17100 千米，连同清政府时期，我国大陆共有铁路 26200 千米，但由于战争破坏或其他原因拆去 3600 千米。中华人民共和国成立时，我国大陆仅留下铁路 22600 千米。

旧中国的铁路，很多是外国势力为掠夺我国资源而修建的，不仅数量少、质量低，而且布局不合理，大部分在沿海地区，西南、西北地区几乎没有铁路。由于各条铁路在管理上各自为政，限制了铁路运输能力的发挥。

3. 1949—1978 年的铁路建设

中华人民共和国成立后，中央人民政府成立了铁道部，统一管理全国铁路，组织了桥梁和线路恢复工程，并大力修建新铁路，以保证日益增长的运输需要。

1949—1952 年，相继完成了成渝、天兰铁路的铺轨通车任务。接着又动工新建兰新、宝成、丰沙铁路。至 1958 年，恢复旧有铁路 1994 千米，新建及修复第二线铁路共 1337 千米，14 个铁路枢纽得到了改善和加强。由于武汉长江大桥的建成，北京至广州铁路全线贯通，全国铁路营业里程(不含地方铁路及企业专用线)增加到 26708 千米。这一时期主要是我国铁路建设的规划期。

1958—1965 年，新建铁路干线有包兰、兰新、兰青、干武、黔桂铁路都匀至贵阳段、京承、太焦、外福、萧甬铁路等，建成第一条宝成铁路宝鸡至凤州段 91 千米的电气化铁路区段。

“文革”期间，铁路建设遭受了极大的干扰，但施工生产没有停滞，建成的铁路干线有贵昆、成昆、湘黔、京原、焦枝等，还建成了南京长江大桥和枝城长江大桥。1976 年年底，全国铁路营业里程为 46 262 千米，其中复线率为 15.7%。

4. 新时代的发展

1984 年，青藏铁路前身——全长 800 公里的西宁至格尔木铁路建成通车，但后续将其延伸至拉萨的计划却整整讨论了 10 年之久。

2006 年 7 月，青藏铁路全线建成通车，青藏铁路的开通打破了多项世界纪录。

5. 中国高铁网络

除了少量旧线改造工程以外，绝大部分高铁网络将由新建线路组成，而且新线的行车速度节节攀升。

2003 年，位于东北辽西走廊的第一条快速客运专线“秦沈铁路”宣告通车，全线设计时速达到 200 公里，后在 2007 年提高至时速 250 公里。

其他线路紧随其后，于 2008 年北京奥运会之前纷纷开通，其中特别值得一提的是连接北京和天津两大城市的“京津城际铁路”，其实际运行时速高达 350 公里。

2010 年 10 月，第 15 条高速铁路“沪杭高铁”全线完工，其后一年，设计时速为 380 公里的“京沪高铁”也开通运营。至此，中国已拥有高铁专用轨道 8000 多公里。

自 2012 年开始，铁路建设重新恢复，搭乘高铁出行的人数开始攀升，2013 年以来，中国每天运营高速列车 1580 列次，服务旅客 130 万人，而这一傲人的纪录还将继续。

成绩斐然的高速铁路和不断扩张中的城市地铁，以及创纪录的青藏铁路一起，牢牢确立了中国在 21 世纪铁路史上无可争议的先锋地位。

改革开放以后，国民经济快速发展，铁路客货运量猛增，铁路运输能力全面紧张。在此期间，先后建成了京秦、大秦、衮石、新菏、皖赣、青藏铁路哈格段、南疆铁路吐库段等铁路新线，增建胶济、同蒲、石德、陇海东段、京广南段、沪宁等铁路第二线，对丰沙、石英、石太、太焦、成渝、贵昆等铁路进行了电气化改造。“十五”期间，我国规划的“八纵八横”铁路网建设已经完成，全国铁路网已基本形成。

(二)铁路运输的货运站、运输工具及运输线路

1．货运站

火车货运站的功能主要是从事货运业务，包括货物承运、装卸作业和货物列车的到发作业。根据需要设置若干到发线、编组线和货物库场、库房等设施。

2．运输工具

铁路货车按用途分的通用货车有平车(见图 2-1)、敞车(见图 2-2)、棚车(见图 2-3)、冷藏车，其中冷藏车又分为加冰冷藏车和机械冷藏车(见图 2-4)，其主要技术参数见表 2-1。

图 2-1　平车

图 2-2　敞车

图 2-3　棚车

图 2-4　冷藏车

表 2-1　铁路通用货车的主要技术参数

名　称		车型	自重(吨)	载重(吨)	车内容积(立方米)	车内尺寸(米)			计费重量(吨)	特　点
						长	宽	高		
平　车		N17	20	60	—	13	2.9	—	60	装运大件货物
敞　车		C62	20.6	60	68.8	12.5	2.8	2	60	装运散装货物
棚　车		P62	24	60	120	12.5	2.8	2.7	60	装运贵重货物
冷藏车	加冰冷藏车	B6	34	45	86	16.4	2.5	2.1	38	装运生鲜货物
	机械冷藏车	B23	38	46	105	18	2.6	2.4	48	4 辆一组
		B10	38.2	43.2	105	18	2.6	2.35	48	单节

(资料来源：铁路货车通用技术条件 GB/T 5600—2006)

另外，还有很多特种车和专用车，如罐车(G)、矿石车(K)、长大货车(D)、集装箱车(X)、散装水泥车(U)等，型号各异，种类繁多。

小贴士

我国货车基本型号

我国货车的基本型号用大写的汉语拼音字母来表示(见表 2-2)。这些字母大多数是各类货车名称的第一个汉字的汉语拼音首字母，但也有个别例外。

表 2-2　我国货车的基本型号

车种	基本型号	车　种	基本型号	车　种	基本型号	车　种	基本型号	车　种	基本型号
棚车	P	罐车	G	矿石车	K	家畜车	J	特种车	T
敞车	C	保温车	B	长大货物车	D	水泥车	U	守车	S
平车	N	集装箱车	X	毒品车	W	粮食车	L		

3．运输线路

新中国成立之初，我国铁路运营里程仅约 2.2 万千米。70 多年来，铁路建设砥砺前行，路网品质不断提升。党的十八大以来，“八纵八横”高铁路网从图纸变为现实，中国铁路跨越塞北风区，蜿蜒岭南山川，驰骋东北雪海，穿梭江南水乡……截至 2020 年年底，我国铁路运营里程 14.6 万千米，其中高铁运营里程 3.8 万千米，较“十一五”末增长近 5 倍，占世界高铁运营里程的 2/3 以上。

“八纵”铁路通道为京哈通道、沿海通道、京沪通道、京九通道、京广通道、大湛通道、包柳通道、兰昆通道。

“八横”铁路通道为京兰通道、煤运北通道、煤运南通道、陆桥通道、宁西通道、沿江通道、沪昆(成)通道、西南出海通道。

小资料

中国高速铁路网规划

近中期：五纵六横八连线

从2010年起至2040年，用30年的时间，将全国主要省市区连接起来，形成国家网络大框架。考虑现实，线路东密西疏；照顾西部，站点东疏西密。所有高铁线路的规划和建设，全部由中央政府集中组织实施，建成后的营运，交中国高铁公司集中管理。本方案除京广和京沪线外，所有线路建设均采用磁浮悬技术方案。

五纵：

① 哈沪线：哈尔滨—扶余—长春—四平南—沈阳—营口—大连—烟台—青岛—日照—连云港(海州)—盐城—南通—上海。全线按以上节点只设14个停车站，站点之间直连。

② 京沪线：北京—天津—沧州—德州—济南西—济宁—徐州—蚌埠—南京—无锡—上海—浦东机场。按以上节点只设12个停车站，站点之间直连。

③ 京港线：北京—保定—石家庄—邯郸北—安阳南—郑州—漯河—信阳北—武汉—岳阳—长沙南—衡阳—郴州—韶关—广州—深圳—九龙。全线按以上节点只设17个停车站，站点之间直连。

④ 集昆线：集宁—大同—朔州—忻州北—太原南—介休—临汾—韩城—西安—佛平—汉中—宁强—广元—绵阳—成都—乐山—冕宁—西昌—攀枝花—昆明。全线按以上节点只设20个停车站，站点之间直连。

⑤ 西湛线：西安—安康—万源—达州—华莹—重庆—遵义—贵阳—都匀—独山—南丹—河池西—马山北—南宁—钦州—北海—湛江。全线按以上节点只设17个停车站，站点之间直连。

六横：

① 沈兰线：沈阳—盘锦—锦州—秦皇岛—唐山—北京—张家口—集宁—呼市—包头—杭锦—乌海—石嘴山—银川—青铜峡—中卫—白银—兰州。全线按以上节点只设20个停车站，站点之间直连。

② 青银线：青岛—潍坊—淄博—济南西—武城—衡水—石家庄—阳泉—太原南—吕梁(离石)—绥德—靖边—鄂托克—银川。全线按以上节点只设14个停车站，站点之间直连。

③ 盐西线：盐城—淮安—宿迁—徐州西—商丘—开封东—郑州—洛阳—三门峡—华阴—西安—宝鸡—天水—定西—兰州—红古—西宁。全线按以上节点只设17个停车站，站点之间直连。

④ 沪蓉线：(上海)—南京—合肥—六安—麻城—武汉—潜江—荆州—宜昌—水布垭(或五峰)—恩施—黔江—涪陵西—重庆—遂宁—成都。全线按以上节点只设15个停车站，站点之间直连。该线向东南可经粟阳—湖州—杭州—绍兴—宁波；向东可沿江北，经扬州、泰州至南通。

⑤ 沪昆线：上海—嘉兴—杭州—金华—衢州—上饶—鹰潭—南昌南—新余—萍乡—长沙南—娄底—邵阳—洞口北—怀化—玉屏—凯里—都匀—贵阳—安顺—关岭—盘县—

曲靖—昆明。全线按以上节点只设24个停车站，站点之间直连。

⑥ 沪南线：上海—宁波—台州—温州—福鼎—宁德—福州—浦田—泉州—厦门(同安)—漳州南—云宵—汕头—汕尾—惠州—广州—肇庆—云浮—郁南—梧州—桂平东—贵港—南宁。全线按以上节点只设23个停车站，站点之间直连。

八连线：

① 津唐线：天津—唐山。

② 开河线：开封东—菏泽—东平—济南西—滨州—东营北—河口。

③ 宁南线：南京—扬州—泰州—南通。

④ 宁宁线：南京—粟阳—湖州—杭州—绍兴—宁波。

⑤ 金温线：金华—丽水—温州。

⑥ 汉福线：武汉—黄石西—武穴(江南)—九江(县)—德安—南昌南—抚州—邵武—南平—福州。

⑦ 南厦线：南平—三明—大田—厦门(同安)。

⑧ 衡南线：衡阳—祁东—永州—全州—桂林—柳州—来宾—宾阳—南宁。

远期：八纵

从2040年起至2070年，再用30年的时间、最迟到2100年前全部建成，实现东部加密、西部连通成网(即连通西部主要交通枢纽)，连接全国主要交通节点城市和旅游景点，使西部地区主要城市可通达任何沿海省区。国内客运主要依靠高速铁路和高速公路。

① 新哈沪线：哈尔滨—长春—沈阳—大连—烟台—青岛—连云港(海州)—上海。该线向东北延伸至抚远中俄边界，仍称哈沪线。

② 京沪线：北京—天津—沧州—德州—济南西—济宁—徐州—蚌埠—南京—无锡—上海—浦东机场。

③ 大京港线：由京港线向北延伸而成。延长线大体走向是：北京—首都机场—承德—赤峰—通辽—白城—齐齐哈尔—嫩江—黑河。

④ 济茂线：该线大体走向是：济南—菏泽—开封—郑州—平顶山—南阳—襄樊—荆州—武夷山—吉首—怀化—桂林—柳州—贵港—玉林—茂名。

⑤ 新集昆线：集宁—大同—太原南—韩城—西安—汉中—成都—西昌—昆明，该线向北延伸至二连浩特，向南经个旧到河口，仍称集昆线。

⑥ 徐三线：大体走向：(徐州)—合肥—安庆—景德镇—鹰潭—赣州—河源—九龙—珠海—阳江—湛江—海口—三亚。

⑦ 太温线：大体走向：太原—长治—焦作—郑州—周口东—阜阳—合肥—巢湖—铜陵—黄山—千岛湖—金华—温州。

⑧ 包湛线：即西湛线从西安向北延伸，经延安榆林到包头：西安—安康—万源—达州—华莹—重庆—遵义—贵阳—都匀—独山—南丹—河池西—马山北—南宁—钦州—北海—湛江。北延长线大体走向为：西安—铜川—黄陵—延安—靖边—榆林—鄂尔多斯—包头。

(资料来源：豆浆.中国高铁规划图[EB/OL]. (2019-05-18)[2023-09-28]. https://ishare.iask.sina.com.cn/f/1QFuceDyX2H3.html)

二、铁路货物运输的基本条件

(一)开展铁路货物运输的要求

铁路货物运输总的要求是安全、迅速、准时、方便、经济地运输货物。铁路货运组织应遵循以下基本要求。

1．安全

安全是货物运输组织最基本的要求。所有运输的货物发生的不安全情况，都将造成经济上的损失。货物运输安全与许多因素有关，主要包括货物的质量与包装方法、货物运输设备、货物运输条件和运输过程中的作业方法等。

为了保证货物运输安全，必须加强对运输人员的职业道德教育，采取科学的运输组织、管理措施和作业方法。同时，还应注意改进运输设备、装载技术和包装方法。但是，货物在运输过程中，由于本身的性质产生的自然减量，或者由于技术的原因产生的一定损耗，则是不可避免的。铁路部门应根据货物特性、运输设备条件和包装方法等因素，合理地制定允许货物损耗的标准，以便正确地划分货物运输安全与否的界限。

2．迅速

迅速是一个相对的概念。铁路货物运输的迅速与否，一方面，应以铁路运到期限作为衡量标准；另一方面，也要与其他运输方式的送达速度相比较，铁路在一定运程范围内具备送达速度快的优势。通过采用新的技术设备和运输组织方法，缩短货物的装卸作业时间，提高货物列车的运行速度，减少货物车辆的在站中转和停留时间，都会收到提高货物送达速度的效果。

3．准时

准时是指货物运输满足用户关于货物送达期限和送达时间的要求，尤其是高附加值货物的运输需求，能对用户的送达时间要求作出明确的承诺。在市场经济高度发展的西方国家，货物运输是社会商品交易过程的一个组成部分，按时交货成为运输质量和运输服务水平的重要标志。保证货物准时送达，应当在货物装卸和挂运的各个环节体现运输的时效性。对非始发直达的车流组织方式，应保证固定的车流接续和严格地按图行车。

4．方便

方便是铁路用户的共同要求，一般包括办理运输手续和费用结算的简便，提供不受时间或数量限制的运输服务和延伸服务。同时，方便性也是相对于使用其他运输方式或者与过去情况相比较而评价的。因此，尽可能地方便用户、提高服务质量和水平，是改善铁路货物运输组织工作，提高铁路竞争力的一个重要方面。此外，方便也是相对的。例如，铁路封闭一些作业量小的货运站，可能给个别用户带来不便，但从铁路集约化经营的全局来说却是必要的。

5. 经济

经济，对用户而言是指支付较低的运输费用，对铁路企业而言则是指耗费较低的运输成本。这两方面的要求有时是一致的，有时则是矛盾的。例如，因为铁路运费比公路低，一些用户的短途物资也愿意交给铁路，但从铁路方面来说，增加了每吨公里的运输成本是不经济的。又如，为了减少货物装载费用和车辆洗刷费用，一些生产企业希望使用专用车辆运送某些货物，但对铁路方面来说，专用车辆将增加空车走行率，影响铁路运输成本。

铁路货物运输对上述基本要求的达成程度，是铁路货物运输质量和运输服务水平的重要标志，也是铁路在运输市场中竞争能力的重要标志。

(二)铁路运输的种类

目前铁路运输主要分为整车运输、零担运输和集装箱运输三类。另外，还包括快运、整列行包快运，但现在开展的范围不大。铁路货物运输的种类是根据托运人托运货物的数量、性质、状态等特点加以确定的。在签订货物运输合同时，托运人与承运人要按《铁路货物运输规程》的规定和所运货物的特点，实事求是地确定运输的种类。

1. 整车运输

一批货物的重量、体积或形状需要以一辆以上货车运输的，应按整车托运，其中还包括以下特殊情况。

(1) 需要冷藏、保温或加温运输的货物。

(2) 规定期限按整车办理的危险货物。

(3) 易于污染其他货物的污秽品(如未经消毒处理或未使用密封不漏包装的牲骨、湿毛皮、粪便、炭黑等)。

(4) 不易计算件数的货物。

(5) 蜜蜂。

(6) 未装容器的活动物(铁路局规定的按零担运输的除外)。

(7) 重量超过 2 吨、体积超过 3 立方米或长度超过 9 米的货物(经发站确认不致影响中转站和到站装卸车作业的货物除外)。

小知识

须凭文件运输的货物

下列货物须凭证明文件运输。

(1) 物资管制方面的，如托运麻醉品、枪支、民用爆炸品，必须提供医药部门、公安部门的证明文件。

(2) 卫生检疫方面的，如托运种子、苗木、动物和动物产品，应提供动、植物检疫部门的证明文件。

(3) 物资运输归口管理方面的，如托运烟草、食用盐、酒类，应提供物资管理部门的证明文件。

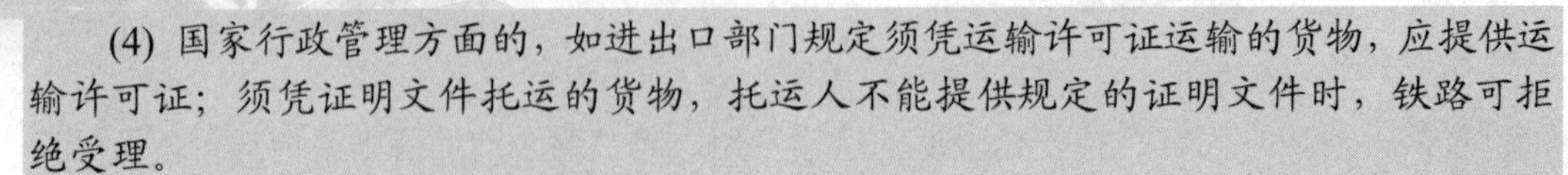

(4) 国家行政管理方面的，如进出口部门规定须凭运输许可证运输的货物，应提供运输许可证；须凭证明文件托运的货物，托运人不能提供规定的证明文件时，铁路可拒绝受理。

下列货物运输，托运人应派人押运。

(1) 活动物。

(2) 需按时浇水的鲜活植物。

(3) 生火加温的货物。

(4) 挂运的机车和轨道起重机。

(5) 特殊规定应派押运人的货物。

押运人每批以1～2人为限，押运人须持托运人或收货人出具的身份证明，押运人姓名、证明文件名称、号码应填记在货物运单“托运人记载事项”栏内，车站按规定核收押运人乘车费。从货物承运时起至交付完毕时止，押运人对货物应采取保证安全运输的措施，押运人发生人身意外伤害时，比照《铁路旅客意外伤害强制保险条例》的规定进行处理。

(资料来源：李庆.运输管理实务(第三版)[M/OL]. (2023-07-01)[2023-09-28]. https://www.renrendoc.com/paper/279535795.html)

2. 零担运输

不够整车运输条件的，按零担托运。按零担托运的货物，一件体积最小不能小于0.02立方米(一件重量在10千克以上的除外)，每批不得超过300件。允许和其他货物配装的货物，可以按零担办理。

3. 集装箱运输

集装箱运输是一种现代化的运输方式。由于集装箱运输使货物流通过程中各个环节发生了重大改变，因此被称为20世纪的“运输革命”。集装箱运输可促使运输生产走向机械化、自动化。

集装箱是运输货物的一种大容器，是一种综合性的运输工具。根据国家标准化组织的建议，凡具有下列条件的货物运输容器都可以称为集装箱：能长期反复使用，具有足够的强度；各种运输方式联运或中途中转时，不需要进行倒装；可以进行机械装卸，并可从一种运输形式比较方便地直接换装到另一种运输形式 (如从铁路运输转为公路或海运、河运)；便于货物的装卸作业和充分利用容积；内部几何容积在1立方米以上。铁路集装箱型号和技术参数见表2-3。

表2-3　铁路集装箱型号和技术参数

箱型		外部尺寸：长×宽×高(毫米)	内部尺寸：长×宽×高(毫米)	容积(立方米)	自重(千克)	载重(千克)
小	1吨TJ1	900×1300×1300	830×1264×1150	1.21	175	825
中	5吨TJ5B	1968×2438×2591	1825×2352×2335	10.02	940	4160
	10吨TBJ10	3070×2500×2650	2921×2402×2396	16.81	1618	8382
大	20英寸(6米)	6058×2438×2591	5867×2330×2350	32.1	2032	18288
	40英寸(12米)	12192×2438×2591	12062×2350×2380	6706	2900	27490

适箱货物可用集装箱运输。以下三种类型的货物严禁办理集装箱运输。

(1) 污染和腐蚀箱体的货物，如水泥、炭黑、化肥、盐、油脂、生毛皮、牲骨、没有衬垫的油漆等。

(2) 易于损坏箱体的货物，如废钢铁、无包装的铸件和生铁块。

(3) 鲜活货物、危险货物另有规定。

整车运输、零担运输和集装箱运输的区别见表 2-4。

表 2-4　整车运输、零担运输和集装箱运输的区别

项　目	整车运输	零担运输	集装箱运输
数量	货物在 3 吨以上，且适合整车装运	一件货物的体积最小不得小于 0.02 立方米，每批货物的件数不得超过 300 件	每箱不得超过集装箱最大载重量
运输单位	以每车为一批，跨装、爬装及使用游车的货物，以每车组为一批	以每张运单为一批	以每张运单为一批。每批必须同一箱型、至少一箱，最多不得超过铁路货车一车所能装运的箱数
运费核算	不同批次的整车货物的运价号、运价率都不同	不同批次的零担货物的运价号、运价率都不同	一整车集装箱按货车标重及其适用的整车运价率计费；零担集装箱按货物重量(低于起码重量的按起码重量)计费，即其适用的零担运价率计算

(三)铁路货运合同

1．铁路货运合同的变更

(1) 变更的概念。铁路货运合同的变更，是指经合同双方同意，对运输的货物、运期、到站及收货人等，在法律允许的范围内进行更改的法律行为。

(2) 变更的特点。①托运人变更合同的要求不是在发站提出，而是在货物所在的途中站或到站提出；②由于铁路货运合同的收货人可以是托运人以外的人，他虽未参加订立合同，但作为合同一方当事人的关系人，也可以提出变更合同的要求；③铁路货运合同的变更，不仅应提出变更要求书，还应提出领货凭证或其他有效证明文件，以避免变更合同后原收货人向承运人提出领货要求而出现不必要的货运纠纷。

(3) 变更的限制。铁路货运合同在下列情况下不得办理变更：①违反国家法律、行政法规、物资流向或运输限制的；②变更后的货运期限，长于货物允许运输期限的；③第二次变更到站的；④变更一批货物中的一部分的。

2. 铁路货运合同的解除

铁路货运合同的解除，是指合同有效成立后，基于当事人双方的意思表示，使特定的铁路货运合同托运人与承运人之间的权利与义务关系归于消灭的法律行为。铁路货运合同的解除应具备下列条件之一：①货运合同在货物发送前，经双方同意，可以解除，但不得因此损害国家利益和社会公共利益；②订立货运合同所依据的产品调拨计划、铁

路运输计划等国家计划被取消；③由于不可抗力或由于一方当事人虽无过失但无法防止的外因致使合同全部义务不能履行，一方有权通知另一方解除合同；④由于另一方在合同约定的期限内没有履行合同，致使合同的履行已无意义，当事人一方有权通知另一方解除合同。

铁路货运合同的解除必须有解除合同的行为。它包括：双方协商解除合同的，必须有当事人意思表示一致的行为；单方解除合同的，必须有一方通知另一方解除合同的明确意思表示和提供规定的证明文件的行为。铁路货运合同解除的后果是使特定的合同关系归于消灭，当事人各方均不再履行合同所规定的义务。

3. 铁路货运合同的违约责任

1) 承运人的违约责任

(1) 由于下列原因之一，未按货运合同履行，按车向托运人偿付违约金。

① 未按旬间日历装车计划及商定的车种、车型配够车辆，但当月补足或改变车种、车型经托运人同意装运者除外。

② 对托运人自装的货车，未按约定的时间送到装车地点，致使不能在当月装完。

③ 调拨车辆的完整和清扫状态，不适合所运货物的要求。

④ 由于承运人的责任停止装车或使托运人无法按计划将货物搬入车站装车地点。

(2) 从承运货物时起，至货物交付收货人或依照有关规定处理完毕时止，货物发生灭失、短少、变质、污染、损坏的情况，按下列规定赔偿。

① 已投保货物运输险的货物，由承运人和保险公司按规定赔偿。

② 保价运输的货物，由承运人按声明价格赔偿，但货物实际损失低于声明价格的，按实际损失赔偿。

③ 除上述①、②两项外，均由承运人按货物的实际损失赔偿。赔偿的价格如何计算，由铁道部、国家物价局、国家工商行政管理局另行规定。

(3) 由于下列原因之一造成的货物灭失、短少、变质、污染、损坏，承运人不负赔偿责任：不可抗力；货物本身性质引起的碎裂、生锈、减量、变质或自燃等；国家主管部门规定的货物合理损耗；托运人、收货人或所派押运人的过错。

(4) 由于承运人的过错将货物误运到站或误交收货人，应免费运至合同规定的到站，并交给收货人。

(5) 未按规定的运到期限将货物运至到站，应向收货人偿付该批货物所收运费 5%～20%的违约金。

(6) 如果托运人或收货人证明损失的发生确属承运人的故意行为，则承运人除按规定赔偿实际损失外，由合同管理机关处其造成损失部分 10%～50%的罚款。

2) 托运人的违约责任

(1) 由于下列原因之一，未按货物运输合同履行，按车向承运人偿付违约金。

① 未按规定期限提出旬间日历装车计划，致使承运人未拨货车(当月补足者除外)，或未按旬间日历装车计划的安排，提出日要车计划。

② 收货人组织卸车的，由于收货人的责任卸车迟延，线路被占用，影响向装车地点配送空车或对指定使用本单位自卸的空车装货，而未完成装车计划。

③ 承运前取消运输。

④ 临时计划外运输致使承运人违约造成其他运输合同落空者。

(2) 由于下列原因之一招致运输工具、设备或第三者的货物损坏，按实际损失赔偿：匿报或错报货物物品名或货物重量的；货物包装有缺陷，无法从外部发现，或未按国家规定在货物包装上标明包装储运指示标志的；托运人组织装车的，加固材料不符合规定条件或违反装载规定，在交接时无法发现的；由于押运人过错导致的。

3) 收货人的违约责任

(1) 收货人未按规定期限及时领取货物的，应向承运人支付逾期保管费。

(2) 货物交接验收时，未按规定提出异议的，视为货运合同履行完毕，责任自负。

(3) 接收货物过程中，由于收货人的过错，致使承运人运输工具、设备或者第三人的货物损坏的，由收货人按实际损失赔偿。

【实训任务】

任务一　填写运输任务单

工作思考

(1) 如何填写铁路货物运输任务单？

(2) 如何计算铁路货物运输的运费？

(3) 如何计算铁路货物运输的运到期限？

任务内容

哈尔滨锅炉厂现有货物一件，重为35000千克，价值为30万元，准备通过哈尔滨铁路局运往中国国电集团公司天津第一热电厂。哈尔滨锅炉厂要托运货物必须向车站提供货物运单，以便作为货物托运的书面申请。现请完成这一运输任务的运单填写。

任务目标

明确运单的内容；会计算货物运到期限；会填写运单；了解铁路货物运单在铁路货物运输中的作用。

任务准备

铁路货运单、货票、物品清单、铁路货物运输品名分类与代码表、铁路货物运价率表、货物运价里程表。

任务实施

步骤一　熟悉运单

(1) 运单的概念。

运单是由承运人签发的，证明货物运输合同和货物由承运人接管，以及承运人保证将货物交给指定的收货人的一种不可流通的单证。

(2) 运单分类。

货物运单由两部分组成，即货物运单和领货凭证。运单主要有以下几种。

① 现付运单，为黑色印刷。

② 到付或后付运单，为红色印刷。

③ 快运货物运单，也为黑色印刷，仅将票据名称的“货物运单”字样改印为“快运货物运单”字样。

④ 剧毒品专用运单。样式与现付运单一样，只是用黄色印刷，所以又称为黄色运单，并有剧毒品的标志图形(骷髅图案)。

常用的铁路货物运单正面式样如图2-5所示。

铁路货运单正面

货物指定于　　月　　日搬入　　××铁路局

承运人/托运人装车
承运人/托运人施封

货位：　　　　货 物 运 单

计划号码或运输号码：　　　　货票第　　　　号

运到期限　　日　　托运人→发站→到站→收货人

托运人填写					承运人填写				
发 站		到站（局）			车种车号		货车标重		
到站所属省（市）自治区					施封号码				
托运人	名称				经 由	铁路货车篷布号码			
	住址		电话			集装箱号码			
收货人	名称				运价里程				
	住址		电话						
货物名称	件数	包装	货物价格	托运人确定重量（公斤）	承运人确定重量（公斤）	计费重量	运价号	运价率	运费
合　计									
托运人记载事项：	保险：				承运人记载事项：				

注：本单不作为收款凭证，托运人签约须知见背面。
规格：350×185mm

托运人盖章或签字
年　月　日

到站交付日期戳

发站承运日期戳

领货凭证

车种及车号

货票第　　号

运到期限　日

发　站		
到　站		
托 运 人		
收 货 人		
货物名称	件数	重量
托运人盖章或签字		
发站承运日期戳		

注：收货人领货须知见背面

图2-5　铁路货物运单(正面)

铁路货物运单背面式样如图 2-6 所示。

收货人领货须知：
(1) 收货人接到托运人寄交的领货凭证后，应及时向到站联系领取货物。
(2) 收货人领取货物已超过免费暂存期限时，应按规定支付货物暂存费。
(3) 收货人在到站领取货物，如遇货物未到时，应要求到站在本证背面加盖车站戳证明货物未到。
托运人须知：
(1) 托运人持本货物运单向铁路托运货物，证明并确认愿意遵守铁路货物运输的有关规定。
(2) 货物运单所记载的货物名称、质量与货物的实际完全相符，托运人对其真实性负责。
(3) 货物的内容、品质和价值是托运人提供的，承运人在接收和承运货物时并未全部核对。
(4) 托运人应及时将领货凭证寄交收货人，凭证联系到站领取货物。

图 2-6　铁路货物运单(背面)

步骤二　计算运到期限

铁路货物运输运到期限

(1) 运到期限的计算。

货物运到期限是对承运人的要求和约束，是对托运人、收货人合法权益的保护，有利于托运人和收货人据以安排经济活动。

货物运到期限从承运人承运货物的次日起，按下列规定计算：货物运到期限的起码天数为 3 天，即计算出的运到期限不足 3 天时，按 3 天计算。

运到期限由下述三部分组成。①货物发送期间($T_{发}$)。货物发送期间是指车站完成货物发送作业的时间，它包括发货站从货物承运到挂出的时间。货物发送期间为 1 天。②货物运输期间($T_{运}$)。货物运输期间是货物在途中的运输天数。每 250 运价千米或其未满为 1 天，按快运办理的整车货物每 500 运价千米或其未满为 1 天。③特殊作业时间($T_{特}$)。特殊作业时间是为某些货物在运输途中进行作业所规定的时间，具体规定如下。

第一，需要中途加冰的货物，每加冰一次，另加 1 天。

第二，运价里程超过 250 运价千米的零担货物和 1 吨、5 吨型集装箱货物，另加 2 天；超过 1000 千米加 3 天。

第三，重量超过 2 吨、体积超过 3 立方米或长度超过 9 米的零担货物及零担危险货物另加 2 天。

第四，整车分卸货物，每增加一个分卸站，另加 1 天。

第五，准、米轨间直通运输的货物，另加 1 天。

对于上述五项，特殊作业时间应分别计算，当一批货物同时具备几项时，应累计相加计算。

若运到期限用 T 表示，则有

$$T = T_{发} + T_{运} + T_{特}$$

【例 2-1】 甲站按整车运输一批货物到乙站，甲站、乙站(都在准轨铁路上)之间运价里程为 189 千米。试计算其运到期限。

解：如该货物无其他特殊情况，则货物发送期间为 1 天；货物运输期间为 1 天(未满 250 运价千米)；无特殊作业时间，共计 2 天，计运到期限为 3 天(计算出的运到期限不足 3 天时，按 3 天计算)。

【例2-2】 广安门站承运到石家庄站零担货物一件，重2300千克，计算运到期限。已知运价里程为274千米。

解： $T_{发}$=1(天)

274/250=1.096，取整为$T_{运}$=2(天)

运价里程超过250千米的零担货物另加2天，重量超过2吨的零担货物另加2天，$T_{特}$=2+2=4(天)。

所以这批货物的运到期限为

$$T=T_{发}+T_{运}+T_{特}=1+2+4=7(天)$$

(2) 货物运到逾期。

如果货物的实际运到天数超过规定的运到期限，即运到逾期。

若货物运到逾期，不论收货人是否因此受到损害，承运人均应向收货人支付违约金。

货物实际运到天数超过规定的运到期限时，承运人应按所收运费的百分比向收货人支付违约金。货物运到期在10日内时，应支付违约金的百分比见表2-5。

表2-5 货物运到期在10日内时应支付违约金的百分比表

<table>
<tr><th>日数运到期限</th><th>1日(%)</th><th>2日(%)</th><th>3日(%)</th><th>4日(%)</th><th>5日(%)</th><th>6日以上(%)</th></tr>
<tr><td>3日</td><td>15</td><td colspan="5">20</td></tr>
<tr><td>4日</td><td>10</td><td>15</td><td colspan="4">20</td></tr>
<tr><td>5日</td><td>10</td><td>15</td><td colspan="4">20</td></tr>
<tr><td>6日</td><td>10</td><td>15</td><td>15</td><td colspan="3">20</td></tr>
<tr><td>7日</td><td>10</td><td>15</td><td>15</td><td colspan="3">20</td></tr>
<tr><td>8日</td><td>10</td><td>10</td><td>15</td><td>15</td><td colspan="2">20</td></tr>
<tr><td>9日</td><td>10</td><td>10</td><td>15</td><td>15</td><td colspan="2">20</td></tr>
<tr><td>10日</td><td>5</td><td>10</td><td>10</td><td>15</td><td>15</td><td>20</td></tr>
</table>

货物运到期限在11日以上，发生运到逾期时，违约金的计算见表2-6。

表2-6 货物运到期限在11日以上时应支付违约金计算表

逾期总日数占运到期限天数	违 约 金
不超过1/10时	运费的5%
超过1/10，但不超过3/10时	运费的10%
超过3/10，但不超过5/10时	运费的15%
超过5/10时	运费的20%

快运货物运到逾期，除按规定退还快运费外，货物运输期间，按250运价千米或其未满为1天，计算运到期限仍超过时，还应按上述规定向收货人支付违约金。

超限货物、限速运行的货物、免费运输的货物以及货物全部灭失时，若运到逾期，承运人不支付违约金。

从承运人发出催领通知的次日起(不能实行催领通知或会同收货人卸车的货物为卸车

的次日起)，如收货人于两天内未将货物搬出，即丧失要求承运人支付违约金的权利。

货物在运输过程中，由于不可抗力(如风灾、水灾、雹灾、地震等)、托运人的责任致使货物在途中发生换装或整理、托运人或收货人要求运输变更、运输的活动物在途中上水以及其他非承运人的责任之一造成的滞留时间，应从实际运到天数中扣除。

小贴士

托运人托运超限货物时应提供哪些资料?

发货人托运超限货物时，除按一般货运手续办理外，并应提供以下资料。

(1) 托运超限货物说明书、货物外形的三视图，必须以“+”号标明货物重心位置。

(2) 自轮运转的超限货物，应有自重、轴数、轴距、固定轴距、长度、转向架中心销间距离，制动机形式，以及限制条件。

(3) 必要时，应付有计划装载、加固计算根据的图纸和说明。

步骤三 计算铁路货物运输运费

(1) 铁路货物运价种类。

铁路货运运费(铁路货物运输费用)是对铁路运输企业所提供的各项生产服务消耗的补偿，包括车站费用、运行费用、服务费用和额外占用铁路设备的费用等。铁路货物运价按货物运输种类分为整车货物运价、零担货物运价和集装箱货物运价三种。

① 整车货物运价。整车货物运价是铁路对整车运输的货物所规定的运价，由按货物种别的每吨的发到基价和每吨千米的运行基价组成。保温车货物运价是整车货物运价的组成部分，是为按保温车运输的货物所规定的运价。

② 零担货物运价。零担货物运价是铁路对按零担运输的货物所规定的运价，由按货物种别的每 10 千克的发到基价和每 10 千克·千米的运行基价组成。

③ 集装箱货物运价。集装箱货物运价是铁路对按集装箱运输的货物所规定的运价，由每箱的发到基价和每箱·公里的运行基价组成。

我国现行铁路货物运价是将运价设立为若干个运价号，即实行分号运价制。整车货物运价为 7 个号(1～7 号)；零担货物运价为 2 个号(21、22 号)；集装箱货物按箱型不同进行确定。

(2) 铁路运费的计算程序。

在铁路货运运费核收工作中，铁路工作人员按以下步骤操作可得到最终运费。

① 根据运单上填写的发站和到站按“铁路货物运价里程表”计算发站至到站的运价里程。

② 整车、零担货物根据运单上填写的铁路货物名称和运输种别查找“铁路货物运输品名检查表”及“铁路货物运输品名分类与代码表”(见表 2-7)，确定适用的运价号。

③ 整车、零担货物按货物适用的运价号，集装箱货物根据箱型，冷藏车货物根据车种，分别在“铁路货物运价率表”(见表 2-8)中查出适用的发到基价和运行基价。

表 2-7　铁路货物运输品名分类与代码表(部分)

代码	货物品类	运价号		代码	货物品类	运价号	
		整车	零担			整车	零担
1	煤	4	21	14	盐	2	22
2	石油	8+20%	24	15	化工品	6	24
3	焦炭	4	21	16	金属制品	5	22
4	金属矿石	2	21	17	工业机械	8	24
5	钢铁及有色金属	4	21	18	电子、电气机械	8	24
6	非金属矿石	2	21	19	农业机具	2	22
7	磷矿石	1	21	20	鲜活货物	3	22
8	矿物性建筑材料	2	21	21	农副产品	2	22
9	水泥	5	22	22	饮食品及烟草制品	6	24
10	木材	5	22	23	纺织品和皮毛及其制品	6	24
11	粮食	2	22	24	纸及文教用品	5	23
12	棉花	2	24	25	医药品	6	23
13	化肥及农药	2	24	99	其他货物	6	23

表 2-8　铁路货物运价率表

办理类别	运价号	基价 1		基价 2	
		单　位	标　准	单　位	标　准
整车	1	元/吨	6.20	元/吨公里	0.0360
	2	元/吨	6.80	元/吨公里	0.0432
	3	元/吨	8.50	元/吨公里	0.0484
	4	元/吨	10.50	元/吨公里	0.0537
	5	元/吨	11.40	元/吨公里	0.0612
	6	元/吨	16.80	元/吨公里	0.0845
	7	—	—	元/吨公里	0.2795
	机械冷藏车	元/吨	12.50	元/吨公里	0.0850
零担	21	元/10 千克	0.122	元/10(千克·公里)	0.00060
	22	元/10 千克	0.171	元/10(千克·公里)	0.00 87
集装箱	1 吨箱	元/箱	10.70	元/箱·公里	0.0414
	20 英尺箱	元/箱	249.20	元/箱·公里	1.1730
	40 英尺箱	元/箱	436.30	元/箱·公里	1.8346

运费的计算方法如下。

整车货物每吨运价=基价 1+基价 2×运价·千米

零担货物每 10 千克运价=基价 1+基价 2×运价·千米

集装箱货物每箱运价=基价 1+基价 2×运价·千米

整车农用化肥基价 1 为 4.40 元/吨，基价 2 为 0.0305 元/(吨千米)。

④ 根据运输种别、货物名称、货物重量与体积确定计费重量。

⑤ 货物适用的发到基价加上运行基价与货物的运价里程相乘之后，再与按《铁路货物运价规则》确定的计费重量(集装箱为箱数)相乘计算运费，其公式如下：

整车货物运费=(发到基价+运行基价×运价里程)×计费重量

零担货物运费=(发到基价+运行基价×运价里程)×计费重量/10

集装箱货物运费=(发到基价+运行基价×运价里程)×箱数

⑥ 计算其他费用。

- 货物装车费——整车货物。
- 货物过秤费—— 一般为零担、集装箱货物。
- 铁路建设基金费。
- 印花税。
- 施封、施封材料费——有施封作业时。
- 电力附加费——经电力区段时。
- 押运人乘车费——有押运人时。
- 铁路码头使用费——有在铁路码头作业时。
- 其他费用——根据作业需要核收，如去送车费、篷布使用费、货车回送费、机械冷藏车冷却费、分卸作业费等。

【例 2-3】 从兰州站发银川站农业机具一台，重 24 吨，用一辆 50 吨货车装运，请计算其运费。

解：从兰州站至银川站运价里程为 468 千米。查“铁路货物运输品名分类与代码表”，农业机具的运价号为 2 号。再查“铁路货物运价率表”，运价号为 2 号，发到基价为 6.80 元/吨，运行基价为 0.0432 元/吨千米。由于用一辆 50 吨货车装运，说明是整车货物运输。

整车货物运费=(发到基价+运行基价×运价里程)×计费重量

=(6.80+0.0432×468)×50

=1350.88(元)

因此，这台机具运输的运费是 1350.88 元。

步骤四　填写运单

(1) 运单的作用。

运单具有合同证明和货物收据的作用。但是，运单不具有物权凭证的作用，是一种不可转让的债权凭证。

(2) 填写运单的注意事项。

运单的填写，分为托运人填写和承运人填写两部分。在运单中“托运人填写”(粗线的左侧)和“领货凭证”有关各栏由托运人填写，右侧各栏由承运人填写。承、托双方在填写时均应对运单所填写的内容负责。运单的填写要做到正确、完备、真实、详细、清楚、更改盖章。

① 发站、到站(局)和到站所属省(市)、自治区各栏。发站和到站应按“铁路货物运价里程表”中所载的名称填写，不得省略，不得简称。同时，还必须注意到站营业限制，

剧毒品按“全路剧毒品办理站名表”确定；其他货物按“铁路货物运价里程表”上册“站名索引表”的第 9 栏“营业办理限制”确定。

到站所属省(市)、自治区栏，填写到站所在地的省(市)、自治区的名称；到站及到站所属铁路局、省(市)、自治区，三者必须相符。

② 托运人、收货人名称、地址及电话各栏。托运人、收货人名称，应填写托运单位、收货单位的完整名称；当为自然人时，应填写其姓名。对于危险货物，应是资质认定了的企业法人。

托运人地址或收货人地址，应详细填写其所在省(市)、自治区城镇街道、门牌号码或乡、镇、村名称。电话号码也应填写，以便到货通知或联系。

③ 货物名称栏。货物名称栏应填写《铁路货物运价规则》附件三“铁路货物运输品名检查表”内所列载的品名，危险货物应填写《铁路危险货物运输管理规则》附件一“铁路危险货物运输品名表”内所列载的品名，并在品名之后用括号注明危险货物的编号。对于“铁路货物运输品名检查表”或“铁路危险货物运输品名表”未列载品名的货物，应填写生产或贸易上通用的具体名称。

④ 包装栏。本栏填写包装种类，如“木箱”“纸箱”“麻袋”“铁桶”等，按件承运的无包装货物填写“无”字；使用集装箱运输的货物填写箱型；只按质量承运的货物，本栏可以不填写。

⑤ 件数栏。按货物名称与包装种类分别填写件数；使用集装箱运输的货物填写箱数；只按质量承运的货物，填写“散”“堆”“罐”字样。

⑥ 货物价格栏。按保价运输或货物保险运输时，必须填写此栏。一票多种货物时，按货物的名称分别填写，也可填写一个总数。

托运人确定重量栏。按货物名称与包装种类，以千克为单位，分别填写货物的重量，也可填写一个总数。

⑦ 合计栏。货物价格、托运人确定重量各栏填写其合计数。件数栏填写其合计数或“散”“堆”“罐”字样。

⑧ 托运人记载事项栏。此栏填写需要由托运人记载的事项。

- 货物状态有缺陷，但不至于影响货物的安全运输，应具体注明其缺陷。
- 需要证明文件运输的货物，应填写证明文件名称、号码及填发日期。
- 派有押运人的货物，应填写押运人姓名、证明文件名称以及证明文件与业务培训合格证号码。
- 托运易腐货物或“短寿命”放射性物品时，应填写“容许运输期限××天”字样。
- 整车货物，应填写要求使用的车种、吨位、是否苫盖篷布；在专用线卸车时，还应填写“在××专用线卸车”字样。
- 委托承运人代封货车或集装箱时，应填写“委托承运人施封”字样。
- 使用自备货车或租用铁路货车在营业线上运输货物时，应填写“××单位自备车”或“××单位租用车”字样。

- 笨重货件或规格相同的零担货物，应注明货件的长、宽、高；规格不同的零担货物，还应注明全批货物的体积。
- 利用从九龙回空车辆装运货物时，深圳接运单位应注明所装货物的合同号码。
- 委托铁路代递的有关文件或单据，应填写文件、单据的名称和页数。
- 托运人使用自备篷布时，应填写“自备篷布×张”字样。
- 整车分卸货物，应分别注明最终到站和各分卸站的站名、货物品名、件数、质量。
- 发站由托运人组织装车，到站由承运人卸车，托运人要求到站会同收货人卸车时，应填写此要求事项。
- 使用自备集装箱运输货物时，应填写“使用×t 自备箱”字样。
- 集装箱内单件质量超过 100 千克时应注明。

(3) 其他应注明的事项。

有关危险货物应注明的事项如下。

- 托运危险货物时，应填写托运人的《资质证书》号码及经办人的身份证号、业务培训合格证号码。
- 国外进口危险货物按原包装运输时，应填写“进口原包装”字样。
- 使用旧包装容器装危险货物(剧毒品除外)时，应填写“使用旧包装，符合安全要求”字样。
- 托运的货物，在《国际海运危险货物规则》《国际铁路运输危险货物技术规则》等有关国际运输组织规定中属危险货物，而我国铁路按非危险货物运输时，可继续按非危险货物运输，但应填写“转海运进(出)口”或“国际联运进(出)口”字样。
- 经批准改变包装试运时，应填写“试运包装”字样。
- 经批准进行危险货物新产品试运时，应填写“危险货物新产品试运”字样。
- 我国《铁道危险货物运输管理规则》附件一“自备罐车装运危险品规则”中未作规定的品名，经铁道部批准后进行试运时，应填写“自备罐车试运”字样。
- 经批准进行危险货物集装箱试运时，应填写“危险货物集装箱试运”字样。
- 托运爆炸品保险箱时，应填写保险箱的统一编号。
- 按普通货物条件运输的危险货物，应填写“××(名称)，可按普通货物运输”字样。
- 使用润滑油罐车运输润滑油时，应注明“罐车卸后回送××站”字样。
- 领货凭证各栏。领货凭证各栏的内容应与运单相应各栏的内容保持一致。
- 托运人盖章或签字栏。托运人填写完运单和领货凭证并确认无误后，在此两栏内盖章或签字，还应在日期处填写日期。

(4) 运单填写的具体要求。

① 正确。要求填记的内容和方法符合规定。

② 完备。要求填记的事项必须填写齐全，不得遗漏。如是危险货物，不但要填写货物的名称，而且要填写其编号。

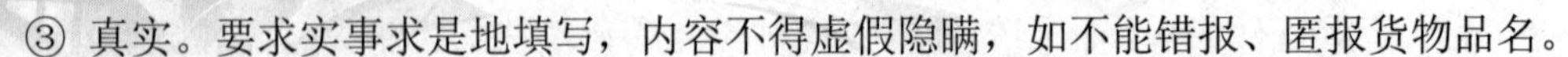

③ 真实。要求实事求是地填写，内容不得虚假隐瞒，如不能错报、匿报货物品名。

④ 详细。要求填写的品名应具体，有具体名称的不能填概括名称，如双人床、沙发、立柜不能填写为家具。

⑤ 清楚。填写字迹清晰，应使用钢笔、毛笔、圆珠笔或加盖戳记、打字机打印或印刷等方法填写，不能用红色墨水笔填写，文字要规范，以免造成办理上的错误。

⑥ 更改盖章。运单内填写各栏有更改时，在更改处，属于托运人填记事项的，应由托运人盖章证明；属于承运人记载事项的，应由车站加盖站名戳记。承运人对托运人填记事项一般不得更改。

铁路规定：严禁中介部门代理(代办)国内危险货物运输。因此，在办理国内危险货物运输时，托运人应直接向铁路办理托运手续。在办理托运手续时，须出具《资质证书》、经办人身份证号和业务培训合格证书号码。

步骤五 货物运单的流转过程

货物的托运，是发货人组织货物运输的一个重要环节。发货人在托运货物时，应向车站提供货物运单，以此作为货物托运的书面申请。车站接到运单后，应针对具体情况进行认真审核，检查是否有批准的月度、旬度货物运输计划和要车计划，检查货物运单各项内容是否正确，如确认可以承运，应予签证。车站在运单上签证，指定货物应进入车站日期或装车日期，表示铁路已受理托运。发货人应按签证指定的日期将货物搬入车站或指定的货位，铁路应根据货物运单上的记载查对实货，凡由国际铁路货物联运的货物，认为符合国际货协和有关规章制度的规定，车站方接收货物并担负保管责任。整车货物一般在装车完毕后，由发货站在货物运单上加盖承运日期戳，即为承运。

发运零担货物时，发货人不必像整车货物托运那样办理手续。如发货人在托运时不需要编制月度、旬度要车计划，可凭运单直接向车站申请托运。车站受理托运后，发货人应按签证指定的日期将货物搬进货场，送到指定的货位上，经查验、过秤后，即交由铁路保管。当车站将发货人托运的货物，连同货物运单一同接受完毕，在货物运单上加盖承运日期戳时，即表示货物业已承运。铁路对承运后的货物负保管、装车和发运责任。

托运、承运完毕，铁路运单作为运输合同即开始生效，铁路应按国际货协的规定担负货物保管、装车并运送到指定目的地的一切责任。

技能训练

1. 训练内容

(1) 根据下列业务，计算货物的运到期限。

某托运人欲从甲站托运一批易腐货物到乙站(运价里程为 1293 千米，途中不加冰)，托运人在运单“托运人记载事项”栏中注明了“允许运输期限 4 天”。甲站可否承运?为什么?

(2) 根据下列业务，以托运人和承运人的不同角色填写货物运单。

① 2020 年 2 月 3 日，济南中迪服饰实业有限公司在青岛购得一批针织内衣，价值 10 万元，交由青岛火车站运抵济南火车站。货物用袋装，共 100 件，每件约重 27.5 千克。

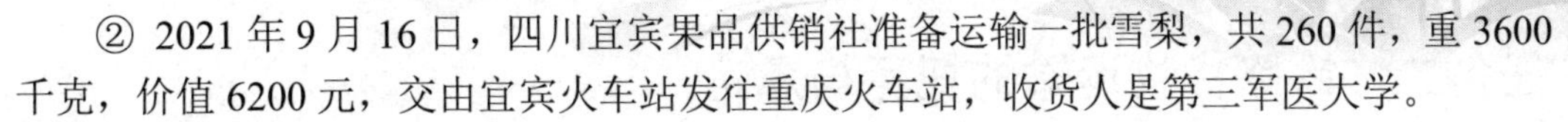

② 2021 年 9 月 16 日，四川宜宾果品供销社准备运输一批雪梨，共 260 件，重 3600 千克，价值 6200 元，交由宜宾火车站发往重庆火车站，收货人是第三军医大学。

(3) 运费计算。

托运人宋某与济南铁路局于 2021 年 8 月 31 日签订运输合同一份。货物是苹果 1500 箱，纸箱包装，承运人运输期限为 6 天，到达站是南京西站，收货人为宋某本人。济南铁路局配给宋某一辆棚车，货车标记载重量为 45 吨。宋某自行装车，共装苹果 2700 箱，货物标明了“鲜活易腐”字样，9 月 1 日 18 时挂有该棚车的 111 次列车从济南车站出发。计算这批货物的运费。

2．训练要求

(1) 正确。填记的内容和方法符合规定，正确无误。

(2) 完备。对应填记的项目必须填写齐全，不遗漏项目。

(3) 真实。要求实事求是地填写，内容真实，不得虚假隐瞒。

(4) 清晰。字迹清晰，文字规范，不任意简化或代用。

3．训练评价

铁路货运单的填写技能训练评价表见表 2-9。铁路货物运输运费的计算技能训练评价表见表 2-10。

表 2-9　铁路货运单的填写技能训练评价表

被考评人					
考评地点					
考评内容	铁路货运单的填写				
考评标准	内　容	分　值	自我评价	小组评议	实际得分
	知道运单各联作用	20			
	运单填写清晰，无涂改	20			
	运单填写正确，无错误	30			
	运单填写完整，无遗漏项目	30			
合计		100			

注：(1) 实际得分=自我评价×40%+小组评议×60%。

(2) 考评满分为 100 分，60～74 分为及格，75～84 分为良好，85 分以上为优秀。

表 2-10　铁路货物运输运费的计算技能训练评价表

被考评人					
考评地点					
考评内容	铁路货物运输运费的计算				
考评标准	内　容	分　值	自我评价	小组评议	实际得分
	正确查阅各表	30			
	正确计算运价	30			
	正确计算运费	40			
合计		100			

注：(1) 实际得分=自我评价×40%+小组评议×60%。

(2) 考评满分为 100 分，60～74 分为及格，75～84 分为良好，85 分以上为优秀。

任务二　铁路货物运输的托运与承运

工作思考

(1) 铁路整车货物运输的托运程序是什么？

(2) 铁路零担货物运输的托运程序是什么？

(3) 集装箱货物运输的托运程序是什么？

任务内容

现有货物一件，准备通过铁路来组织运输业务。请完成这一铁路货物运输的托运和承运。

任务目标

掌握铁路货物运输的托运和承运程序。

任务准备

铁路货运单、货票及物品清单。

任务实施

铁路货物运输基本程序如图 2-7 所示。

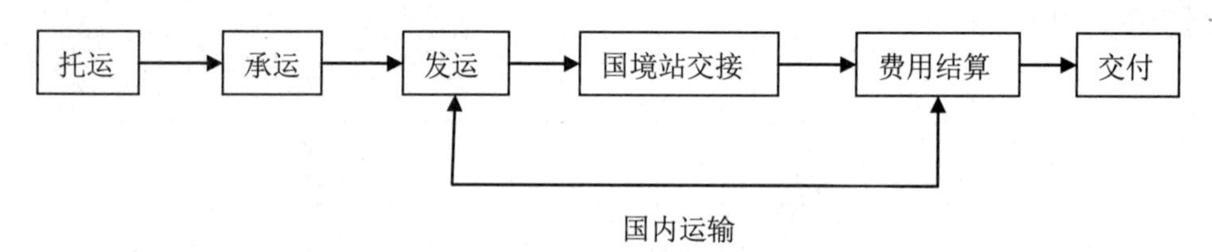

图 2-7　铁路货物运输基本程序

货物发运方式不同，发运的业务流程也有所不同，但基本环节相似。

1. 铁路整车货物托运程序

步骤一　备运

备运是做好货物发运业务的前提条件。备运阶段要做好三件事：一是做好货源的调查，摸清生产变化、市场变化、时间要求和运力松紧等情况并进行综合分析，提出调运方案；二是在组织落实货源的基础上，做好货源的具体安排，根据已批准的运输计划，结合货物调运的数量和去向，分出轻重缓急，提出旬、日计划，做好车、船、货的衔接；三是选择经济、合理的运输方式和运输工具，以加速货物发运。

步骤二　组配

组配是根据旬、日计划安排组织货物配装。组配是发运过程中的一道重要环节。根

据单、货的流转情况，有两种不同的组配方法：一种是见单组配；另一种是见货组配。车站装车发运一般是见单组配。见货组配是生产单位直接将货物运送到铁路专用线的站台仓库收货。这种直拨方法不能先得到货物调拨供应单进行组配，只能在站台仓库收到货物，见货到齐后才能进行组配。组配的要求如下。

(1) 性质互有影响的货物不能组配在一起。

(2) 运价号不同的货物不能组配在一起。

(3) 组配时应考虑运输工具的充分利用。

(4) 对甩、退货物应优先组配。

步骤三　制单

制单是根据组配环节转来的组配好的货物调拨供应单，填制有关货物运输的各种单证，主要包括货物运单和运输交接单，要按有关规定填写。

小知识

受理货物运单的注意事项

车站在受理货物运单时应审查以下内容。

(1) 应确认托运的货物是否符合运输条件，运单填写是否清晰、齐全、正确，并进行审查。

(2) 领货凭证与运单相关栏是否一致。

(3) 对营业办理限制(包括临时停限装)、起重能力、专用线专用铁路办理范围、证明文件等进行逐项审查。

(4) 对到站、到局和到站所属省、自治区、市各栏内容应相互核对。

运输交接单是托运人同收货人进行内部商品交接和结算运输代垫费用的凭证。运输交接单应按规定准确、细心地填写，按每一个到站、每一个收货单位或收货人分别填写，各项内容填写完后应详细核对。运输(中转)交接单样式见表 2-11。

表 2-11　运输(中转)交接单

运输(中转)交接单

收货单位_______　中转单位_______　发运日期_______　车、船号_______

到达站(港)_______　中转站(港)_______　运单号码_______　批次_______

运价号	发货单据号码	品名	包装	件数	质量	甩货		备注
						件数	质量	
合计								

制表人：

填制货物运单和运输(中转)交接单的要求及注意事项如下。

(1) 字迹清楚，内容准确，不错不漏，不乱写简化字、同音字。

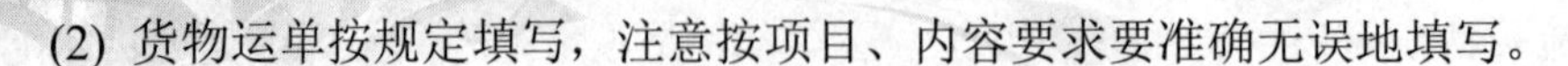

(2) 货物运单按规定填写，注意按项目、内容要求要准确无误地填写。

步骤四 托运

托运环节包括批单、送货、监装和缴纳运输费用等工作。

(1) 批单。按旬间日历计划要求，及时向承运部门提出发运货物的货物运单，经承运部门审批受理后，即可按承运部门指定的日期和地点组织送货。

(2) 送货。包括根据制单环节流转来的运输交接单、货物调拨供应单提货联从仓库中提出货物，送到发运地点，与货运员办理点件、检验等交接手续。

(3) 监装。要求在装载过程中，指导工人注意轻拿轻放，妥善堆装，合理搭配，不亏吨、不甩货。

(4) 缴纳运输费用。在发运货物装好车后，凭承运部门签章的货物运单向承运部门交付费用，交付费用手续办好后，应取回领货凭证和付费凭证(货票)，并经承运部门在货物运单上盖承运日戳，发运单位或发货人托运的货物即算起运。

步骤五 送单

运输员在办好托运交付工作及交付运杂费用后，由指定办理送单的人员，将领货凭证、付费货票、运输交接单、货物供应单证的有关联次，分送收货或中转单位及内部有关各工作环节。送交收货单位的运输交接单、货物调拨供应单、补运单等随货同行联，应及时随货送交货物接收单位，目的是保证货物接收单位在接货时按随货同行单证做好货物清点、验收、冲销在途货物等工作。单货同行的方法，一般是将随货同行单证放在发运货物车厢内明显、安全的地方或由船上理货员随货交给收货单位；在单证少的情况下，也可托发运车站带单，随货物运单送交到站，通知收货单位取单。有关分送内部各环节的单证，则应按各单位的规定，及时地将运输交接单的托收联和调拨供应单的托收联一起送交财会部门托收货款。

交付运杂费的货票和运输交接单的运费结算联，也应及时地流转给结算环节。运输交接单的运输留存联，则按各单位规定的时限，交给统计归档环节进行统计、归档。

步骤六 预报

预报是在货物发运以后，预先告知货物接收单位货已发运的通知。发预报的目的在于迅速通知收货单位或中转单位做好接收或接转的准备工作。预报一般以电报、电话将发站、到站、发运车号、船名、运单号、件数、质量、发运期等通知收货单位，发给中转单位的则应按每一收货单位的件数、质量通知。

步骤七 结算

结算是货物发运后，发运单位向收货单位或供货单位结算收回代垫运杂费及其他费用的核算环节。结算分为送货制、取货制、统一发货三种情况。

(1) 送货制单位发运货物，所发生的各种运输费用只作内部核算。

(2) 取货制单位发运货物，所付的运杂费用凭发运商品的运输交接单代垫费用结算联，向收货单位结算收回。

(3) 统一发货单位发运货物后所垫付的一切费用及服务费，凭运输交接单结算联向发货或收货单位结算。送货制的向供货单位结算，取货制的向收货单位结算。

步骤八　统计归档

除统计发运数量外，还要凭发运留存统计单证计算有关经济指标。

小资料

什么叫“一批”

“一批”是铁路运输货物的计数单位，铁路承运货物和计算运输费用等均以批为单位。按一批托运的货物，其托运人、收货人、发站、到站和装卸地点必须相同。

2．铁路零担货物托运程序

步骤一　制单

根据货物调拨供应单，填制货物运单和有关运输交接凭证，并将同行单据订于运单背面。

步骤二　复核

核对运输单据内容，包括到站、收货人、品名、件数、质量，逐项认真复核，做到准确无误。

步骤三　批票

按规定时间，将货物运单送交车站办理托运批票，即车站正式受理指定送货日期、地点。有的到站可当场批票，有的则需等车站邮寄通知。

步骤四　印鉴

根据货物运单所列的发货人、收货人、到站、品名、件数、运输号码等项目印制运输标签。货物标记(货签)式样如图 2-8 所示。

货　签
运输号码__________
到　　站__________
收 货 人__________
货物名称__________
总 件 数__________
发　　站__________

规格：110mm×60mm

图 2-8　货物标记(货签)式样

步骤五　上站

按车站指定时间和地点，将货物按时上齐，并要逐件检查货物与运单是否相符，运输标记、包装是否符合要求，检查无误后，向铁路货运人员按货物运单进行实物交接。

3．铁路专用线托运程序

步骤一　货物上站

专用线货物上站是指发货人将发运的货物搬入代理运输单位的专用线站台货位。目前常见的方法有两种：一是将事先集配好的整车货物，按照日装车计划和指定进货日期、货位，由发货人组织短途运力和劳力到工厂、仓库提取货物，或者由工厂、仓库代替发货人将货物送到专用线；二是先由发货人提取或由工厂、仓库直接送至专用线货位，而后将货物集配或整车，并向车站请求装车。

步骤二　交货人与专用线收货人员的交接

这是实际接触货物的开始，也是承担运输责任的开始，因此，必须把好收货关。发货的货物来自四面八方的工厂和仓库，其运往地区、品种规格、包装形式、单据式样、运输标记和储存标志都不一样，接收货物时必须根据调拨单和有关单据认真交接，并检查核对货物的品名、件数、规格、运输标记、包装，经确认无误后，收货人在有关单据上加盖收货日期章，即与送货单位交接完毕。

步骤三　专用线内部各环节的交接

收货员收齐货物后，经复点可交予专用线货物保管员，装车时再交予整车监装人员，由监装人员指导、监督工人进行装车作业。以上环节可以根据专用线的业务活动特点，因地制宜，适当设置，但必须执行逐个环节的责任交接制度。

步骤四　专用线与车站的交接

专用线装运一般由托运人自行组织装车，因此，铁路与托运人的交接是在装车地点进行的。交接手续是使用铁路部门规定的“专用线货车交接单”，也称“调送单”。装载后的货车，施封的凭封印交接，不施封的按货车门窗关闭状态交接。

4．集装箱货物托运程序

集装箱的托运程序与零担的托运程序大体相同，不同之处主要有以下几个方面。

(1) 托运人在使用集装箱前，必须检查箱体状态，如发现箱体不良，应要求车站更换。

(2) 集装箱的装箱是由托运人负责的。装箱时应堆放稳固，装载均匀，防止窜动、倒塌。

(3) 由托运人负责施封，在箱门把手上拴挂一个货签，并在货物运单上逐箱填记集装箱号和相应的施封号码。运至到站后，箱号、施封号码与货物运单记载一致，施封有效。箱体未发生危及货物安全的变形或损坏时，铁路对箱内货物不负责任。

技能训练

1. 训练内容

(1) 以托运人身份简述自己应承担的义务。
(2) 以承运人身份简述自己应承担的义务。
(3) 结合实际，说明货物保价运输与运输保险的区别。
(4) 建议到当地货运站进行铁路货物运输的托运与承运的训练。

2. 训练要求

(1) 操作前要熟悉每个角色的工作职责和工作要求，严格按照训练程序进行。
(2) 严格遵守岗位职责，一丝不苟。
(3) 运单、货签填写要规范、认真。

任务三　铁路货物运输装车作业

工作思考

(1) 铁路货物装车应具备的基本条件是什么？
(2) 铁路货物运输装车作业的程序是什么？
(3) 铁路货物装车作业前车辆的检查内容有哪些？

任务内容

现有货物一件，准备通过铁路来组织运输业务。请完成这一铁路货物运输的装车作业。

任务目标

掌握铁路货物运输装车作业的程序。

任务准备

铁路货运单、货票及物品清单。

任务实施

货物办理完托运和承运手续后，接下来是装车发运。货物的装车，应在保证货物和工作人员人身安全的前提下，做到快速进行，以缩短装车作业时间，加速车辆周转和货物运送。

按我国铁路部门的规定，在车站公共装卸场所内的装卸工作，由铁路负责组织；其他场所如专用线装卸场，则由发货人或收货人负责组织。但某些性质特殊的货物，如易

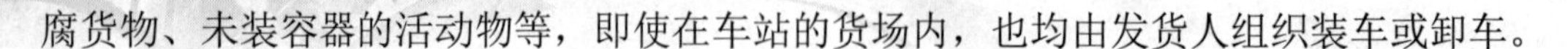

腐货物、未装容器的活动物等，即使在车站的货场内，也均由发货人组织装车或卸车。

步骤一 货物进站

货物应按铁路规定的时间进站。进站时，发货人应组织专人在车站接货，并会同铁路货运员对货物的包装情况、品名、件数、标记唛头与运单及随附单证等逐件进行检查，如发现问题或互相不符，要设法修复或更换，或者查明原因予以更正。货物全部搬入车站并经货运员验收完毕，符合运送要求的，发货人即同货运员办理货物交接手续，并在运单上签证确认。零担货物经铁路货运员查验与过秤，发货人按运单交付运杂费用后，货物在站内的保管和装车发运工作即由铁路负责。在专用线装车时，发货人应在货车调送前一日将货物搬至货位，并做好装车前的一切准备工作。

步骤二 请车和拨车

由铁路负责装车的货物，请车和拨车均由铁路自行处理。由发货人负责装车时，不论在车站的货场内装车还是在专用线装车，发货人均应按铁路批准的要车计划，根据货物的性质和数量，向车站请拨车辆。发货人要正确、合理地选择车种和车辆吨位，尽量做到车种适合货种、车吨位配合货吨位，在保证安全的前提下充分利用车辆的载重量与容积，提高运输的经济效益。铁路在货车调送到装货地点或车辆交接地点期间，应事先通知发货人；发货人根据送车通知按时接车，同时组织装车力量，在规定的时间内完成装货工作，按时交车，并将装货完毕时间通知车站。

步骤三 装车

货物装车应具备三个基本条件：第一，货物包装完整、清洁、牢固，货物标志与标记清晰、完善；第二，车辆车体完善清洁，技术状况良好，具备装货条件；第三，单证齐全，内容完备、准确。由发货人装车的货物，发货人应对其负责装车的货物进行现场监装，对铁路负责装车的货物一般应由铁路监装，必要时可要求发货人在车站检查货物装载情况。

现场监装工作的内容有以下几个方面。

(1) 装车前，检查货位上的货物，复核点数，查看是否符合装车条件。

(2) 货车调到时，会同铁路货运员检查车辆是否符合装车要求。

① 清洁状态的检查。检查车辆是否清洁，是否有异味，是否会污染准备要装的货物，有无会损害货物的残留物。

② 车辆状态的检查。检查车门启闭是否完好，车门搭扣是否齐全，车门能否关闭，车底、车帮有无漏洞，车顶有无透光。如发现问题要修理加固。对不能修理加固的车辆，要请车站调换。

③ 货车定期的检查。铁路货车的大修、段修、辅修和轴检有规定的周期，在车体两侧下部涂打有标记。装车时，应不超过标记左面所表示的日期，过期则不能使用。同时，

要注意两侧车号是否一致。

(3) 合理装载。装车时对配载货物要做到心中有数、计算准确、装载合理，保证货物全部装车。要检查货物是否装载恰当，确保货物运输安全。

为保证货物和运输的安全，应将货物均匀地堆在车底板上，不偏于一端、一侧或两端对角，并与车门保持一定的距离。合装车，要将重货、大件装底层；轻货、易碎品装上边；大箱、大件装车边；小箱、小件装中间；液体货物要隔离；破箱散件要维修并清点。使用敞车装运日用工业品，必须装载紧密、捆绑牢固，采取适宜的加固方法。对超出侧板的货物，超出部分的宽度要符合规定，两侧一致，层层压缝，按要求起脊。

(4) 装车完毕，检查车辆是否封闭、加固、通风，并检查相应的安全措施。

(5) 记录车号，做好发运登记，并在出口货物明细单上填写车号、运单号和装车日期；如实际车数与原单记载有出入时，应及时做好修改和更正工作。

(6) 装车结束后，及时向车站交付运费，取回盖有发站承运戳记的运单副本和运单副本抄件。

步骤四　加固

对于敞车、平车及其他特种车辆装运超限货物，装箱和裸体的机械设备及车辆等货物，应在装车时放置稳妥，捆绑牢固，以防运送途中发生移动、坠落、倒塌及相互撞击，保证货物安全运送，如图 2-9 所示。

图 2-9　加固

货物出口加固工作，应由铁路负责(自装车和专用线装车由发货人负责)，但发货人应检查加固情况，如不符合要求，应提醒铁路方面重新加固。

步骤五　施封

施封是保证货物运输安全的重要措施之一，其有助于分清铁路与发、收货人之间及铁路内部之间的相互责任。一般来说，装运国际联运出口货物的棚车、冷藏车、罐车都必须施封。

目前使用较多的封具是施封锁。施封锁分为直形(见图2-10)和环形(见图2-11)两种。直形施封锁封闭后呈直杆状，用于各种类型集装箱的施封；环形施封锁封闭后呈环状，用于棚车、冷藏车的施封。各种类型的施封锁锁套平面上均以钢印方式打印封印号码、站名、加括号的局名简称(托运人自备的施封锁用托运人编号或专用线编号代替)，锁套外断面上打印制造厂标记。封印号码，每站或每组六位数码循环使用。

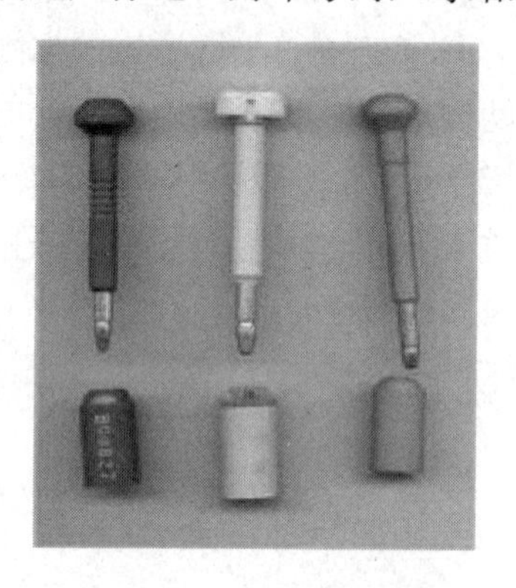

图2-10　直形施封锁

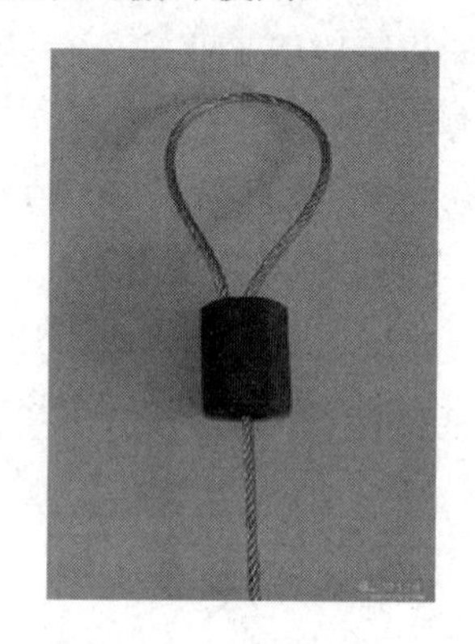

图2-11　环形施封锁

(1) 货车施封方法。使用施封锁施封的货车，应用粗铁线将两侧车门下部门扣和门鼻拧紧，在每一车门上部门扣处各加施封锁一枚。施封后，应对施封锁的锁闭状态进行检查，确认落锁有效，车门不能拉开。在货物运单、货车装载清单或货运票据封套上记明○锁及其施封号码(如○锁 146355、146356)。车门构造每侧只有一个门扣的货车的施封，按上部施封办理。车门上部门扣损坏或途中补封须在下部门扣处施封时，施封单位(或委托施封单位)应编制普通记录证明。罐车在注油口和排油口处施封。同一车门只准施封一个，“串封”无效。

环形施封锁锁闭后，钢丝绳外露，锁闭状态应确定有效，车门不能拉开。如果钢丝绳的任意一端可以自由拔出，锁头可以从锁套中拔出，或钢丝绳断开后可以重新接上使用，或锁套上无站名、号码或不清晰，以及遭到破坏，都属无效。

(2) 集装箱施封方法。对5吨以上集装箱施封，使用直形施封锁。对1吨集装箱施封，仍使用施封环。施封环由“环带”和“环盒”两部分组成。环带全长250毫米，两面按顺倒方向印有站名、号码及专用线号码。

货车施封后，应使用只在毁坏后才能启开的封印。铁路装车时由铁路施封；发货人装车由发货人施封，或委托铁路施封，此时发货人应在运单“铅封”栏内注明“委托铁路施封”字样。

卸车单位在拆封前，应根据货物运单、货车装载清单或货运票据封套上记载的施封号码与施封锁号码核对，并检查施封是否有效。拆封时，从钢丝绳处剪断，不得损坏站名、号码。拆下的施封锁，对编有记录涉及货运事故的，自卸车之日起，须保留180天备查。

步骤六　编制和使用运输标志

运输标志又称唛头，一般印制在货物外包装上。按照我国的相关规定，联运进口货物在订货工作开始前，由经贸部统一编制向国外订货的代号，作为“收货人唛头”，分别通知各订货部门使用，各进、出口公司必须按照统一规定的收货人唛头对外签订合同。

收货人唛头按以下顺序排列。

(1) 订货年度代号。

(2) 承办订货的进、出口公司代号。

(3) 收货人代号。

(4) 间隔代号。

(5) 商品类别代号。

(6) 合同编号。

(7) 贸易国别地区代号。

以上内容分别依国家经贸主管部门的规定统一制定，使用者可依其发布的代号表进行查询。

技能训练

1．训练内容

(1) 完成铁路货运的装车作业。

(2) 完成装车前的车辆检查工作。

(3) 完成装车后的车辆检查工作。

(4) 建议到当地货运站进行训练，一般采用棚车和敞车，重点训练货物的清点、装车前车辆检查、货物装车作业及加封和装车后检查作业项目。

2．训练要求

(1) 严格遵守货场的规章制度和各项规定。

(2) 按规定穿戴工作服装和使用防护用品。

(3) 货场内禁止吸烟，禁止在货垛和货车上休息。

任务四　铁路货物运输到达交付作业

工作思考

(1) 铁路货物到达后接收的流程是什么？

(2) 铁路货物运输记录表应该如何填写？

任务内容

现有货物一件，准备通过铁路来组织运输业务。请完成这一铁路货物运输的到达交付作业。

任务目标

掌握铁路货物到达的基本流程，熟悉货物领取各环节的主要内容及注意事项。

任务准备

铁路货运单、货票及物品清单。

任务实施

1. 铁路整车货物到达与交接

铁路整车货物到达接收程序如图 2-12 所示。

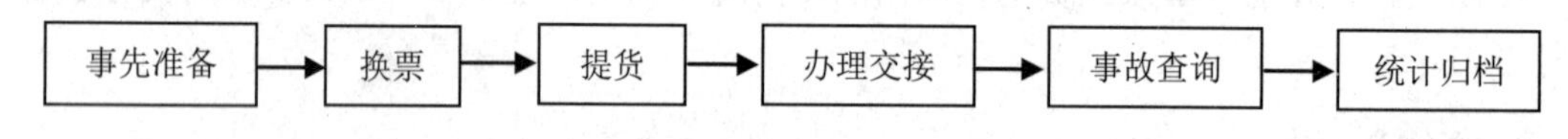

图 2-12　铁路整车货物到达接收程序

步骤一　事先的准备工作和卸车前的检查

1) 事先的准备工作

货物到达接收，是货物运输的终点。这是一项复杂而又细致的工作，事前必须做好各项准备工作。

(1) 准备仓容。接到发货单位的预报或车站的到货确报，应及时向车站换票，迅速地与购销业务部门联系入库地点。入库地点确定后，填制货物接收入库的有关单据，并把入库时间通知仓库，做好接货准备。

货物到达专用线时，先要根据货物的性质、站台货位状态安排卸车货位，并要检查相邻货位所堆存的货物性质是否相宜。在把货物卸到露天货位时，要准备好苫垫物料。

(2) 安排运力和装卸劳力。根据货物入库的具体情况，妥善安排市内或库区短途运力和随车装卸工人，力争迅速、准确、完好地下站。不允许在车站或专用线超期停留。在专用线，先要合理安排卸车劳力。装卸工人必须懂得装卸的一般常识，懂得货物性能，能识别运输标志，还要懂得搬运机械的具体性能，能安全地操作搬运机械。

(3) 组织直拨运输。接收应力求减少中间环节，降低成本。货物到达车站后，应积极组织直拨运输，即不经过中转仓库，将货物直接运往收货单位。在避免压站、压专用线的前提下，通知要货单位直接到车站、专用线提取(就专用线直拨)，或由接收的储运企业组织“送货上门”，直接送达要货单位，以避免重复装卸和不必要的搬运。

2) 卸车前的检查

(1) 铅饼施封失效条件：麻绳、棉绳、铁线任何一端可以从铅饼中脱出；麻绳、棉绳、铁线折断；封饼上的站名、号码无法辨认等。

(2) 施封的货车，到站在接收和拆封时，应进行核对检查。当发生货运事故时，将封饼与有关的货运单据一并保存，供判明责任时参考。

(3) 卸车单位在拆封前，应根据货物运单或货车装载清单、货运票据封套记载的施封号码与施封环号码核对，并检查施封是否有效。

(4) 发现施封锁有下列情况之一的，即按失效处理。

① 钢丝绳的任何一端可以自由拔出，锁芯可以从锁套中自由拔出。

② 钢丝绳断开后再连接，重新使用。

③ 锁套上无站名、号码和站名或号码不清、被破坏。

(5) 卸车单位在拆封前，应根据货物运单、货车装载清单或货运票据封套上记载的施封号码与施封锁号码核对，并检查施封是否有效。拆封时，从钢丝绳处剪断，不得损坏站名、号码。拆下的施封锁，对编有记录涉及货运事故的，自卸车之日起，须保留 180 天备查。

步骤二　换票

收货人持领货凭证或介绍信在铁路货票存查联上签章，换取货物运单和货物搬出证，同时交付杂费和到付运费。

步骤三　提货

收货人凭货物运单和货物搬出证，到指定站台提取实物。收货人认真点验无误后，由车站在货物运单和货物搬出证上加盖“货物交讫”戳记。如发现损坏、短少，要索取记录，划清责任。

步骤四　办理交接

交付货运员根据准备阶段的预先安排和填制好的接收入库单据，将货物点交给提货人或市内运输部门，办理交付入库或就站直拨。提货人自提就地交付时，办理了实物点交，提货人在接运入库单据的有关联次上签字盖章，即交接完毕。由储运部门组织送货(上门付货)或直拨时，市内运输部门把货物向仓库或直拨的单位交清，转回由收货仓库签章的货物接收入库单“回执联”，交接即告结束。

步骤五　事故查询

收货人对接收时发现的货物损坏、短少情况，根据索取到的货运记录或普通记录，在规定的时间内向责任方提出查询或索赔。常用的货运记录表和普通记录表式样分别如表 2-12 和表 2-13 所示。

表 2-12　货运记录表

铁路局

货运记录

补充编制记录时记入　补充 局 站　　年　月　日

所编第　　号　　记录

一、一般情况：

办理种类________货票号码________运输号码____于 20___年__月__日承运

发站_____发局_______托运人_____装车单位_____

到站_____到局_______收货人_____卸车单位_____

车种

车型_____车号______标重_______吨　20___年___月___日第____次列车到达　20___年___月___日

____时____分开始卸车 20___年___月___日___时___分卸完

施封：施封单位______施封号码_____

二、事故情况：

项　目	货件名称	件　数	包　装	质　量		托运人记载事项
				托运人	承运人	
票据原记载						
按实际						
事故详细情况						

三、参加人签章：

车站负责人　　　　编制人

公安人员　　　　　收货人　　　　其他人员

四、附件：

1. 普通记录　　　页　　2. 封印　　　个　　3. 其他

五、交付货物时收货人意见：

20　　年　　月　　日编制　　　　铁路局　　车站(公章)

注：(1) 收货人(或托运人)应在车站交给本记录的次日起 180 天内提出赔偿要求。

(2) 如需同时送一个以上单位调查时，可做成不带号码的抄件。

(3) 规格：270mm×185mm。

表 2-13　普通记录表

_______铁路局

普通记录

第________次列车在_______站与_______站间*

发站____发局_______托运人______

到站____到局_______收货人______

货票号码________车种车型_____车号______

货物名称________

于 20______年_____月______日___时______分第______次列车到达

发生的事故情况或车辆技术状态：

厂修

段修

辅检__________________轴检

参加人员：姓名______________单位戳记

车站

列车段

车辆段

其他

20_____年____月____日

注：(1) 本记录一式两份，一份存查，一份交有关单位。

(2) 编号由填发单位自行编排掌握。

(3) 如换装整理或其他单位需要调查，应作抄件送责任单位。

(4) *表示车长在列车内编制时填写。(规格 185mm×130mm)

步骤六　统计归档

按货物运单整理运输单据，根据委托单位和不同的运输形式，登记接运量，结算费用，归档有关资料。

2. 铁路专用线到达接收

步骤一　接车

根据车站送车通知，专用线运输员要做好货车进入前的准备工作，货车调入卸车货位后，专用线运输员按要求与铁路办理货车交接手续。

步骤二　卸车

专线运输员按照车站确报件数和随货同行的有关单据，填写卸车登记簿，监卸员指挥卸车，卸完后清点件数。

步骤三　联系入库

填制接收单据，运输员对卸车货物复点核对无误后，联系入库或直拨，根据确定的地点填写接收货物入库单，并安排短途运力。

步骤四　办理交接

专线运输员按照接收货物入库单，逐票、逐件地向搬运部门或提货人当面交付，并在有关单据上注明交货日期。专线运输员收回由收货单位签章的回执联，交接即告终了。

步骤五　取票

统计人员统计归档，到车站换票取回运单，整理全部接运单据，统计运量，结算费用，归档有关资料。事故处理部门对发生损坏、多余短少的货损、货差，办理查询和索赔。

3．铁路零担到达接收

步骤一　收货人持领货凭证或其他证明文件向车站办理领货手续。

步骤二　交付费用，领取货物搬出证。

步骤三　到指定站台向车站货运员提取实物。

步骤四　检查验收货物，签收，搬走货物。

步骤五　组织直拨或入库。

步骤六　对发生货损、短少的要索取记录。

步骤七　结算费用，登记接运量和归档资料。

步骤八　向铁路提出索赔。

车站向收货人交付实物时，要审查收货人提出的货物运单和货物搬出证上有无车站的交付日期戳和经办货运员的签章，是否支付了应付的费用(包括暂存费)，然后向收货人点交货物。

收货人点交完毕后，车站办理交付的货运员在货物运单和货物搬出证上加盖“货物交讫”戳记，注明交付完毕的日期和时间并签章，交回收货人，凭此将货物搬出车站。

如不能一次把货物搬出，收货人要向车站办理分批货物搬出证，每搬出一次办理一张，或要求车站在原货物搬出证上分批注明每次搬出的时间和数量。

货物发生损坏、短少时，要当场索取记录。办妥记录后再接收货物，交短途运输部门搬运出站。

4. 铁路集装箱“门到门”的接收

步骤一　收货人持领货凭证或其他证明文件向车站办理领货手续。

步骤二　交付费用后，领取“门到门”作业单、运单和货物搬出证。

步骤三　凭“门到门”作业单，到重箱存放地点，向货运员提箱。

步骤四　检查重箱箱体封印。

步骤五　领回重箱。

步骤六　运至仓库开箱验收，“掏箱”卸货。

步骤七　送回空箱。

步骤八　向车站交接箱体。

步骤九　车站货运员验收箱体。

技能训练

1. 训练内容

2023年9月13日，燕南化工公司与一家私营企业——中天化工原料供应站签订了一份合同，合同约定由燕南化工公司供对方苯甲酸钠7吨，由石家庄南站发运，到站为宁波北站，收货人为燕南化工公司，货物包装为桶装，共30件，价值13.2万元。请完成国内铁路运输整个货运过程，并能操作各个岗位的作业内容。

(1) 人员准备。

将学生分成四组，每组4～5人，分别为受理托运组、装车组、卸车组、货物到达交付组。循环训练，保证每个人在每个岗位上都进行过训练。

(2) 单据准备。

货运单、运输合同、货运记录单、证明收货人单位或者身份的有关证件。

(3) 机械器具准备。

装卸车辆一台，运输的货物若干。

2. 训练要求

(1) 熟悉每个角色的工作职责和工作要求，严格按照训练程序进行。

(2) 严格遵守岗位职责，一丝不苟。

(3) 单据填写要规范、认真、熟练。

(4) 各项作业的操作要规范，注意安全。

3. 训练评价

铁路货物运输作业技能训练评价表见表2-14、表2-15和表2-16。

评量表 1

表 2-14　平时成绩考核表

班级：　　　单元名称：　　　　　　评量期间：自　　年　月　日起至　　年　月　日止

<table>
<tr><th rowspan="3">序号</th><th rowspan="3">学号</th><th rowspan="3">姓名</th><th colspan="25">评　量　内　容</th><th rowspan="2">平时成绩总评</th></tr>
<tr><th colspan="8">课堂表现</th><th colspan="8">口语表现</th><th colspan="5">考勤表现</th><th colspan="4">作业表现</th></tr>
<tr><td></td><td></td><td></td><td></td><td></td><td></td><td></td><td></td><td></td><td></td><td></td><td></td><td></td><td></td><td></td><td></td><td></td><td></td><td></td><td></td><td></td><td></td><td></td><td></td><td></td><td></td></tr>
<tr><td>1</td><td></td><td></td><td></td><td></td><td></td><td></td><td></td><td></td><td></td><td></td><td></td><td></td><td></td><td></td><td></td><td></td><td></td><td></td><td></td><td></td><td></td><td></td><td></td><td></td><td></td><td></td><td></td><td></td></tr>
<tr><td>2</td><td></td><td></td><td></td><td></td><td></td><td></td><td></td><td></td><td></td><td></td><td></td><td></td><td></td><td></td><td></td><td></td><td></td><td></td><td></td><td></td><td></td><td></td><td></td><td></td><td></td><td></td><td></td><td></td></tr>
<tr><td>3</td><td></td><td></td><td></td><td></td><td></td><td></td><td></td><td></td><td></td><td></td><td></td><td></td><td></td><td></td><td></td><td></td><td></td><td></td><td></td><td></td><td></td><td></td><td></td><td></td><td></td><td></td><td></td><td></td></tr>
<tr><td>4</td><td></td><td></td><td></td><td></td><td></td><td></td><td></td><td></td><td></td><td></td><td></td><td></td><td></td><td></td><td></td><td></td><td></td><td></td><td></td><td></td><td></td><td></td><td></td><td></td><td></td><td></td><td></td><td></td></tr>
<tr><td>5</td><td></td><td></td><td></td><td></td><td></td><td></td><td></td><td></td><td></td><td></td><td></td><td></td><td></td><td></td><td></td><td></td><td></td><td></td><td></td><td></td><td></td><td></td><td></td><td></td><td></td><td></td><td></td><td></td></tr>
<tr><td>6</td><td></td><td></td><td></td><td></td><td></td><td></td><td></td><td></td><td></td><td></td><td></td><td></td><td></td><td></td><td></td><td></td><td></td><td></td><td></td><td></td><td></td><td></td><td></td><td></td><td></td><td></td><td></td><td></td></tr>
<tr><td>7</td><td></td><td></td><td></td><td></td><td></td><td></td><td></td><td></td><td></td><td></td><td></td><td></td><td></td><td></td><td></td><td></td><td></td><td></td><td></td><td></td><td></td><td></td><td></td><td></td><td></td><td></td><td></td><td></td></tr>
<tr><td>8</td><td></td><td></td><td></td><td></td><td></td><td></td><td></td><td></td><td></td><td></td><td></td><td></td><td></td><td></td><td></td><td></td><td></td><td></td><td></td><td></td><td></td><td></td><td></td><td></td><td></td><td></td><td></td><td></td></tr>
<tr><td>9</td><td></td><td></td><td></td><td></td><td></td><td></td><td></td><td></td><td></td><td></td><td></td><td></td><td></td><td></td><td></td><td></td><td></td><td></td><td></td><td></td><td></td><td></td><td></td><td></td><td></td><td></td><td></td><td></td></tr>
<tr><td>10</td><td></td><td></td><td></td><td></td><td></td><td></td><td></td><td></td><td></td><td></td><td></td><td></td><td></td><td></td><td></td><td></td><td></td><td></td><td></td><td></td><td></td><td></td><td></td><td></td><td></td><td></td><td></td><td></td></tr>
<tr><td>11</td><td></td><td></td><td></td><td></td><td></td><td></td><td></td><td></td><td></td><td></td><td></td><td></td><td></td><td></td><td></td><td></td><td></td><td></td><td></td><td></td><td></td><td></td><td></td><td></td><td></td><td></td><td></td><td></td></tr>
<tr><td>12</td><td></td><td></td><td></td><td></td><td></td><td></td><td></td><td></td><td></td><td></td><td></td><td></td><td></td><td></td><td></td><td></td><td></td><td></td><td></td><td></td><td></td><td></td><td></td><td></td><td></td><td></td><td></td><td></td></tr>
<tr><td>13</td><td></td><td></td><td></td><td></td><td></td><td></td><td></td><td></td><td></td><td></td><td></td><td></td><td></td><td></td><td></td><td></td><td></td><td></td><td></td><td></td><td></td><td></td><td></td><td></td><td></td><td></td><td></td><td></td></tr>
<tr><td>14</td><td></td><td></td><td></td><td></td><td></td><td></td><td></td><td></td><td></td><td></td><td></td><td></td><td></td><td></td><td></td><td></td><td></td><td></td><td></td><td></td><td></td><td></td><td></td><td></td><td></td><td></td><td></td><td></td></tr>
<tr><td>15</td><td></td><td></td><td></td><td></td><td></td><td></td><td></td><td></td><td></td><td></td><td></td><td></td><td></td><td></td><td></td><td></td><td></td><td></td><td></td><td></td><td></td><td></td><td></td><td></td><td></td><td></td><td></td><td></td></tr>
<tr><td>16</td><td></td><td></td><td></td><td></td><td></td><td></td><td></td><td></td><td></td><td></td><td></td><td></td><td></td><td></td><td></td><td></td><td></td><td></td><td></td><td></td><td></td><td></td><td></td><td></td><td></td><td></td><td></td><td></td></tr>
<tr><td>17</td><td></td><td></td><td></td><td></td><td></td><td></td><td></td><td></td><td></td><td></td><td></td><td></td><td></td><td></td><td></td><td></td><td></td><td></td><td></td><td></td><td></td><td></td><td></td><td></td><td></td><td></td><td></td><td></td></tr>
<tr><td>18</td><td></td><td></td><td></td><td></td><td></td><td></td><td></td><td></td><td></td><td></td><td></td><td></td><td></td><td></td><td></td><td></td><td></td><td></td><td></td><td></td><td></td><td></td><td></td><td></td><td></td><td></td><td></td><td></td></tr>
<tr><td>19</td><td></td><td></td><td></td><td></td><td></td><td></td><td></td><td></td><td></td><td></td><td></td><td></td><td></td><td></td><td></td><td></td><td></td><td></td><td></td><td></td><td></td><td></td><td></td><td></td><td></td><td></td><td></td><td></td></tr>
<tr><td>20</td><td></td><td></td><td></td><td></td><td></td><td></td><td></td><td></td><td></td><td></td><td></td><td></td><td></td><td></td><td></td><td></td><td></td><td></td><td></td><td></td><td></td><td></td><td></td><td></td><td></td><td></td><td></td><td></td></tr>
<tr><td>21</td><td></td><td></td><td></td><td></td><td></td><td></td><td></td><td></td><td></td><td></td><td></td><td></td><td></td><td></td><td></td><td></td><td></td><td></td><td></td><td></td><td></td><td></td><td></td><td></td><td></td><td></td><td></td><td></td></tr>
<tr><td>22</td><td></td><td></td><td></td><td></td><td></td><td></td><td></td><td></td><td></td><td></td><td></td><td></td><td></td><td></td><td></td><td></td><td></td><td></td><td></td><td></td><td></td><td></td><td></td><td></td><td></td><td></td><td></td><td></td></tr>
<tr><td>23</td><td></td><td></td><td></td><td></td><td></td><td></td><td></td><td></td><td></td><td></td><td></td><td></td><td></td><td></td><td></td><td></td><td></td><td></td><td></td><td></td><td></td><td></td><td></td><td></td><td></td><td></td><td></td><td></td></tr>
<tr><td>24</td><td></td><td></td><td></td><td></td><td></td><td></td><td></td><td></td><td></td><td></td><td></td><td></td><td></td><td></td><td></td><td></td><td></td><td></td><td></td><td></td><td></td><td></td><td></td><td></td><td></td><td></td><td></td><td></td></tr>
<tr><td>25</td><td></td><td></td><td></td><td></td><td></td><td></td><td></td><td></td><td></td><td></td><td></td><td></td><td></td><td></td><td></td><td></td><td></td><td></td><td></td><td></td><td></td><td></td><td></td><td></td><td></td><td></td><td></td><td></td></tr>
<tr><td>26</td><td></td><td></td><td></td><td></td><td></td><td></td><td></td><td></td><td></td><td></td><td></td><td></td><td></td><td></td><td></td><td></td><td></td><td></td><td></td><td></td><td></td><td></td><td></td><td></td><td></td><td></td><td></td><td></td></tr>
<tr><td>27</td><td></td><td></td><td></td><td></td><td></td><td></td><td></td><td></td><td></td><td></td><td></td><td></td><td></td><td></td><td></td><td></td><td></td><td></td><td></td><td></td><td></td><td></td><td></td><td></td><td></td><td></td><td></td><td></td></tr>
<tr><td>28</td><td></td><td></td><td></td><td></td><td></td><td></td><td></td><td></td><td></td><td></td><td></td><td></td><td></td><td></td><td></td><td></td><td></td><td></td><td></td><td></td><td></td><td></td><td></td><td></td><td></td><td></td><td></td><td></td></tr>
<tr><td>29</td><td></td><td></td><td></td><td></td><td></td><td></td><td></td><td></td><td></td><td></td><td></td><td></td><td></td><td></td><td></td><td></td><td></td><td></td><td></td><td></td><td></td><td></td><td></td><td></td><td></td><td></td><td></td><td></td></tr>
<tr><td>30</td><td></td><td></td><td></td><td></td><td></td><td></td><td></td><td></td><td></td><td></td><td></td><td></td><td></td><td></td><td></td><td></td><td></td><td></td><td></td><td></td><td></td><td></td><td></td><td></td><td></td><td></td><td></td><td></td></tr>
</table>

评量表 2

表 2-15　单元方案制作评量表

姓名：　　　　　　　　　　　　专业与班级：　　　　　　　　　　学号：

评量项目	自　评	教师评价
1. 业务认知 30 分		
(1) 业务认知清晰(20 分)		
(2) 计算过程掌握清晰(10 分)		
2. 运到期限规定 40 分		
(1) 运到期限和运费计算公式(20 分)		
(2) 特殊要求掌握(20 分)		
3. 计算速度 15 分		
(1) 计算时间(10 分)		
(2) 计算结果(5 分)		
4. 团队合作 15 分		
(1) 分工具体、职责明确(8 分)		
(2) 团队合作意识(7 分)		
合计		

表 2-16　单元实操评量表

考核内容	权重(%)	考核标准			
		A 等分值范围(85～100 分)	B 等分值范围(70～84 分)	C 等分值范围(60～69 分)	D 等分值范围(60 分以下)
业务认知	30	业务认知清晰，业务熟练，运到期限和运费构成明确	业务较熟练，运到期限和运费构成明确	业务不熟练，职责不太明确，运到期限和运费构成不清晰	不懂业务，职责不明确，运到期限和运费构成不知晓
计算规范	40	完全按照计算公式完成，特殊要求清晰明确、文字表达正确，没有涂改	基本按照计算公式完成，特殊要求基本掌握、文字表达基本完整，没有涂改	特殊要求的有遗漏，文字表达不完整、有较多遗漏，有涂改，较乱	计算公式没有记清、有较多错误，涂改多，非常乱
计算速度	15	能在较短时间内计算完毕，速度快	能在规定时间内计算完毕	不能在规定时间内计算完毕，需要略微延时	不能在规定时间内计算完毕，需要延时较长
团队合作	15	岗位分工明确、团队合作默契	岗位分工较好有团队意识，团队合作较好	有岗位分工，但合作意识较差	无岗位分工，无团队合作意识

【综合案例】

承运人违法变更，托运人损失谁担责

陈某与A公司协商，为B公司购买一批汽油。数量及价格商定后，又约定通过铁路运输该批汽油，货到付款。于是，A公司按陈某要求的到站和收货人，向铁路企业提出托运申请，收货人为B公司。铁路企业经审查接受了托运请求。当该批汽油在中途站编组时，陈某要求B公司接收该批汽油。因B公司根本就没有购进汽油的打算，所以不同意接收。于是陈某请求B公司向中间站提出变更到站和收货人的申请，以帮助尽快销售该批汽油。B公司便以自己的名义向中间站提出了变更到站和收货人的申请。中间站根据B公司的变更申请，变更了到站和收货人，收货人变更为C公司。但C公司收到该批汽油后马上销售出去，收回的货款偿还了其他债务，致使A公司的货款不能收回。于是A公司以B公司、陈某、C公司及铁路承运人为被告提起诉讼，请求四被告偿付货款。

试分析法院该如何判决？

(资料来源：魏焕军. 铁路承运人违法变更收货人造成托运人损失应担责[EB/OL]. (2021-02-06)[2023-09-26]. https://www.docin.com/p-2595990749.html)

课 程 思 政

在网上搜索并观看“中国铁路用100年从零到世界领先”及“智能京张”的视频，这两个视频展现了我国铁路的运输发展史，尤其是世界第一速度的京张铁路，说明了新时代的智能高铁给我们带来的巨变。

我国“八纵八横”运输干线的建设，让我们真正体会中国铁路的四通八达，中国人民的智慧打破了无数外国专家学者的不可能，在实际中感受到祖国的强大，说明了在中国共产党的领导下，运输干线的规划和建设取得了飞速的发展。

拓 展 提 升

最高人民法院关于铁路运输法院案件管辖范围的若干规定

(2012年7月2日最高人民法院审判委员会第1551次会议通过)

法释〔2012〕10号

为确定铁路运输法院管理体制改革后的案件管辖范围，根据《中华人民共和国刑事诉讼法》《中华人民共和国民事诉讼法》，规定如下。

第一条　铁路运输法院受理同级铁路运输检察院依法提起公诉的刑事案件。

下列刑事公诉案件，由犯罪地的铁路运输法院管辖。

(一)车站、货场、运输指挥机构等铁路工作区域发生的犯罪。

(二)针对铁路线路、机车车辆、通信、电力等铁路设备、设施的犯罪。

(三)铁路运输企业职工在执行职务中发生的犯罪。

在列车上的犯罪，由犯罪发生后该列车最初停靠的车站所在地或者目的地的铁路运输法院管辖。但在国际列车上的犯罪，按照我国与相关国家签订的有关管辖协定确定管辖，没有协定的，由犯罪发生后该列车最初停靠的中国车站所在地或者目的地的铁路运输法院管辖。

第二条　本规定第一条第二、三款范围内发生的刑事自诉案件，自诉人向铁路运输法院提起自诉的，铁路运输法院应当受理。

第三条　下列涉及铁路运输、铁路安全、铁路财产的民事诉讼，由铁路运输法院管辖。

(一)铁路旅客和行李、包裹运输合同纠纷。

(二)铁路货物运输合同和铁路货物运输保险合同纠纷。

(三)国际铁路联运合同和铁路运输企业作为经营人的多式联运合同纠纷。

(四)代办托运、包装整理、仓储保管、接取送达等铁路运输延伸服务合同纠纷。

(五)铁路运输企业在装卸作业、线路维修等方面发生的委外劳务、承包等合同纠纷。

(六)与铁路及其附属设施的建设施工有关的合同纠纷。

(七)铁路设备、设施的采购、安装、加工承揽、维护、服务等合同纠纷。

(八)铁路行车事故及其他铁路运营事故造成的人身、财产损害赔偿纠纷。

(九)违反铁路安全保护法律、法规，造成铁路线路、机车车辆、安全保障设施及其他财产损害的侵权纠纷。

(十)因铁路建设及铁路运输引起的环境污染侵权纠纷。

(十一)对铁路运输企业财产权属发生争议的纠纷。

第四条　铁路运输基层法院就本规定第一条至第三条所列案件作出的判决、裁定，当事人提起上诉或铁路运输检察院提起抗诉的二审案件，由相应的铁路运输中级法院受理。

第五条　省、自治区、直辖市高级人民法院可以指定辖区内的铁路运输基层法院受理本规定第三条以外的其他第一审民事案件，并指定该铁路运输基层法院驻在地的中级人民法院或铁路运输中级法院受理对此提起上诉的案件。此类案件发生管辖权争议的，由该高级人民法院指定管辖。

省、自治区、直辖市高级人民法院可以指定辖区内的铁路运输中级法院受理对其驻在地基层人民法院一审民事判决、裁定提起上诉的案件。

省、自治区、直辖市高级人民法院对本院及下级人民法院的执行案件，认为需要指定执行的，可以指定辖区内的铁路运输法院执行。

第六条　各高级人民法院指定铁路运输法院受理案件的范围，报最高人民法院批准后实施。

第七条　本院以前作出的有关规定与本规定不一致的，以本规定为准。

本规定施行前，各铁路运输法院依照此前的规定已经受理的案件，不再调整。

(资料来源：最高人民法院. 最高人民法院关于铁路运输法院案件管辖范围的若干规定[EB/OL]. (2012-7-17)[2023-10-26]. http://m.law-lib.com/law/law_view.asp?id=391674)

资料链接

资料1　铁路货物运输品类与代码表(见表2-17)。

表 2-17　铁路货物运输品类与代码表(部分)

货物品名	运价号	
	整　车	零　担
磷矿石、磷精矿、磷矿粉	1	21
矿渣、铝矾土、砂、石料、砖、水渣、铁矿石、石棉、石膏、草片、石灰石、耐火黏土、金属矿石	2	21
粮食、稻谷、大米、大豆、粮食种子、食用盐、非食用盐、小麦粉、拖拉机、盐卤	2	22
麻袋片、化学农药、籽棉、石棉制品	2	24
活动物(禽、猪、羊、狗、牛、马)、蜜蜂、养蜂器具	3	22
棉胎、絮棉、旧棉、木棉	3	24
煤炭、焦炭、生铁	4	21
氧化铝、氢氧化铝、酱腌菜	4	23
鲜冻肉、鲜冻水产品、鲜蔬菜、树苗、烟叶、干蔬菜、电极糊、放射性矿石	4	24
钢锭、钢坯、钢材、钢轨、有色金属、水泥、水泥制品、金属结构及构件	5	22
石制品、玻璃、装饰加工板、胶合板、树脂、塑料、食糖、鲜冻蛋、鲜冻奶、死禽、死畜、死兽、鲜瓜果、奶制品、肉制品、蛋制品、罐头、花卉、油漆、颜料、涂料、橡胶轮胎、调味品、酒、膨化食品、卷烟、纸及纸板、中成药	6	24
金属工具、塑料薄膜、洗衣粉、牙膏、搪瓷制品、肥皂、化妆品	7	24
洗衣机	8	22
电冰箱、电子计算机及其外部设备	8	23
工业机械、医疗器械、自行车、汽车、仪器、仪表、电力设备、灯泡、灯管、电线、电缆、电子管、显像管、磁带、电视机、钟、表、定时器、衡器	8	24
原油、汽油、煤油、柴油、润滑油、润滑脂	8	24
挂运与自行的铁道机车、车辆及轨道机械	9	—

资料 2　铁路货物运价率表(见表 2-18)。

表 2-18　铁路货物运价率表

办理类别	货价号	发到基价		运行基价	
		单　位	标　准	单　位	标　准
整车	1	元/吨	4.60	元/吨千米	0.0210
	2	元/吨	5.20	元/吨千米	0.0239
	3	元/吨	6.00	元/吨千米	0.0273
	4	元/吨	6.80	元/吨千米	0.0311
	5	元/吨	7.60	元/吨千米	0.0348
	6	元/吨	8.50	元/吨千米	0.0390
	7	元/吨	9.60	元/吨千米	0.0437
	8	元/吨	10.70	元/吨千米	0.0490
	9			元/吨千米	0.1500

续表

办理类别	货价号	发到基价		运行基价	
		单　位	标　准	单　位	标　准
整车	冰保	元/吨	8.30	元/吨千米	0.0455
	机保	元/吨	9.80	元/吨千米	0.0675
零担	21	元/10 千克	0.085	元/10 千克千米	0.000350
	22	元/10 千克	0.101	元/10 千克千米	0.000420
	23	元/10 千克	0.122	元/10 千克千米	0.000504
	24	元/10 千克	0.146	元/10 千克千米	0.000605
集装箱	1 吨箱	元/箱	7.00	元/箱千米	0.0318
	5、6 吨箱	元/箱	55.20	元/箱千米	0.2438
	10 吨箱	元/箱	85.30	元/箱千米	0.3768
	20 英尺箱	元/箱	149.50	元/箱千米	0.6603
	40 英尺箱	元/箱	292.30	元/箱千米	1.2909

注：整车货物每吨运价=运行基价×运价里程；零担货物每 10 千克运价=发到基价×运价里程；集装箱货物每箱运价=发到基价+运行基价×运价里程；整车农用化肥按发到基价 4.20 元/吨，运行基价 0.0192 元/吨千米执行。

另：(1) 整车棉花(籽棉、皮棉)按发到基价 4.90 元/吨，运行基价 0.0224 元/吨千米执行。

(2) 整车化肥、磷矿石按发到基价 4.20 元/吨，运行基价 0.0192 元/吨千米执行。

(3) 化肥、黄磷免征铁路建设基金；棉花仅指籽棉、皮棉。

项目三　水路货物运输

【知识目标】

- 掌握水路货物运输的概念及类型
- 掌握班轮运输的作业流程
- 熟悉租船运输的业务流程
- 熟悉班轮运输使用的各种单证
- 掌握水路货物运输费用的计算方法

【能力目标】

- 会计算海运运费
- 会填制海运提单
- 能组织管理水路运输业务

【课程思政】

- 使学生具有严谨细致、精益求精的工作态度
- 提升学生的爱国情怀和科技自信

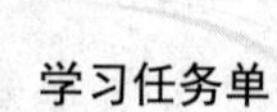

学习任务单

学生学习条件分析	起点分析： 1. 初步了解了水路货物运输的基本功能和特点 2. 基本熟悉水路货物运输的设施设备 重点分析： 1. 水路货物运输的作业流程 2. 水路货运单据的填写 3. 水路运输费用的计算 难点分析： 1. 水路货物运输运单的填制 2. 水路货物运输的作业流程
教学方法与手段	1. 教学方法：案例教学法、讨论法、讲授法 2. 学习方法：自主学习法、分组合作学习法、问题导向学习、善用资源与求助学习 3. 教学手段：多媒体、黑板、视频
教学资源	1. 学校资源：课件、网络环境下的实训室、多媒体教室 2. 文献资源：课程大纲、教案、参考教材
能力指标	1. 认知水路货物运输的基本理论知识 2. 熟练填制水路货运单据
教学目标	知识目标： 1. 认知水路货物运输的基本理论知识 2. 熟悉水路货物运输的作业流程和水路货运运费的计算 技能目标： 1. 能够熟练填写货运单据 2. 能够根据货运案例组织水路货物运输 3. 能够计算水路货物运输的费用 思政目标： 1. 培养学生具有团队合作意识和降低成本意识 2. 增强学生的爱国情怀和道路自信、文化自信
教师课前准备	1. 设置学习情境，精选教学案例、布置工作任务和熟悉水路货运作业流程 2. 准备教具(水路运单、课件、视频等)
学生课前准备	1. 认知水路货物运输的基本概念、特点和水路货运的作业流程 2. 理解水路货运费用的计算
学生需要完成的主要任务	1. 水路运单的填制 2. 水路运输费用的计算 3. 水路运输的作业流程
学习评量	1. 本单元评量满分100分 2. 评量表及评量尺规参照下表 3. 本单元的课后作业纳入本次评量 4. 学生出席率纳入单元课堂学习表现成绩
课后作业	归纳、整理本单元的主要内容
教学反思	

水路货物运输合同纠纷可以避免发生吗？

原告：厦门越兴贸易公司

地址：厦门市湖滨东路118号

法定代表人：×××，总经理

被告：华中航运(集团)公司海运分公司

地址：武汉市民权路4号

法定代表人：×××，经理

第三人：沙市印刷包装物资供销公司

地址：沙市解放路28号

法定代表人：×××，经理

20××年2月11日，华中航运(集团)公司海运分公司(下称华中公司)所属“黄鹤8号”轮在汕头港装载厦门越兴贸易公司(下称越兴公司)购买了白板纸350件。其中“红象”牌白板纸219件，每件净重0.611吨，每吨单价4350元；“永丰余”牌白板纸131件，每件净重0.4935吨，每吨单价4410元。同船还装有沙市印刷包装物资供销公司(下称沙市公司)购买的“永丰余”牌白板纸150件，每件净重0.4935吨，每吨单价4300元。“黄鹤8号”轮于当月25日抵武汉港，并向收货人发出到货通知。26日，沙市公司委托沙市第二货运公司到码头提货，华中公司将承运数如数发给其运走，但其中146件错发为“红象牌”白板化。沙市公司收货后即全部发往各购货单位。后沙市公司发现货物错交，即派员与华中公司协商处理。华中公司提出先由沙市公司将错发的货物返回，所需运费以后协商，沙市公司要求华中公司先付运费再将货物返回。双方未能达成一致意见。

由于错发的货物未能返回，越兴公司提货不成，经与华中公司协商同意，即将沙市公司146件“永丰余”牌白板纸提走，力争按每吨价格在4650元以上先行处理，余下问题三方面再协商。至此，越兴公司共提走“红象”牌白板纸73件、“永丰余”牌白板纸277件(其中沙市公司的146件)。事后，三方当事人多次协商未能达成一致意见。于是，越兴公司、沙市公司各自处理货物，各获得一定利润。越兴公司于20××年5月18日向武汉海事法院起诉称：华中公司将其146件“红象”牌白板纸错发给了沙市公司，而将沙市公司的146件“永丰余”牌白板纸给了我们。由于华中公司的错误，造成我公司贷差损失、价差损失、贷款银行利息损失及差旅费共计124 216.73元，应由华中公司赔偿。华中公司辩称：我公司已按运单上的规定件数交货，两家收货人都在运单上签收。沙市公司得知所提货物不属于自己后，不但不把货物退给越兴公司，反将其占为己有，并以高出货物到岸价卖出，属不当得利，沙市公司应将多收货款退给越兴公司。沙市公司在被追加为第三人后辩称：货物错发是华中公司工作不认真造成的，应由其承担全部责任，与我公司无关。

(资料来源：法律快车. 厦门越兴贸易公司诉华中航运(集团)公司海运分公司水路货物运输[EB/OL]. (2020-04-29)[2023-09-26]. https://www.lawtime.cn/info/jingjizhongcai/anli/2011072729053.html)

■案例研讨

此案件在水路运输业中是常见的一种水路货物运输纠纷案，在本案中，越兴公司与华中公司签订的水路货物运输合同是否有效？谁应为此过错买单？而在水路货物运输业中，又该怎样避免此类案件的发生呢？

【理论知识】

一、水路运输概述

水路运输主要有运量大、成本低、效率高、能耗少、投资省的优点，同时也存在速度慢、环节多、自然条件影响大、机动灵活性差等缺点。

(一)水路运输的概念及类型

水路运输是指利用船舶、排筏和其他浮运工具，在江、河、湖泊、人工水道及海洋上运送旅客和货物的一种运输方式。

水路运输按其航行的区域，大体可划分为远洋运输、沿海运输和内河运输三种类型。

(二)水路运输的技术装备和设施

水路运输的基本条件

水路运输的技术装备和设施主要包括船舶和港口。

船舶是水路运输的载运工具，如图 3-1 所示是几种主要的船型。

(a) 集装箱船

(b) 散货船

(c) 油船

(d) 双体船

(e) 水翼船

(f) 气垫船

图 3-1　主要的船型

港口是水上运输的另一重要设施。港口是指具有一定面积的水域和陆域，是供船舶出入和停泊、货物及旅客集散的场所。港口主要由水域和陆域两部分构成。港口的构成及功能如图 3-2 所示。

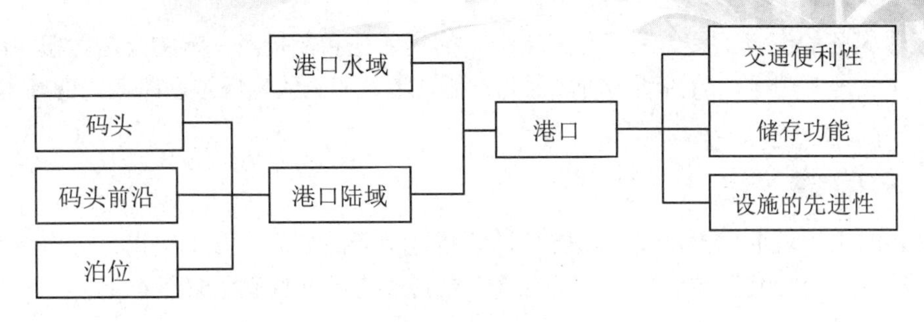

图 3-2　港口的构成及功能

二、水路运输服务的特点及功能

水路运输是利用船舶等水运工具，在江、河、湖、海及人工运河等水道运输旅客、货物的一种运输方式。

(一)水路运输的特点

目前国际贸易总运量中有近 90%以上的货物是利用海上运输完成的，海上运输是国际贸易中最重要的运输方式。

水路运输与其他运输方式相比，具有以下特点。

(1) 水路运输运载能力大、成本低、能耗少、投资省，是一些国家国内和国际运输的重要方式之一。一些国家水路运输的货物周转量占各种运输方式总货物周转量的 10%～20%，个别国家超过 50%。此外，修筑 1 千米铁路或公路约占地 3 公顷多，而水路运输利用海洋或天然河道，占地很少。在我国的货运总量中，水路运输所占的比重仅次于铁路运输和公路运输。

(2) 受自然条件的限制与影响大。即受海洋与河流的地理分布及其地质、地貌、水文与气象等条件和因素的明显制约与影响；水运航线无法在广大陆地上任意延伸，所以，水运要与铁路、公路和管道运输配合，并实行联运。

(3) 开发利用涉及面较广。如天然河流涉及通航、灌溉、防洪排涝、水力发电、水产养殖以及生产与生活用水的来源等；海岸带与海湾涉及建港、农业围垦、海产养殖、临海工业和海洋捕捞等。

(二)水路运输的功能

根据水路运输的上述特点，在综合运输体系中，水路运输的功能主要有以下几个方面。

(1) 承担大批量货物，特别是散装货物的运输。

(2) 承担原料、半成品等低价货物的运输，如建材、石油、煤炭、矿石、粮食等。

(3) 承担国际贸易运输，是国际商品贸易的主要运输工具之一。

(三)水路运输的基本条件

水路运输的基础条件是从船、港、货、线四个方面反映出来的。船舶是航运经营人

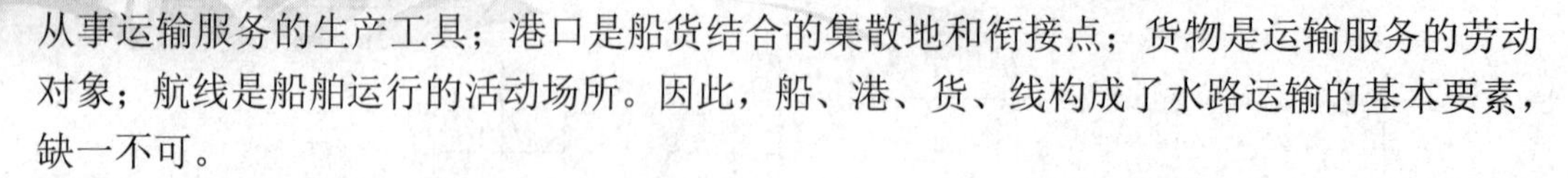

从事运输服务的生产工具；港口是船货结合的集散地和衔接点；货物是运输服务的劳动对象；航线是船舶运行的活动场所。因此，船、港、货、线构成了水路运输的基本要素，缺一不可。

1. 水上航道

现代的水上航道已不仅指天然航道，还是包括天然航道、人工航道、进出港航道以及保证航行安全的航行导标系统和现代通信导航系统在内的工程综合体。

1) 海上航道

海上航道属于自然水道，其通过能力几乎不受限制。但是，随着船舶吨位的增加，有些海峡或狭窄水道会对通航船舶产生一定的限制。例如，位于新加坡、马来西亚和印度尼西亚之间的马六甲海峡，为确保航行安全，防止海域污染，三国限定通过马六甲海峡的油船吨位不得超过 22 万吨，龙骨下水深必须保持在 3.35 米以上。

2) 内河航道

内河航道大部分是利用天然水道加上引航的导标设施构成的。船舶航行应了解有关航道的一些主要特征，如航道的宽度、深度、弯曲半径，水流速度，过船建筑物尺度以及航道的气象条件和地理环境等。此外，还必须掌握以下通航条件。

(1) 通航水深，其中包括：①潮汐变化；②季节性水位变化；③枯洪期水深等。

(2) 通行时间，其中包括：①是否全天通行；②哪些区段不能夜航等。

(3) 通行方式，应了解航道是单向过船还是双向过船等。

(4) 通行限制，应了解：①有无固定障碍物，如桥梁或水上建筑等；②有无活动障碍物，如施工船舶或浮动设施等。

3) 人工航道

人工航道又称运河，是由人工开凿，主要用于船舶通航的河流。国际航运中，主要的人工航道有苏伊士运河、巴拿马运河等。应掌握和了解这些著名的国际通航运河的自然环境条件，其中包括通航水深、通航船舶尺度限制、通行方式及通过时间等。

(1) 苏伊士运河。通航水深：16 米。通行船舶：最大的船舶为满载 15 万吨或空载 37 万吨的油船。通行方式：单向成批发船和定点会船。通过时间：10～15 小时。

(2) 巴拿马运河。通航水深：13.5～26.5 米。通行船舶：6 万吨级以下或宽度不超过 32 米的船只。通过时间：16 小时左右。

2. 船舶

船舶主要有以下两种分类方式。

1) 按货轮的功能(或船型)不同划分

(1) 杂货船。这类货轮以装运零星件杂货为主，有 2～3 层全通甲板，4～8 个舱口，甲板上有围壁的舱口，上有水密舱盖，一般能自动启闭，航速为 13 节左右。

(2) 散装船。这类货轮多用于装运煤炭、粮食、矿砂。这种船大都为单甲板，在舱内设有挡板以防货物移动，其航速为 15 节左右。

(3) 多用途船。这类货轮根据营运上的需要，可以改变它的运载功能。

(4) 冷藏船。船上有制冷设备，温度可调节，以适合不同货物的需要。这种船吨位不大，多在2000～6000吨，航速为15节左右。

(5) 油轮。油轮又叫油槽船，其船体分隔成若干个油舱，均为一层，并有纵向舱壁，以防未满载时，液体随船倾倒造成翻船。主机设在船尾，有油管通向油舱。最大的油船载重在50万吨以上，航速约16节。

(6) 木材船。木材船船舱宽大，无中层甲板，舱口大，甲板上亦可装载木材，有各种系木设备和起重设备，载重约为7000～15 000吨。

(7) 集装箱船。集装箱船上甲板平直，无梁拱与舷弧，舱内设格栅结构，航速在20～26节，最快的可达35节。

(8) 滚装船。其船的一侧或船的尾部可以打开并有伸缩跳板，装卸时货物由拖车拖带(或自行开车)驶进驶出船舱，其装载速度较快。

(9) 载驳船(Lash)。载驳船又称子母船，每条母船上可载子船70～100条不等，每条子船载重300～600吨不等。母船载重多为5万～6万吨，最小的为2万余吨，最大的为20万余吨。在港口设备不齐全，或港口拥挤，或港口至内地之间无合适的运输工具而又需要依靠江河运输的情况下，就可利用这种船。子船可以吊上吊下或驶进驶出。

2) 按货物的载重量不同划分

(1) 巴拿马型船。这类船的载重量在6万～8万吨，船宽为32.2米。

(2) 超巴拿马型船。这是指船宽超过32.3米的大型集装箱船，如第五代集装箱船的船宽为39.8米，第六代的船宽为42.8米。

(3) 灵便型船。这类船的载重量为3万～5万吨，可作沿海、近洋和远洋运输谷物、煤炭、化肥及金属原料等散装货物的船。

3. 港口

港口的分类

港口的作用是既为水路运输服务，又为内陆运输服务。货物运输无论由船舶转入陆运工具，还是由陆运工具转入船舶，都离不开港口的服务工作。一个现代化的港口，实际上也是城市海、陆、空立体交通的枢纽，是“综合运输体系”的中心。

1) 商港的种类

(1) 按地理位置分类。

① 海湾港(Bay Port)。它是指地濒海湾，又据海口，常能获得港内水深地势的港口。海湾港具有同一港湾容纳数港的特色，如大连港、秦皇岛港等。

② 河口港(Estuary Port)。它是指位于河流入海口处的港口，如上海港、伦敦港、汉堡港等。

③ 内河港(Inland Port)。它是指位于内河沿岸的港口，居水陆交通的据点，一般与海港有航道相通，如南京港、芜湖港等。

(2) 按用途目的分类。

① 存储港(Enter Port)。它是指一般地处水陆联络的要道，交通十分方便，同时又是工商业中心，港口设施完备，便于货物的存储、转运，为内陆和港口货物集散的枢纽。

② 转运港(Port of Transshipment)。它是指位于水陆交通衔接处，一方面将陆运货物

集中，转由海路运出；另一方面将海运货物疏运，转由陆路运入，而港口本身对货物需要不多，主要经办转运业务。

③ 经过港(Port of Call)。它是指地处航道要冲，为往来船舶必经之地，途经船舶如有需要，可作短暂停泊，添加燃料、补充食物或淡水，以便继续航行。

2) 港口的通过能力

港口的通过能力是指在一定的时期和条件下，利用现有的工人、装卸机械与工艺所能装卸货物的最大数量。对于国际航运管理人员来说，应从以下几个方面了解和掌握有关港口的通过能力。

(1) 港口水域面积。主要是了解该港口同时能接纳的船舶艘数。

(2) 港口水深。主要是了解该港所能接纳的船舶吨位。

(3) 港口的泊位数。主要是了解该港同时能接纳并进行装卸作业的船舶数。

(4) 港口作业效率。主要是了解船舶将在该港的泊港时间。

一般需综合以下各种情况才能作出较正确的估算。

① 装卸机械的生产能力。

② 同时作业的舱口数或作业线数。

③ 作业人员的工作效率。

④ 业务人员的管理水平等。

(5) 港口库场的堆存能力。由于海船、河船、火车、汽车的装载量差别很大，货物交接手续有快有慢，繁简不一，因此，需要换装或联运的货物往往需要在港口储存集疏。

(6) 港口后方的集疏运能力。港口后方有无一定的交通网和一定的集疏运能力，不仅影响到港口的通过能力，同时也影响到船舶的周转时间。

4. 世界及我国主要港口

(1) 世界主要港口：荷兰的鹿特丹，美国的纽约、新奥尔良和休斯敦，日本的神户和横滨，比利时的安特卫普，新加坡，法国的马赛，英国的伦敦等。

(2) 我国的主要港口：海港、大连港、秦皇岛港、天津港、青岛港、黄埔港、湛江港、连云港、烟台港、南通港、宁波港、温州港、福州港、北海港、海口港。

5. 货物

水路运输的货物包括原料、材料、工农业产品、普通商品以及其他产品。它们的形态和性质各不相同，对运输、装卸、保管也各有不同的要求。从水路运输的要求出发，可以从货物的形态、性质、重量、运量等不同的角度对货物进行分类。如表 3-1 所示。

表 3-1 水运货物的分类

分类依据	货物大类	货物小类	举 例
根据装运形态	液体货	液体散装货(Liquid Bulk Cargo)	石油、液体化学品
	散装货	干质散装货(Solid Bulk Cargo)	谷物、木材、矿石
	件杂货	包装货物(Packed Cargo)	服装、日用品
		裸装货物(Unpacked/non-Packed Cargo)	小五金

续表

分类依据	货物大类	货物小类	举 例
根据装运形态	件杂货	成组化货物(Unitized Cargo)	—
		集装箱货物(Containerized Cargo)	—
根据货物性质	普通货物(General Cargo)	清洁货物(Clean Cargo)	纺织品、糖果、工艺品
		液体货物(Liquid Cargo)	饮料、酒类、油类
		粗劣货物(Rough Cargo)	烟叶、大蒜、颜料
	特殊货物(Special Cargo)	危险货物(Dangerous Cargo)	鞭炮、油漆
		冷藏货物(Reefer Cargo)	水果、肉类、冰激凌
		贵重货物(Valuable Cargo)	黄金、货币、精密仪器
		活的动植物(Livestock and Plants)	活的鸡鸭、小树苗
		长大、笨重货物(Bulky and Lengthy Cargo, Heavy Cargo)	重型机械、大型钢材

小贴士

重量货物和体积货物

货物可以分为重量货物和体积货物。

国际上统一的划分标准：凡 1 吨货物的体积不超过 40 立方英尺的货物为重量货物；凡 1 吨货物的体积超过 40 立方英尺的货物为体积货物，也称轻泡货。

我国海运规定：凡 1 吨货物的体积不超过 1 立方米的货物为重量货物；凡 1 吨货物的体积超过 1 立方米的货物为体积货物。

三、船舶航线和航次的概念

(一)航线

航线有广义和狭义之分。广义的航线是指船舶航行起讫点的线路。狭义的航线是指船舶航行在海洋中的具体航迹线，也包括画在海图上的计划航线。航线有以下分类方式。

1. 按性质来划分航线

(1) 推荐航线：航海者根据航区不同季节、风、流、雾等情况，通过长期航行实践形成的习惯航线，一般由航海图书推荐给航海者。

(2) 协定航线：某些海运国家或海运单位为使船舶避开危险环境，协商在不同季节共同采用的航线。

(3) 规定航线：国家或地区为了维护航行安全，在某些海区明确过往船舶必须遵循的航线。

2．按所经过的航区来划分航线

按所经过的航区不同，航线可分为大洋航线、近海航线、沿岸航线等。

(二)航次

船舶为完成某一次运输任务，按照约定安排的航行计划运行，从出发港到目的港为一个航次。班轮运输中航次及其途中的挂靠港都编制在班轮公司的船期表上。

对船舶航次生产活动的认识，可以归纳为以下几个方面。

(1) 航次是船舶运输生产活动的基本单元，即航次是航运企业考核船舶运输生产活动的投入与产出的基础。

(2) 航次是船舶从事客货运输的一个完整过程，即航次作为一种生产过程，包括了装货准备、装货、海上航行、卸货等完成客货运输任务的各个环节。

(3) 船舶一旦投入营运，所完成的航次在时间上是连续的，即上一个航次的结束，意味着下一个航次的开始，除非船舶进坞维修。如果航次生产活动中遇有空放航程，则应从上一航次船舶在卸货港卸货完毕时起算；如果遇有装卸交叉作业，则航次的划分仍应以卸货完毕时为界。

(4) 报告期内尚未完成的航次，应纳入下一报告期内计算，即年度末或报告期末履行的航次生产任务，如果需跨年度或跨报告期才能完成，则该航次从履行时起占用的时间和费用都需要转入下一年度或下一报告期内进行核算。

(5) 航次的阶段。

① 预备航次阶段：指船舶开往装货港的阶段。

② 装货阶段：指船舶抵达并停靠装货港，等待泊位和装载货物的整个阶段。

③ 航行阶段：指船舶离开装货港开往卸货港的整个阶段。

④ 卸货阶段：指船舶抵达卸货港，等待泊位和停靠码头卸货的整个阶段。

(三)影响航次时间的主要因素

航次时间由航行时间、装卸时间及其他时间三部分组成。与航次时间关系密切的主要因素为航次距离、装卸货量、船舶航速和装卸效率。对航运管理人员来说，应通过对上述因素的分析研究，寻找缩短航次时间的途径，加速船舶周转率，提高船期经济性。

1．航次距离

在既定的航次生产活动中，当装卸货量、船舶航速和装卸效率不变时，如果航次距离长，则航行所需的时间就长，进而导致整个航次的时间相对较长。缩短航次时间的通常途径是：①合理地选择安全、经济的航线；②合理地利用通航水域内的海流季风等。

2．装卸货量

在既定的航次生产活动中，当航次距离、船舶航速和装卸效率不变时，如果装卸货量大，则船舶泊港作业所需的时间将延长，进而导致整个航次的时间相对较长。因此，航运经营人缩短航次时间的通常做法是：①及时地安排好船舶到港前的开工准备工作；

②船舶在港的基本作业与辅助作业同时进行等。

3．船舶航速

在既定的航次生产活动中，当航次距离、装卸货量和装卸效率不变时，如果船舶航速快，则船舶的航行时间就短，进而整个航次所需的时间也将缩短。但是，提高船舶的航速，意味着将大幅度提高船舶的燃料费用，从船期的经济性来考虑往往是不可取的。因此，航运经营人应另辟蹊径，从以下几方面着手来提高船舶的速度性能：①加强船舶动力装置的维护与保养；②定期铲底，使船舶水下部分保持清洁流畅，减少船舶的运动阻力；③正确积载，防止船舶前倾；④合理地选择燃料，使船舶的热工效率得到充分利用等。

4．装卸效率

在既定的航次生产活动中，当航次距离、装卸货量和船舶航速不变时，如果港口的装卸效率高，则船舶的泊港时间就短，进而整个航次所需的时间也将缩短。因此，航运经营人缩短航次时间的通常做法是：①在船舶挂靠的基本港口尽量使用岸吊和高效率装卸机械；②尽量安排船舶挂靠专业化码头；③加强码头作业现场的调度疏港力量；④提前做好装卸准备工作，减少辅助作业的次数等。

四、班轮货物运输概述

班轮运输又称定期船运输，是指按照规定的时间表在一定的航线上，以既定的挂港顺序、有规则地从事航线上各港间货物运送的船舶运输。在班轮运输实践中，班轮运输可分为两种：一种是船舶严格按照预先公布的船期表运行，到离港口的时间基本上固定不变，通常称为“五定班轮”，即定航线、定船舶、定挂靠港、定到发时间、定运价的班轮运输；另一种是船舶运行虽有船期表，但船舶到离港口的时间可有一定的伸缩性，并且航线上虽有固定的始发港和终点港，但中途挂港则视货源情况可以有所增减，通常称为“弹性班轮”，即定线不严格定期的班轮运输。

小知识

班轮运输的发展史

最早的班轮运输是1818年美国黑球轮船公司开辟的纽约—利物浦的定期航线，用帆船进行运输，用以运送海外移民、邮件和货物。1924年英国开辟了汉堡、鹿特丹之间以蒸汽机船经营的班轮航线，19世纪40年代又扩展到中东、远东和澳大利亚。此后，日本、德国、法国等轮船公司均经营班轮运输，设有横渡大西洋、太平洋的环球运输航线。中国于19世纪70年代开始沿海和长江的班轮运输。20世纪初，在长江和其他内河开展班轮运输。中华人民共和国成立后，开辟了大连—上海定期港班轮货运航线。1961年中国远洋运输总公司成立，开始建立中国远洋运输船队和国际班轮航线。

(资料来源：水上物流网.船舶运输行业的发展前景？[EB/OL]. (2023-03-06)[2023-09-30]. http://www.shuishangwuliu.com/hangyunxinxi/280085.html)

(一)班轮运输的特点

(1) 船舶按照固定的船期表，沿着固定的航线和港口来往运输，并按相对固定的运费率收取运费。

(2) 运价内已包括装卸费用，货物由承运人负责配载装卸，船货双方也不计算滞期费和速遣费。

(3) 船货双方的权利、义务、责任、豁免，以船方签发的提单条款为依据。

(4) 班轮承运的货物品种、数量比较灵活，货运质量较有保证，且一般在码头仓库交接货物，为货主提供了较便利的条件。

(二)经营班轮运输必须具备的条件

船公司在经营班轮运输时，除了航线上应具备足够的稳定货源外，还必须具备其他一些条件。

(1) 需配置技术性能较高、设备齐全的船舶。船公司要在班轮航线上维持正常的经营，就需要配置一定数量的船舶，以保持一定的发船密度。同时，要满足不同货载对运输的要求，例如，冷藏货、贵重货、少量液体散装货物和重大件等就要求配置的船舶技术性能高、设备比较齐全，如需要有冷藏舱、贵重物品舱室、能装运液体散货的深舱和负荷量较大的装卸设备。为了便于不同港口各种货物的装载与分隔，保证货运质量，船舶的货舱应有多层甲板等。

(2) 需租赁专用码头和设备、设立相应的营业机构。经营班轮运输时，为尽量减少船舶在港时间和节约港口费用支出，船公司通常需要在一些基本的挂靠港口租赁专用码头和装卸作业设备。同时，为了争取和保证获得尽可能多的货载，船公司一般需在一些基本的挂靠港口或有关地区设立相应的营业机构。

(3) 需要给船舶配备技术和业务水平较高的船员。班轮船舶载运的主要是件杂货，品种繁多，货物的特性和包装形式差异很大，挂靠港口较多，装卸作业频繁，通常一艘船舶一个航次载运数百票甚至上千票货物，而且又分属许多不同的货主，对货物在舱内的积载和保管都有具体不同的要求，稍有疏忽，就可能造成货损、货差事故。为了航行安全和货运质量的需要，班轮船舶应配备受过专业培训且货运技术和业务水平都比较高的船员，尤其需要配备有丰富经验的管理人员。

(4) 需要有一套适用于小批量接受货物托运的货运程序。由于班轮船舶所承运的货物种类多、批量小，且分属许多不同的货主；班轮承运人也不可能与每一个托运人分别签订运输合同、洽商运输条件；更不能要求每一个托运人都将货物送至船边直接装船或由收货人到船边提取货物，因此，班轮运输要求其经营人建立起一套适用于小批量接受货物托运的货运程序，以保障稳定的货源和兜揽零星的货载。

(三)班轮运输承运人与托运人的责任划分

班轮承运人是指班轮运输合同中承担提供船舶并负责运输的当事人，托运人是在班轮运输合同中委托承运人运输货物的当事人。承运人同托运人责任和费用的划分界限一般在船上吊杆所能达到的吊钩底下，换言之，托运人将货物送达吊钩底下后就算完成交货任务，然后由承运人负责装船。但风险的划分一般以船舷为界，即货物在装运港越过船舷以前发生的风险由托运人负责，越过船舷以后发生的风险由承运人负责。承运人最基本的义务是按合理的期限将货物完好无损地运到指定地点，并交给收货人。托运人的基本义务是按约定的时间、品质和数量，准备好托运的货物，保证船舶能够连续作业，并及时支付有关费用。

(四)船期表

1．班轮船期表的作用

(1) 招揽航线途经港口的货源，既满足货主的需要，又体现班轮公司服务的质量。

(2) 有利于船舶、港口、货物之间的及时衔接，缩短船舶在挂靠港的停留时间，加快货物的送达速度，提高港口作业的效率。

(3) 有利于提高船公司航线经营的计划质量。

2．班轮船期表的主要内容

班轮船期表的主要内容包括航线、船名、航次、始发港、中途港、终点港，到达与驶离各港的时间及有关注意事项。

(五)班轮货运业务程序

班轮货运业务程序如图 3-3 所示。

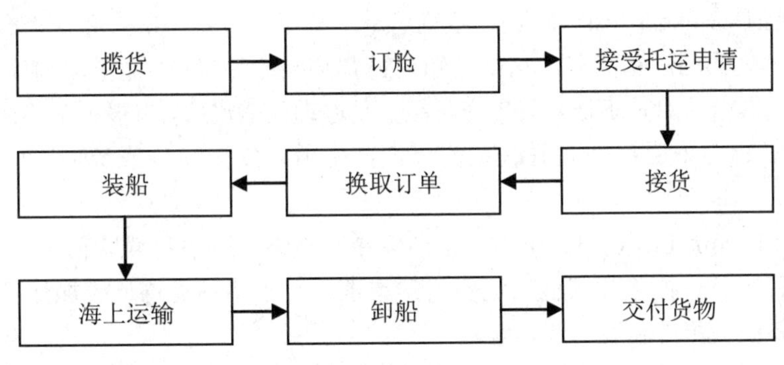

图 3-3　班轮货运业务程序

(六)班轮运输的主要单证

在班轮运输中，为了方便货物的交接，区分货方与船方之间的责任，需要用到许多单证。其主要单证是基本一致的，并能在国际航运中通用，如图 3-4 所示。

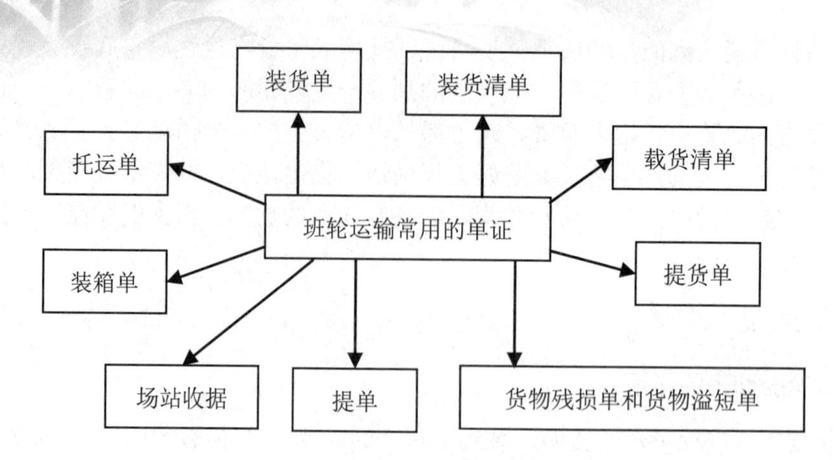

图3-4 班轮运输中常用的单证

(1) 托运单(booking note，B/N)。托运单即订舱委托书。

(2) 装货单(shipping order，S/O)。装货单是远洋运输中主要的货运单证之一。它是船公司或其代理人在接受托运人提出的托运申请后，发给托运人或货运代理人的单证，同时也是命令船长将单上所列货物装船的单据。它的主要作用包括：是承运人确认承运货物的证明；是海关对出口货物进行监管的单证；是承运人通知码头仓库或装运船舶接货装船的命令。

(3) 装货清单(loading list，L/L)。装货清单是承运人或其代理人根据装货单留底联，将全船待装货物按目的港和货物性质归类，依航次靠港顺序排列编制的装货单的汇总单。

(4) 载货清单(mania fest，M/F)。载货清单又称舱单，是一份按卸货港顺序逐票列明全船实际载运货物的汇总清单。它是由船代在货物装船完毕后，根据大副收据或提单编制的，编妥后再送交船长确认。其作用包括：是办理船舶出(进)口报关手续的单证；是船舶载运所列货物的证明；是业务联系的单证；是用以安排泊位或货物进出库场和卸货的依据。

(5) 装箱单(container load plan，CLP)。装箱单是按装箱顺序记载装箱货物的具体名称、数量、尺码、重量、标志和其他货运资料的单证，对于特种货物还应加注特定要求，如对冷藏货物要注明箱内温度的要求等。

装箱单是集装箱船舶进出口报关向海关提交的载货清单的补充资料，也是向承运人提供箱内所装货物的明细清单；既是集装箱码头编制装、卸船计划的依据，也是发生货损时，处理索赔事故的原始依据之一。装箱单一式五联，码头、船代、承运人各一联，发货人、装箱人共两联。整箱货的装箱单由发货人缮制，拼箱货的装箱单由集装箱货运站缮制。

(6) 场站收据(dock receipt，D/R)。场站收据又称码头收据，是指船公司委托集装箱堆场、集装箱货运站或内陆站在收到整箱货或拼箱货后，签发给托运人证明已收到货物，托运人可凭以换取提单或其他多式联运单证的收据。

(7) 提单(bill of lading，B/L)。提单是货物的承运人或其代理人收到货物后，签发给托运人的一种证件。提单说明了货物运输有关当事人、承运人、托运人和收货人之间的权利与义务。提单的合法持有人就是货物的主人，所以提单是各项货运单据中最重要的单据。

(8) 提货单(delivery order，D/O)。提货单是收货人用正本提单换取的提货凭证，不得买卖或转让。提货单根据提单内容与到货通知等成套填制，所列的船舶预计到港时间可能会有变化。因此，提货单不作为申报进境和滞报金(海关)、滞箱费(船公司)、疏港费(码头)等起算的依据。

(9) 货物残损单(broken and damaged cargo list，BADC)。货物残损单是我国港口在卸货时使用的作为卸货交接证明的单证，是在卸货完毕后，由理货长根据现场理货人员在卸货过程中发现货物的各种残损情况的记录汇总编制的，用于表明货物的残损情况。

(10) 货物溢短单(overlanded and shortlanded cargo list，OASC)。货物溢短单是我国港口在卸货时惯用的作为卸货交接证明的单证，是在卸货时对每票货物所卸下的数量与载货清单所记载的数量不相符的情况下，待船舶卸货完毕并清点后，由理货长汇总编制的，用于表明货物溢出或短缺的情况。

五、海运运费的计算规则

(一)基本运费

基本运费是指货物在预定航线的各基本港口之间进行运输所规定的运价，每单位重量应收取的基本费用一般按体积或者重量计算具体如下。

(1) 按货物的毛重计收。在运价表中以“W”表示，即英文 weight 的缩写。一般以 1 吨为计算单位，吨以下取两位小数，也有按长吨或短吨来计算的。

(2) 按货物的体积计收。在运价表中以“M”表示，即英文 measurement 的缩写。一般以 1 立方米为计算单位，也有按 40 立方英尺(40ft^3)为一尺码吨计算的。

(3) 按货物的毛重或体积计收。在运价表中以“W/M”表示，以其较高者计收运费。按照惯例，凡一重量吨货物其体积超过 1 立方米或 40 立方英尺，即按体积收费；反之，凡一重量吨货物其体积不足 1 立方米或 40 立方英尺，按毛重计收，如机器、零件或小五金工具常按此办法计算。

从计算货物运费的角度考虑，并按照国际航运业务惯例，凡货物积载因数小于 1.1328 立方米/吨或 40 立方英尺/吨的货物，称为重货；凡货物积载因数大于 1.1328 立方米/吨或 40 立方英尺/吨的货物，称为轻泡货。

积载因数是指 1 吨货物在正常堆积时实际所占的容积(包括货件之间的正常空隙以及必要的衬隔、铺垫所占的空间)，其单位为立方米/吨或者立方英尺/吨。积载因数的计算公式为

积载因数=体积(立方米)/毛生(吨)

我国现行规定：凡 1 立方米货物的重量大于 1 吨的为重货；小于 1 吨的为轻泡货。

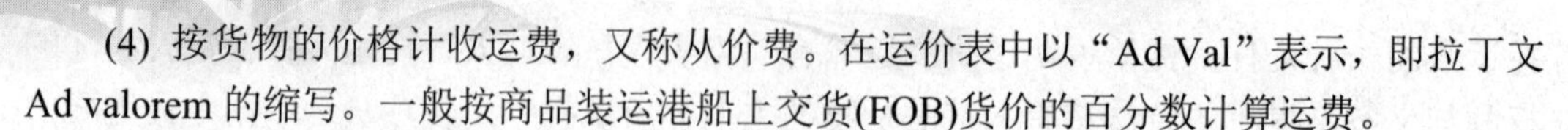

(4) 按货物的价格计收运费，又称从价费。在运价表中以“Ad Val”表示，即拉丁文 Ad valorem 的缩写。一般按商品装运港船上交货(FOB)货价的百分数计算运费。

(5) 按货物重量或体积或价值三者中最高的一种计收，在运价表中以“w/m or ad val”表示。也可以按货物重量或体积计收，然后加收一定百分比的从价运费，在运价表中以“w/m plus ad val”表示。

(6) 按货物的件数计收，如汽车、火车头按辆(per unit)；活牲畜，如牛、羊等论头(Per Head)计算。

(7) 大宗低值货物按议价运费，如粮食、豆类、煤炭、矿砂等。在订舱时，由托运人和船公司临时洽商议订。议价运费通常比按等级计算运费的低廉。

(8) 起码费率(minimum rate)。它是指按每一提单上所列的重量或体积所计算出的运费，尚未达到运价表中规定的最低运费时，则按最低运费计收。

(二)附加费

为了保持在一定时期内基本费率的稳定，又能正确地反映出各港的各种货物的航运成本，班轮公司在基本费率之外，又规定了各种附加费。

班轮运费中的附加费的名目繁多，包括超长附加费或超重附加费、选择卸货港附加费、变更卸货港附加费、燃油附加费、港口拥挤附加费、绕航附加费、转船附加费和直航附加费等。

(三)班轮运费的计算

运价表又称运价本和费率本。它不仅包括商品、单位费率、计费标准、收费的币别、计算运费和附加费的方法，还包括适用范围、基本港口、港口规则、船货双方的责任和权利，以及直航、转船、回运、选择或变更卸货港口的方法等内容。

上述基本运费和各种附加费均按班轮运价表计算，即

$$\text{总运费} = \text{基本运费} + \sum \text{附加费}$$

六、租船运输业务

租船运输又称为不定期船运输，是相对于定期船运输，即班轮运输而言的另一种国际航运经营方式。由于这种经营方式需在市场上寻求机会，没有固定的航线和挂靠港口，也没有预先制定的船期表和费率本，船舶经营人与需要船舶运力的租船人是通过洽谈运输条件、签订租船合同来安排运输的，故称之为“租船运输”。

(一)租船运输的基本特点

(1) 租船运输的营运组织取决于各种租船合同。船舶经营人与船舶承租人双方首先须签订租船合同，然后才能安排船舶营运。合同中除了需规定船舶就航的航线、载运的货物种类及停靠的港口外，还需具体订明双方的权利和义务。

(2) 租船运输的运费或租金水平的高低，直接受租船合同签订时的航运市场行情波动

的影响。世界的政治经济形势、船舶运力供求关系的变化，以及通航区域的季节性气候条件等，都是影响运费或租金水平高低的主要因素。

(3) 租船运输中的有关船舶营运费用及开支，取决于不同的租船方式，由船舶所有人和船舶承租人分担，并在租船合同中订明。

(4) 不定航线，不定船期。船东对于船舶的航线、航行时间和货载种类等均按照租船人的要求来确定。

(5) 租船运输主要服务于专门的货运市场，承运大宗类货物，如谷物、油类、矿石、煤炭、木材、砂糖、化肥、磷灰土等，并且一般都是整船装运的。

(6) 各种租船合同均有相应的标准合同格式。一般由船东与租船人通过各自或共同的租船经纪人洽谈成交租船业务。

(二)租船运输业务的分类

1. 航次租船

航次租船是指由船舶所有人负责提供一艘船舶，在指定的港口之间进行一个航次或几个航次运输指定货物的租船方式。

航次租船是租船市场上最活跃的一种方式，且对运费水平波动最敏感，其主要特点如下。

(1) 船舶的营运调度由船舶所有人负责，船舶的燃料费、物料费、修理费、港口费、淡水费等营运费用也由船舶所有人负担。

(2) 船舶所有人负责配备船员，负担船员的工资、伙食费。

(3) 航次租船的“租金”通常称为运费，运费按货物的数量及双方商定的费率计收。

(4) 在租船合同中需要订明货物的装、卸费用由船舶所有人或承租人负担，用于装、卸时间的计算方法，并规定延滞费和速遣费的标准及计算办法。

航次租船有三种主要形式，如图 3-5 所示。

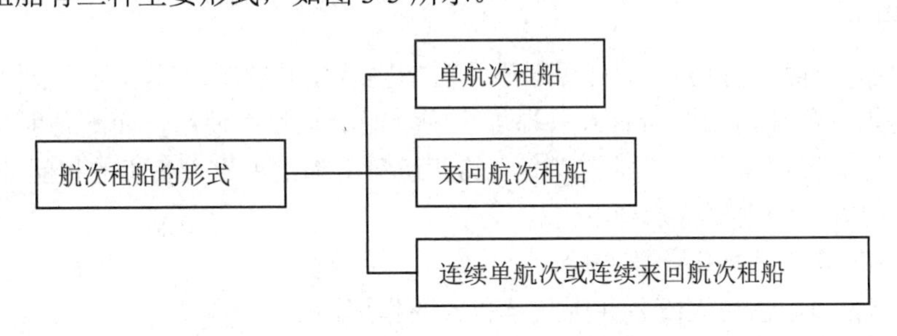

图 3-5　航次租船的形式

2. 定期租船

定期租船是指船舶所有人将一艘特定的船舶出租给承租人使用一段时间的租船方式。这种租船方式不是以完成航次数为依据，而是以约定使用的一段时间为限。

定期租船中有一种特殊方式为航次期租(TCT)，它以一个航次运输为目的，按完成该航次的天数和合同规定的日租金率计算支付租金。租期时间以完成一个航次为限，合同格式采用期租格式。

定期租船方式的主要特点如下。

(1) 船长由船舶所有人任命，船员也由船舶所有人配备，并负担他们的工资和给养，但船长应听从承租人的指挥，否则承租人有权要求船舶所有人予以撤换。

(2) 营运调度由承租人负责，并负担船舶的燃料费、港口费、货物装卸费、运河通行费等与营运有关的费用，而船舶所有人则负担船舶的折旧费、维修保养费、船用物料费、润滑油费、船舶保险费等船舶维持费。

(3) 合同中订有关于租期长短、租金率、交船和还船、停租，以及产生合同纠纷的处理方式等内容。

3. 包运租船

在规定的期限内，在船东和租船人预先同意的港口或区域内，船东指派船舶将规定的货物数量在规定的期限内平均分多个航次有规律地运完。履行各航次的船舶分别由船东指派相同或不同的船舶。

包运租船方式的主要特点如下。

(1) 包运租船合同中不确定船舶的船名及国籍，仅规定船舶的船级、船龄和船舶的技术规范等，船舶所有人只需比照这些要求提供能够完成合同规定的每航次货运量的运力即可，这对船舶所有人在调度和安排船舶方面是十分灵活、方便的。

(2) 租期的长短取决于货物的总量及船舶航次周期所需的时间。

(3) 船舶所承运的货物主要是运量特别大的干散货或液体散装货物，承租人往往是业务量大和实力强的综合性工矿企业、贸易机构、生产加工集团或大石油公司。

(4) 船舶航次中所产生的时间延误的损失风险由船舶所有人承担，而对于船舶在港装、卸货物期间所产生的延误，则通过合同中订有的“延滞条款”的办法来处理，通常是由承租人承担船舶在港的时间损失。

4. 光船租船

光船租船又称船壳租船。这种租船不具有运输承揽的性质，只相当于一种财产租赁。光船租船是指在租期内船舶所有人只提供一艘空船给承租人使用，而配备船员、供应给养、船舶的营运管理以及一切固定或变动的营运费用都由承租人负担的租船业务。

光船租船方式的主要特点如下。

(1) 船舶所有人只提供一艘空船。

(2) 全部船员由承租人配备并听从承租人的指挥。

(3) 承租人负责船舶的经营及营运调度工作，并承担在租期内的时间损失，即承租人不能“停租”。

(4) 除船舶的资本费用外，承租人承担船舶的全部固定的及变动的费用。

(5) 租金按船舶的装载能力、租期及商定的租金率计算。虽然光船租船的租期一般都比较长，但是国际上以这种方式达成的租船业务并不多。

(三)租船运输业务流程

租船运输业务流程主要包括询盘、报盘、还盘、接受和签约。

(1) 询盘。询盘的目的和作用是让对方知道发盘人的意向和需要的大致情况，因此内容除包括必须要让对方知道的项目外，一般要简单扼要。询盘可由租船人发出，也可由船东发出。

(2) 报盘。船东收到租船人询价后，经过估算或对照其他询价条件，认为可以考虑，便通过经纪人向租船人报价，报出所能提供的船舶、运费率或租金等条件。报价又称报盘。

租船实务中，习惯做法是船东发出意向性报价，尤其当租船人发出的是意向性询价时。意向性报价仅提供船舶概况、运费或租金率以及其他能满足询价中要求的意向。一般不附有应答复的时间限制，又称报虚盘。

对于货物买卖已落实的询价，船东可以立即报实盘，或航运市场不景气，船东面临竞争时，为揽货也应立即报实盘。

(3) 还盘。还盘是指对报盘中的实质内容作出了修改，并提出自己的不同条件。在还盘时，要仔细审查对方报盘的内容，决定哪些可以接受，哪些不能接受，或要经修改和补充并逐一提出。在还盘中提到的条件都是不同意、否定、修改或补充对方报盘中的条件，凡是还盘中没有提到的对方报盘中的条件，都被认为是已接受的条件。

(4) 接受。经报盘、还盘多次的讨价还价，直到最后一次还实盘的全部内容被双方接受，就算成交。有效的接受必须在报盘或还盘的时限内且不能附有保留条件，若时限已过，则欲接受的一方必须要求另一方再次确认才能生效。

(5) 签约。经双方协商一致，谈妥租船合同各项条款后就要办理最后的签约手续。

签订确认书只是一种合同意向，正式租船合同要按租船合同范本予以规范，进行编制，明确租船双方的权利和义务，双方当事人签署后即可生效。之后，哪一方提出更改或撤销等异议，造成的损失都由违约方承担。

定期租船合同的主要内容包括出租人和承租人的名称、船名、船籍、船级、吨位容积、船速、燃料消耗、航区、用途、租船期限，以及交船与还船时间、地点及条件，租金及其支付方式等相关事宜。

航次租船合同的主要内容有出租人和承租人的名称、船名、船籍、载货重量、容积、货名、装运港与目的港、受载期限、装卸期限，以及运费、滞期费、速遣费的支付方式及其他事项。

租船运输合同正式签订后，船舶所有人就可以按合同的要求，安排船舶投入营运；货方备好货物准备装船。

租船业务中，租船经纪人代表各自委托人洽谈租船业务，代为签约，可迅速而有效地促进租船业务的成交，减少船东或租船人大量的事务性工作，减少租约中的责任风险，协调租船市场的正常运营。租船业务成交后，由船东付给经纪人运费的 1.25%～2.5%作为佣金。

【实训任务】

任务一　班轮运输出口业务流程

工作思考

(1) 班轮运输出口业务的流程是什么？
(2) 班轮运输出口业务流程应注意的事项有哪些？
(3) 班轮运输出口业务流程的主要内容有哪些？

任务内容

现有货物一件，准备通过水路来组织运输业务，请完成水路货物运输的出口业务。班轮运输的出口业务流程如图 3-6 所示。

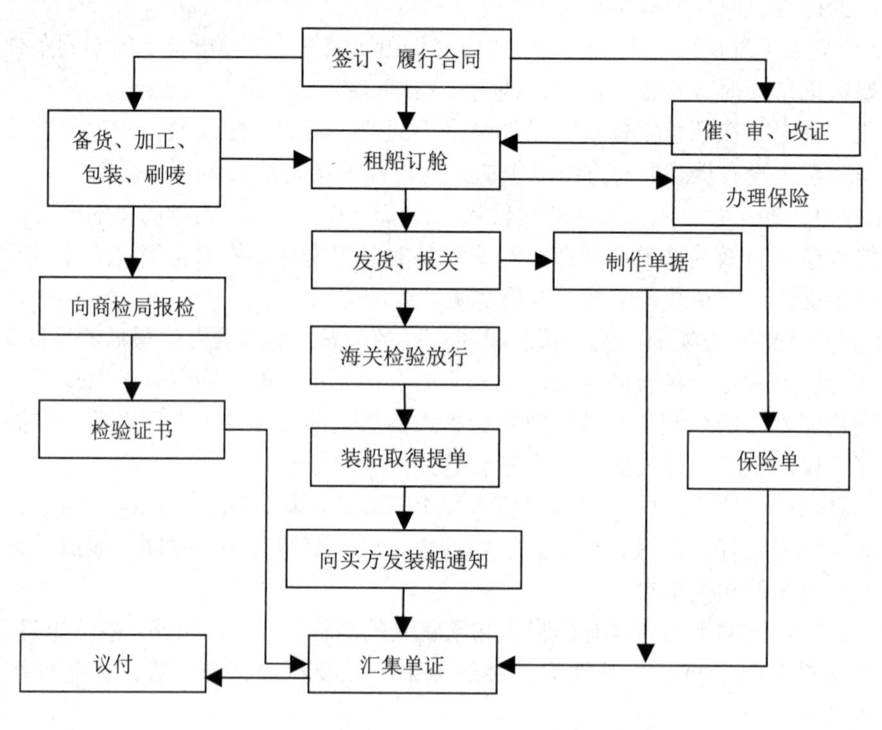

图 3-6　班轮运输出口业务流程(以 FOB 为例)

任务目标

熟悉班轮运输出口业务流程；掌握出口流程的主要内容和注意事项。

任务准备

各种出口运输业务使用的单据。

任务实施

步骤一　审核信用证中的装运条款

为使出运工作顺利进行，在收到信用证后，必须审核证中有关的装运条款，装运期，交单期，信用证开证期和有效期，付款方式，装运要求，是否能转船或分批装运，是否指定船名、船籍和船级等。有的要求提供各种证明，如航线证明书、船籍证等，对这些条款和规定，应根据我国政策、国际惯例、要求是否合理和是否能办到等来考虑接受或提出修改要求。

步骤二　备货

备货在整个贸易流程中起着举足轻重的作用，必须按照合同逐一落实。备货的主要核对内容如下。

(1) 货物品质、规格，应按合同的要求核实。

(2) 货物数量。保证满足合同或信用证对数量的要求。

(3) 备货时间。应根据信用证规定，结合船期安排，以利于船货衔接。

步骤三　包装

可以根据货物的不同来选择包装形式，如纸箱(carton)、木箱(wooden case)、编织袋(package)等。不同的包装形式，其包装要求也有所不同。

(1) 一般出口包装标准。根据贸易出口通用的标准进行出口货物包装。

(2) 特殊出口包装标准。根据客户的特殊要求进行出口货物包装。

(3) 货物的包装和唛头(运输标志)。应进行认真检查核实，使之符合信用证的规定。唛头一般包括收货人简称或代号、合同号、目的港名称、件数或件号等。

步骤四　报检

报检手续极其烦琐又极其重要，如不能顺利通关则无法完成交易。

属法定检验的出口商品必须办理出口商品检验证书。目前我国进出口商品检验工作主要有以下四个环节。

(1) 接受报验。报验是指对外贸易关系人向商检机构报请检验。

(2) 抽样。商检机构接受报验之后，及时派出工作人员赴货物堆存地点进行现场检验、鉴定。

(3) 检验。商检机构接受报验之后，认真研究申报的检验项目，确定检验内容，并仔细审核合同(信用证)对品质、规格、包装的规定，弄清检验的依据，确定检验标准、方法。检验方法有抽样检验、仪器分析检验、物理检验、感官检验和微生物检验等。

(4) 签发证书。在出口方面，凡列入“种类表”内的出口商品，经商检机构检验合格后，签发放行单或在“出口货物报关单”上加盖放行章来代替放行单。

步骤五　托运订舱

货主备好货后，通常委托货代公司向船公司或其代理办理订舱业务。订舱时应填写

“托运单”，“托运单”也称订舱委托书，交付船公司或其代理作为办理货物托运的凭证。船公司或其代理接受委托书，确认订舱后，签发装货单，订舱工作即告完成。

海运出口托运单式样见表 3-2。

图 3-2　海运出口托运单式样

<table>
<tr><td colspan="5">海运出口托运单
shipping letter of instruction</td></tr>
<tr><td colspan="5">托运人 shipper:</td></tr>
<tr><td colspan="2">编号 No.:</td><td>船名 s/s</td><td colspan="2">目的港 for:</td></tr>
<tr><td rowspan="3">标记及号码
marks & no.</td><td rowspan="3">件数
quantity</td><td rowspan="3">货名
description of goods</td><td colspan="2">重量公斤 weight kilos</td></tr>
<tr><td>净 net</td><td>毛 gross</td></tr>
<tr><td colspan="2">运费付款方式 method of freight payment</td></tr>
<tr><td colspan="5">共计件数(大写)total number of packages in writing</td></tr>
<tr><td colspan="3">运费计算 freight</td><td colspan="2">尺码 measurement</td></tr>
<tr><td colspan="5">备注 remarks</td></tr>
<tr><td>抬头 order of</td><td colspan="2">可否转船 whether transshipment allowed</td><td colspan="2">可否分批 whether partial shipment allowed</td></tr>
<tr><td>通知 notice</td><td colspan="2">装运期 period of shipment</td><td>有效期period of validity</td><td>提单份数 no.of b/l</td></tr>
<tr><td colspan="2">收货人 receiver</td><td>银行编号 bank no.</td><td colspan="2">信用证号 l/c no.</td></tr>
</table>

步骤六　办理保险

通常双方在签订的《购货合同》中已事先约定运输保险的相关事项。常见的海运货物保险条款所承保的险别分为基本险和附加险两类。

步骤七　出口货物集中港区

当船舶到港装货计划确定后，按照港区进货通知并在规定的期限内，由托运人办妥集运手续，将出口货物及时地运至港区集中，等待装船，做到批次清、件数清、标志清。向港区集中时，应按照卸货港的先后和货物积载顺序发货，以便按先后次序装船。对出口大宗货物，可联系港区提前发货。有船边现装条件的货物，也可按照装船时间将货物直送港区船边现装，以节省进仓出仓手续和费用。对危险品、重大件、冷冻货或鲜活商品、散油等需特殊运输工具、起重设备和舱位的，应事先联系安排好调运、接卸、装船作业。发货前要按票核对货物品名、数量、标记、配载船名、装货单号等项，做到单、货相符和船、货相符。要注意发货质量，发现有包装破损或残损时，应由发货单位负责修理或调换。

步骤八　报关

报关须由专业报关人员持箱单、发票、报关委托书、出口结汇核销单、出口货物合同副本、出口商品检验证书等文本到海关办理通关手续。

(1) 箱单是由出口商提供的出口产品装箱明细。

(2) 发票是由出口商提供的出口产品证明。

(3) 报关委托书是没有报关能力的单位或个人委托报关代理行来报关的证明书。

(4) 出口核销单由出口单位到外汇局申领，是指有出口能力的单位取得出口退税的一种单据。

(5) 商检证书是经过出入境检验检疫部门或其指定的检验机构检验合格后得到的，是各种进出口商品检验证书、鉴定证书和其他证明书的统称。商检证书是对外贸易有关各方履行契约义务、处理索赔争议和仲裁、诉讼举证并具有法律依据的有效证件，同时也是海关验放、征收关税和优惠减免关税的必要证明。

步骤九　装船

海关放行后，发货单位凭海关加盖放行章的装货单与港务部门和理货人员联系，查看现场货物并做好装船准备，理货人员负责点清货物，逐票装船。港口装卸作业区负责装货，并按照安全积载的要求，做好货物在舱内的堆码、隔垫和加固等工作。

在装船过程中，要派人进行监装，随时掌握装船情况和处理工作中所发生的问题。发生退关的货物，应及时联系有关单位设法处理。

监装人员对一级危险品、重大件、贵重品、特种商品和驳船来货的船边接卸直装工作，要随时掌握情况，防止接卸和装船脱节。

装船完毕，应将大副签发的收货单交原发货单位，凭以调换已装船提单。

对合同规定需在装船时发出装船通知的，应及时发出，特别是由买方自办保险的，如因卖方延迟或没有发出装船通知，致使买方不能及时或没有投保而造成损失的，卖方应承担责任。

步骤十　换取提单

杂货班轮：杂货堆场在验收货物后，由理货长在装货单上签字，将货物连同装货单和收货单交船上，船上验收货物后，由大副签发收货单交还发货人，并留下装货单，发货人凭签署的收货单，向船公司或其代理人换取提单，然后到银行结汇。

集装箱班轮：集装箱码头堆场在验收集装箱货物后，堆场理货员即在场站收据上签字，将场站收据的装货单联留存，将集装箱货物连同场站收据副本联与正本联一同交船上，船上验收集装箱货物后，由大副签发正本场站收据，交还发货人并留存场站收据副本，发货人凭签署的正本场站收据，向船公司或其代理人换取提单，然后到银行结汇。

步骤十一　制单结汇

出口货物装船发出之后，进出口公司即应按照信用证的规定，正确缮制箱单、发票、提单、出口产地证明、出口结汇等单据，在信用证规定的交单有效期内，递交银行办理议付结汇手续。

技能训练

1. 训练内容

(1) 结合实例填写一份海运货物出口托运单。

(2) 简述海运出口货运操作流程。

(3) 简述出口报关报检业务流程。

2. 训练要求

(1) 可以根据项目流程结合业务实例，增加技能训练的内容和环节。
(2) 结合业务实例，灵活运用流程。
(3) 训练中操作要认真、仔细。
(4) 建议结合货运代理公司业务实例进行训练。

任务二　班轮运输进口业务流程

工作思考

(1) 班轮运输进口业务的流程是什么？
(2) 班轮运输进口业务流程应注意的事项有哪些？
(3) 班轮运输进口业务流程的主要内容有哪些？

任务内容

现有货物一件，准备通过水路来组织运输业务。请完成这一水路货物运输的进口业务承运。

班轮运输进口单证的流转程序如图 3-7 所示。

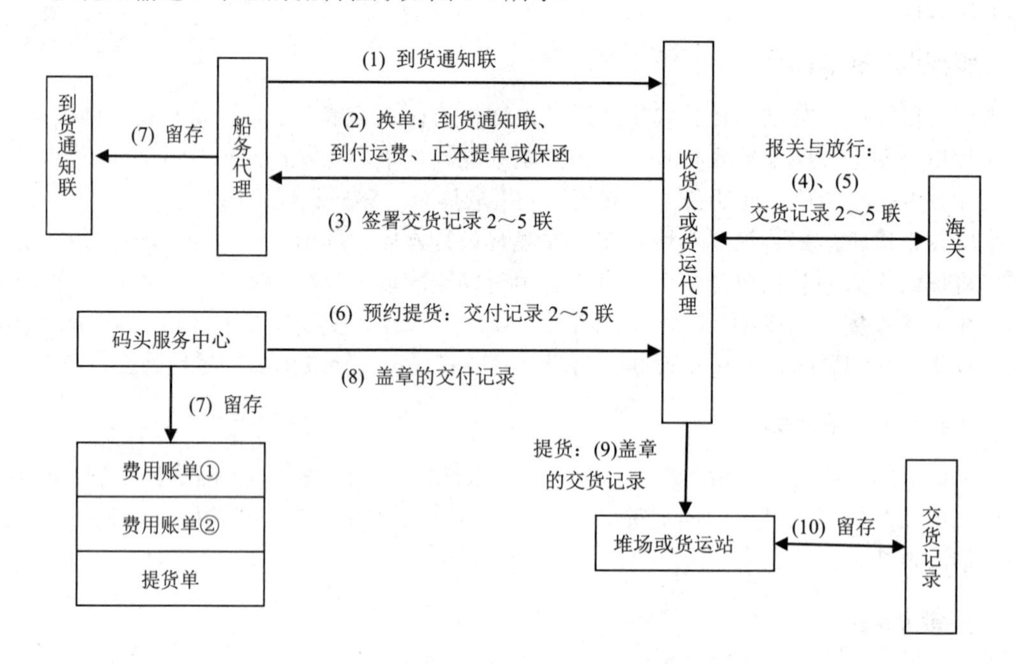

图 3-7　班轮运输进口单证的流转程序

任务目标

掌握进口业务流程各单证的流转和使用；熟悉进口流程的主要内容和注意事项。

任务准备

各种进口运输业务中使用的单据。

任务实施

步骤一　寄交到货通知书

船公司的卸港代理人在集装箱卸船并做好交货准备后，将进口单证五联单中的第一联，即到货通知书寄交收货人。

步骤二　换单

收货人持正本提单和到货通知书至船公司在卸货港的代理人处，换取其余四联，即提货单、费用账单①和②及交货记录等单证。

船公司在卸货港的代理人审核提单形式内容和是否已付清到付运费后，收回正本提单和到货通知书，在提货单上加盖专用章，连同五联单中的其他三联，即费用账单①和②及交货记录换发给收货人。

进口集装箱提货单样式见表 3-3。

表 3-3　进口集装箱提货单样式

进口集装箱提货单			
______地区、场地 收货人/通知方：		收货人开户 银行与账号	年　月　日
船名	航次	起运港	目的港
提单号	交付条款	到付海运港	合同号
卸货地点	到达日期	进库场日期	第一程运输
货名		集装箱号/铅封号	
集装箱数			
件数			
重量/kg			
体积/m^3			
标志			
请核对放货 ×××代理公司 凡属法定检验、检疫的进口商品，必须向有关监督机构申报　　提货专用章			
收货人章	海关章	检验检疫章	

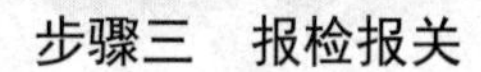

步骤三　报检报关

有检验检疫要求的货物，须在报关申报前办理进口检验检疫手续。

收货人持费用账单①和②及交货记录，以及加盖了船公司在卸货港的代理人的专用章的提货单共四联，随同进口报关单和其他进口报关所需单证，到海关办理货物进口报关手续，海关核准放行，即在提货单上加盖海关放行章，然后将提货单、费用账单①和②及交货记录共四联退还给收货人。

步骤四　提货

收货人持退还的四联单，到集装箱堆场或货运站办理提货手续，码头堆场还要核算到港后可能发生的有关费用，收货人缴清费用后，码头留下提货单和费用账单①和②，并将交货记录盖章后退还收货人。收货人持经码头盖章的交货记录提货，提货后在交货记录上签字。

技能训练

1. 训练内容

根据项目流程结合业务实例，增加技能训练的内容和环节。

2. 训练要求

(1) 货代公司接到客户的全套单据后，要查清该进口货物属于哪家船公司承运，哪家作为船舶代理，在哪儿可以换到供报关用的提货单。报关全套单据包括带背书的正本提单或“电放”副本、装箱单、发票、合同。

注意事项如下。

① 提前与船公司或船舶代理部门联系，确定船到港时间、地点，如需转船应确认二程船名。

② 提前与船公司或船舶代理部门确认换单费、押箱费、换单的时间。

③ 提前联系好场站确认好提箱费、掏箱费、装车费、回空费。

(2) 凭带背书的正本提单(如是电报放货，可带电报放货的传真件与保函)去船公司或船舶代理部门换取提货单和设备交接单。

注意事项如下。

① 背书有两种形式，如果提单上收货人栏显示 to order，则由“shipper 发货人”背书；如果收货人栏显示其真正的收货人，则需收货人背书。

② 保函是由进口方出具给船舶代理的一份请求放货的书面证明。保函的内容包括进口港、目的港、船名、航次、提单号、件重尺及进口方签章。

③ 换单时应仔细核对提单或电放副本与提货单上的集装箱箱号及封号是否一致。

④ 提货单共分五联，白色为提货联，蓝色为费用账单，红色为费用账单，绿色为交货记录，浅绿色为交货记录。

(3) 用换来的提货单(一、三)联并附上报关单据前去报关。

报关单据：提货单(一、三)联海关放行后，在白联上加盖放行章，发还给进口方作为提货的凭证；正本箱单、正本发票、合同、进口报关单一式两份、正本报关委托协议书、海关监管条件所涉及的各类证件。

注意事项如下。

① 接到客户全套单据后，应确认货物的商品编码，然后查阅海关税则，确认进口税率以及货物需要哪些监管条件，如需做各种检验，则应在报关前向有关机构报验。报验所需单据有报验申请单、正本箱单发票、合同、进口报关单两份。

② 换单时应催促船舶代理部门及时给海关传舱单，如有问题应与海关舱单室取得联系，确认舱单是否转到海关。

(4) 若是法检商品应办理验货手续。

如需商检，则要在报关前，拿进口商检申请单(带公章)和两份报关单办理登记手续，并在报关单上盖商检登记在案章以便通关。验货手续在最终目的地办理。

如需动植检，也要在报关前拿箱单发票合同报关单去代理报验机构申请报验，在报关单上盖放行章以便通关，验货手续可在通关后堆场进行。

(5) 海关通关放行后应去三检大厅办理三检。

向大厅内的代理报验机构提供装箱单、发票、合同报关单，由他们代理报验。报验后，可在大厅内统一窗口处交费，并在白色提货单上盖三检放行章。

(6) 三检手续办理后，去港口大厅交港杂费。

港杂费用结清后，港方将提货联退给提货人以供提货使用。

(7) 所有的提货手续办妥后，可通知事先联系好的堆场提货。

注意事项如下。

① 应与港口调度室取得联系，安排计划。

② 根据提箱的多少与堆场联系足够的车辆，尽可能在港方要求的时间内提清，以免产生转栈堆存费用。

③ 提箱过程中应与堆场有关人员共同检查箱体是否有重大残破，如有则要求港方在设备交接单上签残。

(8) 重箱由堆场提到场地后，应在免费期内及时掏箱，以免产生滞箱。

(9) 货物提清后，从场站取回设备交接单证明箱体无残损，去船公司或船舶代理部门取回押箱费。

3．训练评价

班轮运输进出口业务流程技能训练评价表见表3-4。

4．训练建议

建议结合货运代理公司的业务实例进行训练。

表3-4　班轮运输进出口业务流程技能训练评价表

被考评人					
考评地点					
考评内容	班轮运输进出口业务流程				
考评标准	内　容	分值	自我评价	小组评议	实际得分
	熟悉操作流程	25			
	熟悉各流程使用的单证	25			
	熟悉各种单证的流转过程	25			
	模拟操作准确无误	25			
合计		100			

注：(1) 实际得分=自我评价×40%+小组评议×60%。

(2) 考评满分为100分，60～74分为及格，75～84分为良好，85分以上为优秀。

任务三　海运提单的填制

工作思考

(1) 如何填制海运提单？

(2) 海运提单的流转程序有哪些？

任务内容

根据工作任务实例填制海运提单。

任务目标

明确海运提单各栏目的内容；会填写海运提单；掌握海运提单的流转程序及使用。

任务准备

海运提单、商业发票、装箱单及信用证样本。

任务实施

步骤一　熟悉海运提单

(1) 提单的概念。

提单是货物的承运人或其代理人收到货物后，签发给托运人的一种证件。提单说明了货物运输有关当事人——承运人、托运人和收货人之间的权利与义务。

提单的合法持有人就是货物的主人，所以提单是各项货运单据中最重要的单据。

(2) 提单的作用。

提单是承运人或其代理人签发的货物收据，证明承运人已按提单所列内容收到货物。

提单是一种货物所有权的凭证。提单的合法持有人凭提单可在目的港向轮船公司提取货物，也可以通过转让提单而转移货物所有权，或凭提单向银行办理抵押贷款。

提单是托运人与承运人之间订立的运输契约的证明，是承运人与托运人处理双方在运输中的权利和义务问题的主要依据。另外，提单还可以作为收取运费的证明，并且在运输过程中可在办理货物的装卸、发运和交付等方面发挥作用。

(3) 提单的种类。

根据收货人抬头不同，提单可分为以下几种。

① 记名提单(straight B/L)，又称收货人抬头提单。它指在提单的收货人栏内，具体写明了收货人名称的一种提单。

记名提单只能由提单内指定的收货人提货，不能转让。记名提单虽然避免了提单转让过程中可能带来的风险，使货物始终控制在货主手中，但也失去其代表货物转让流通的便利。

记名提单一般只适用于运输展览品或贵重物品，特别是短途运输中使用较有优势，在国际贸易中较少使用。

② 不记名提单(open B/L)，又称空白提单。它指在提单的收货人栏内不填明具体的收货人或指示人的名称而留空的提单。

不记名提单的转让不需经任何背书手续，提单持有人仅凭提单交付即可提货。

不记名提单的转让或提货手续比较简便，但一旦遗失或被盗，货物也容易被人提走，即使货物未被提走，提单被转让到第三者手里，也会引起纠纷。这种提单在国际贸易中很少应用。

③ 指示提单(order B/L)，是一种在提单的收货人栏中只填写“凭指示”或“凭某人指示”字样的提单。

按照表示指示人方法的不同，指示提单又可分为不记名指示提单、记名指示提单和选择指示提单。

在收货人栏内只填记“指示”字样(又空白抬头)的，称为不记名(空白抬头)指示提单。在托运人(卖方)未指定收货人或受让人之前，货物所有权仍属于卖方，在跟单信用证支付方式下，托运人就是以议付行或收货人为受让人，通过转让提单而取得议付货款的。

在收货人栏内填记“×××指示”的，称为记名指示提单。记名指示提单又分为托运人指示、银行指示和收货人指示。

在收货人栏内填记“×××或×××指示”的，称为选择指示提单(实务中较少使用)。

海运提单样式见表3-5。

表 3-5　海运提单样式(ocean bill of lading form)

<table>
<tr><td colspan="3">1.shipper (托运人)</td><td colspan="3" rowspan="5">b/l no. 提单号
cosco
中国远洋运输(集团)总公司
china ocean shipping (group) co.
original
combined transport bill of lading
正本多式联运提单</td></tr>
<tr><td colspan="3">2.consignee(收货人)</td></tr>
<tr><td colspan="3">3.notify party(通知人)</td></tr>
<tr><td colspan="2">4.pr-carriage by(前程运输)</td><td>5.place of receipt(收货地)</td></tr>
<tr><td colspan="2">6.ocean vessel voy. no.
(船名及航次)</td><td>7.port of loading(装货港)</td></tr>
<tr><td colspan="2">8.port discharge
(卸货港)</td><td>9.pace delivery
(交货地)</td><td colspan="3">10.final destination for the merchant's reference
(目的地)</td></tr>
<tr><td>11.marks
(标识)</td><td>12.no. & kind of pkgs
(包装数量和种类)</td><td colspan="2">13.description of goods
(货物名称)</td><td>14. g.w.(kg)
(毛重)</td><td>15.means(m^3)
(体积)</td></tr>
<tr><td colspan="6">16. total number of containers or pachages (in words)(总件数)</td></tr>
<tr><td>17.freight & charges
(运费)</td><td>revenue tons
(运费吨)</td><td>rate
(运费率)</td><td>per
(计费单位)</td><td>prepaid
(运费预付)</td><td>collect
(运费到付)</td></tr>
<tr><td>prepaid at
(预付地点)</td><td>payable at
(到付地点)</td><td colspan="4">18.palce and date of issue
(出单地点和时间)</td></tr>
<tr><td>total prepaid
(预付总金额)</td><td>19.number of original b(s)/l
(正本提单的份数)</td><td colspan="4" rowspan="2">22.signed for the carrier
(承运人签章)
中国远洋运输(集团)总公司
China ocean shipping (group) co.
×××</td></tr>
<tr><td>20.date
(装船日期)</td><td>21.loading on board the vessel by
(船名)</td></tr>
</table>

步骤二　根据下面项目实例填制提单，要求用英文填写

20××年 5 月 20 日，上海针织品进出口公司(Shanghai Knitwear import & export corporation Tel：021-67892346，Fax：021-67892345)与日本大通商社达成一项贸易合同(合同号 MNP56835)，向日本出口纯棉内衣(cotton underwear)，日本横滨 XYZ 货运代理有限公司(XYZ freight forwarding co. ltd. Tel：81-525-73256 Fax：81-525-73286)为进口商代理。

信用证规定：最晚装运期为 20××年 6 月 18 日，有效期为 20××年 7 月 6 日，不准分批装运和转船，装运港为上海(Shanghai port，China)，目的港为横滨(Yokohama port，Japan)。按信用证规定，要求出口方提供以下单据：商业发票一式三份、装箱单一式三份、已装船清洁提单正本一式三份、品质检验证书一份、受益人证明一份。

步骤三　填写具体内容

(1) 提单为空白抬头。

(2) 船名(ocean vessel)：m.v.gloria。航次(voyage no.)：v.0369-sm。

(3) 标记和号码(唛头)信用证规定如下。

XYZ co. ltd.
Yokohama
carton/n0.618-764
made in China

(4) 集装箱号及封志号。

tghul007778/985646/20’gp
cy-cy

(5) 件数与包装种类：146cartons。

(6) 货物毛重：18 500 千克。

(7) 货物体积：26 立方米。

(8) 运费支付方式：freight prepaid。

(9) 提单号：hiflaf 0658941。

(10) 提单批注：shipper’s load and count said to contain。

(11) 承运人授权代理：泛成国际货运有限公司(fan cheng international transportation service co.，ltd.)王海。

技能训练

1．训练内容

填写完提单后，请回答下列问题。

(1) 该提单属于哪种类型的提单？

(2) 作为收货人的代理人，你如何知道找谁提货？

(3) 收货人提货时应交出几份提单？为什么？

(4) 卸货港是哪里？

(5) 谁是承运人？
(6) 该提单下有几个集装箱？
(7) 在哪种成交价格条件下运费预付？
(8) 该提单上的批注是否为不清洁批注？
(9) 该提单应由谁签署？提单签发的地点在哪儿？
(10) 该票货物装船完毕的时间是哪一天？
(11) cy-cy是什么意思？对应的集装箱箱型是哪种？

2．训练要求

(1) 正确。填记的内容和方法符合规定，正确无误。
(2) 完备。对应填记的项目必须填写齐全，不漏项目。
(3) 真实。按项目实例要求填写，内容真实。
(4) 清晰。字迹清晰不涂改，英文正确、规范。

3．训练评价

海运提单的填写技能训练评价表见表3-6。

表3-6　海运提单的填写技能训练评价表

被考评人					
考评地点					
考评内容	海运提单的填写				
考评标准	内　容	分值	自我评价	小组评议	实际得分
	知道提单各栏目的作用	20			
	掌握提单的使用及流转	30			
	提单填写正确，无错误	30			
	问题回答清晰、准确	20			
合计		100			

注：(1) 实际得分=自我评价×40%+小组评议×60%。
(2) 考评满分为100分，60～74分为及格，75～84分为良好，85分以上为优秀。

任务四　海运班轮运费的计算

工作思考

(1) 海运班轮运输费用的计算方法与公式是什么？
(2) 根据案例该如何计算？

任务内容

海运班轮运费计算实例。

任务目标

掌握海运班轮运费计算的方法；熟练计算各种情况下的海运班轮运费。

任务准备

海运运费班轮运价本。

任务实施

步骤一　计算海运班轮运费

(1) 计算公式：总运费=基本运费+$\sum$附加费。

(2) 基本运费和各种附加费的数据，根据实际情况从班轮运价表中查找得出。

(3) 根据实际确定计费质量。

具体内容详见前面预备知识部分。

步骤二　在没有任何附加费的情况下，班轮运费的计算

其计算公式为

$$F = fQ$$

式中：F 为总运费；f 为基本费率；Q 为货运量。

【例 3-1】 设某公司拟向日本出口冻驴肉，共需装 1500 箱，每箱毛重 0.025 吨，每箱体积为 20 厘米×30 厘米×40 厘米。应如何计算该批货物的运费？

解：

① 先按冻驴肉的英文(frozen donkey-meat)字母顺序从运价表中查找其属于几级货，按什么标准计算。

经查该商品属于 8 级货，计收标准为 W/M。然后再查出日本航线每一运费吨的运费为 144 美元，无其他任何附加费。

② 确定计费质量。分清该商品是重货还是轻货，也就是计算该商品的积载因数是大于 1 还是小于 1。如大于 1 为轻货，小于 1 千克为重货。

计算的办法是：0.2×0.3×0.4/0.025=0.96<1，可见该商品应按重量作为计费质量。

③ 将以上已知的数据代入公式，即得总运费为

$$F=144\times0.025\times1500=5400(\text{美元})$$

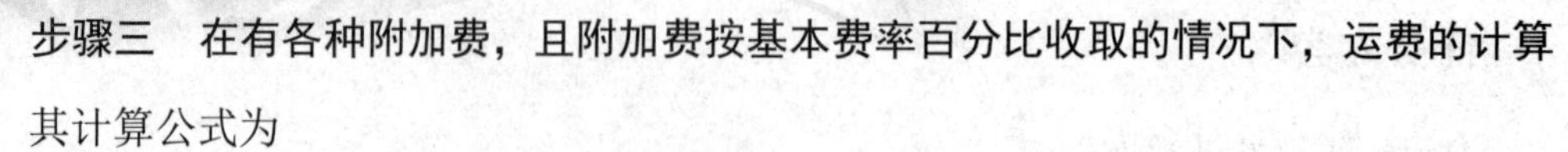

步骤三　在有各种附加费，且附加费按基本费率百分比收取的情况下，运费的计算

其计算公式为

$$F = fQ(1 + S_1 + S_2 + \cdots + S_n)$$

式中：$S_1, S_2, \cdots, S_n$为各项附加费的百分比。

【例 3-2】 设由天津新港运往莫桑比克首都马普托门锁 500 箱，每箱体积为 0.025 立方米，毛重为 30 千克。问该批门锁的运费为多少？其中加收燃油附加费 20%，港口附加费 10%。

解：

① 先从运价表中查得门锁属于 10 级货，计收标准为 W/M，去东非航线马普托每一运费吨的运费为 450 港元，另收燃油附加费 20%，港口附加费 10%。

② 确定计费质量。算出该商品的积载因数为 0.025/0.03=0.833<1，从而得知为重货，该批门锁的总毛重为(30×500)/1000=15(吨)。

③ 将上述已知数据代入公式，得

$$\begin{aligned}F&=450\times15\times(1+20\%+10\%)\\&=450\times15\times1.3\\&=8775(\text{港元})\end{aligned}$$

即该批门锁的运费为 8775 港元。

步骤四　在有各项附加费，且附加费按绝对数收取的情况下，运费的计算

其计算公式为

$$F=fQ+(S_1+S_2+\cdots+S_n)\times Q$$

式中：$S_1+S_2+\cdots+S_n$为各种附加费的绝对数。

【例 3-3】 设某出口公司向马来西亚出口大型机床 1 台，重为 7.5 吨，体积为 6.2 立方米，目的港为巴生港或槟城。运送机床去新马航线的基本费率每一运费吨为 1500 港元，另加收超重附加费每一运费吨为 28 港元，选港费为 20 港元。问该机床的运费为多少？

解：

① 先从运价表中查得机床属 10 级货，计收标准为 W/M，去新马航线基本费率每一运费吨为 1500 港元，另收超重附加费每一运费吨为 28 港元，选港费为 20 港元。

② 确定计费质量。算出该商品的积载因数为 6.2/7.5=0.827<1，从而得知为重货，计费总重量为 7.5 吨。

③ 将上述已知数据代入公式，得

$$\begin{aligned}F&=1500\times7.5+(28+20)\times7.5\\&=11\,610(\text{港元})\end{aligned}$$

即该机床的运费为 11 610 港元。

技能训练

1．训练内容

(1) 某公司出口商品300件，每件重95千克，体积为100厘米×40厘米×25厘米。查轮船公司运费表，该商品计费标准为W/M，等级为8级，每一运费吨的运费为80美元，另收港口附加费10%，直航附加费15%。试计算该批货物的总运费。

(2) 某货主向西雅图托运毛巾80立方米，重16吨。上海经日本中转。查上海到日本毛巾基本运价计费标准为W/M，属海运12级。上海到日本基本运价(40美元，F/M)，日本到西雅图基本运价(50美元，F/M)，中转费20%，BAF10%，CAF2%，求全部运费(BAF为燃油附加费，CAF为货币贬值附加费)。

2．训练要求

(1) 可根据项目计算方法结合业务实例进行练习。

(2) 班轮运价本可以在各大海运物流网上查找。

(3) 训练时要认真、仔细。

3．训练评价

海运班轮运费计算技能训练评价表见表3-7。

表3-7　海运班轮运费计算技能训练评价表

被考评人					
考评地点					
考评内容	海运班轮运费计算				
考评标准	内　容	分　值	自我评价	小组评议	实际得分
	会查阅使用海运运价本	25			
	掌握计算的步骤和方法	30			
	计算结果准确	25			
	态度认真，参与积极性高	20			
合计		100			

注：(1) 实际得分=自我评价×40%+小组评议×60%。

(2) 考评满分为100分，60～74分为及格，75～84分为良好，85分以上为优秀。

4．训练建议

建议结合海运班轮运输实际业务进行训练。评量表见表3-8和表3-9单元方案制作评量表，以及表3-10单元实操评量表。

评量表1

表3-8　平时成绩考核表

班级：　　　　单元名称：　　　　　　评量期间：自　　年　月　日起至　　年　月　日止

序号	学号	姓名	评量内容																									平时成绩总评
			课堂表现								口语表现								考勤表现					作业表现				
1																												
2																												
3																												
4																												
5																												
6																												
7																												
8																												
9																												
10																												
11																												
12																												
13																												
14																												
15																												
16																												
17																												
18																												
19																												
20																												
21																												
22																												
23																												
24																												
25																												
26																												
27																												
28																												
29																												
30																												

评量表 2

表 3-9　单元方案制作评量表

姓名：　　　　　　　专业与班级：　　　　　　　　　　学号：

评量项目	自评	教师评价
1. 业务认知 30 分		
(1)业务认知清晰(20 分)		
(2)单据流转(10 分)		
2. 填制规范 40 分		
(1)格式正确，填制标准(20 分)		
(2)遗漏问题(10 分)		
(3)单据工整、清晰(10 分)		
3. 填制速度 15 分		
(1)填制表时间(10 分)		
(2)制表时间(5 分)		
4. 团队合作 15 分		
(1)分工具体、职责明确(8 分)		
(2)团队合作意识(7 分)		
合计		

表 3-10　单元实操评量表

考核内容	权重(%)	考核标准			
		A 等分值范围(85～100 分)	B 等分值范围(70～84 分)	C 等分值范围(60～69 分)	D 等分值范围(60 分以下)
业务认知	30	业务认知清晰，业务熟练，单据流转顺畅	业务较熟练，单据流转正确	业务不熟练，职责不太明确，单据流转出错	不懂业务，职责不明确，单据不会流转
填制规范	40	完全按照填制规范填写，填写完整、没有遗漏，文字填写清晰整齐、没有涂改	基本按照填制规范填写，有个别遗漏，文字填写基本没有涂改	有违反填写规范之处，填写不完整、有较多遗漏，有涂改，较乱	填写不规范，填写不完整、有较多错误，涂改多，非常乱
填制速度	15	能在较短的时间内填写完毕，速度快	能在规定的时间内填写完毕	不能在规定的时间内填写完毕，需要略延时	不能在规定的时间内填写完毕，需要延时较长
团队合作	15	岗位分工明确、团队合作默契	岗位分工较好，有团队意识，团队合作较好	有岗位分工，但合作意识较差	无岗位分工，无团队合作意识

【综合案例】

某轮触损码头事故案例

事故经过

某轮1202航次，丹东—秦皇岛—鲅鱼圈，1月8日06:35抵秦皇岛东锚地抛锚，9日15:05始绞锚，15:15锚离底，自引秦皇岛150深水航道进口，计划右舷靠704泊位。16:50右舷平301码头堤头，16:53左舷驾驶台下面拖轮带拖缆，同时主机停车，艏侧推备妥，此时航迹向028度GPS船速3.9节，16:56主机后退一，16:57主机后退三，16:59某轮船首过705码头左舷靠泊的“L轮”船首约50米令拖轮慢速顶，开始向左掉头，同时艏侧推配合，当时NE风4级，视程4～5海里。17:00船舶退速为0.5节，17:02航迹向58度GPS航速1.8节(判断为旋转速度)，17:05掉头毕，GPS速度2节，距前船20米，主机同时微退直至后退二，侧推向左，此时船与码头成大约10～15度的角度。17:06令拖轮停车，某轮船首与码头碰垫发生擦碰，随后弹开，由于惯性的作用，船首首柱与另一碰垫发生刮碰，离开码头，与靠泊在705泊位的“L轮”首左侧舷墙及的栏杆发生擦碰。17:20时艏缆上桩，17:35右舷靠妥704泊位。

事故原因分析

(1) 未保持连续不断的正规瞭望。仅凭码头上的人员站位来判断靠泊位置，疏忽了对码头及已有船舶距离的观察。

(2) 未使用安全航速。靠泊的速度快，根据推算，速度有2节左右。

(3) 掉头后，与码头有大约10度的角度。

(4) 靠泊时，天色处于晨昏蒙影，光线不足，存在麻痹大意思想。

事故教训及预防措施

(1) 靠泊时船舶前进速度和靠拢速度过快。应该及早采取措施，利用车、舵、拖轮、侧推器控制船舶速度，必要时抛双锚，以实现安全平稳靠泊。

(2) 船舶掉头后，要使船首向和码头一致时平行进靠，利用侧推器和拖轮缓慢逐渐推进，不要采取一次到位，防止速度过快不好控制。

(3) 靠泊前应确认靠泊位置和周围船舶的情况，正确估计船舶和码头的距离，要有余量，保持和大副、二副的及时沟通，发现异常应立即采取措施。

(4) 事故通报整个船队，从中吸取教训，举一反三。

(资料来源：原创力文档. 轮船事故案例分析精[EB/OL]. (2022-07-18) [2023-09-30]. https://max.book118.com/html/2022/0714/6242234205004211.shtm)

课 程 思 政

请在网上搜索并观看“海上丝绸之路和超级工程——中国港”的视频，了解我国水路运输发展情况，感受水路运输发展的速度，培养爱国情怀和道路自信；通过水路运输设施设备的学习，提高科技创新意识；通过班轮运输作业流程的学习，提升团队合作意识和严谨细致的工作态度；通过水路运输费用的计算，提升解决实际问题的能力和节约成本意识。通过网上搜索并了解“苏伊士运河堵船事件”，增强对海洋强国的理解，增进对社会时事的理解。

拓 展 提 升

货代揽货八大技巧

(1) 真诚和热情。虽然竞争激烈，许多进出口公司或者外贸业务员都有自己的合作伙伴，介入的可能性小，但大家还是要热情和认真地追踪。这里的追踪是要保持不断的联系和不断的交流，不用刻意追求什么订单，而是先交朋友。因为信任和稳定比服务费更重要。

(2) 建立自己的优势航线。有些货运公司明确表示，走美、加俄最优惠，有的说走日本我最优惠等。建立一个自己所在地区最优惠的价格航线，实质上就是建立一定范围的垄断。垄断就是优势，你获得了别人没有的优势，那么你就有了成功的可能。

(3) 持之以恒地关心用户。有些货代送了一趟名片，然后就消失了，这样不好。如果你想获得一个客户，需要不断地与你的客户和潜在客户联系，建立你的客户熟悉，建立你的服务优势。每个月或每两个月打个电话，每个月访问一次大客户，虽然没有合同，但相互交流也有助于今后的合作。

(4) 建立和海关的良好合作关系。这的确是可以打动外贸公司(货主)的一个地方。中国加入 WTO 以后，许多公司、工厂都获得了进出口经营权从事自营工作，但业务人员没有很好的综合水平，因此，报关、通关都需要货代的帮助。你有良好的海关关系可能比运费高低更重要。

(5) 单证业务能力要强。要能帮助客户了解、解释单据，甚至帮助客户做单据。这是一个基础知识能力。并不是所有的外贸人员都了解单证，有时你就是他们的老师，要向他们解释需要什么单据。可能他们能卖出产品给外国客户，但未必了解外贸必需的单据。

(6) 和船公司保持良好的关系。如有些船公司可以免除洗箱费和修箱费，这是可以帮助进口公司做到的服务，很容易给客户留下良好的印象。

(7) 有一家外贸合作公司。现在一些工厂也在出口，未必有进出口权，但也有外国厂商通过互联网找到了它们。你在承揽业务的同时，发现这种没有进出口权的工厂，就可以帮助它，既承揽了业务，又代理了出口。

(8) 和保险公司建立合作关系。出口有自己找保险公司的，也有委托货运代理公司找保险公司的。

总之，货运代理要加强业务的学习，多掌握综合知识，多建立自己的优势服务内容，谈吐举止要优雅，不卑不亢，给客户留下良好的形象。

(注：揽货相当于零担货物运输的货源组织，货代揽货八大技巧值得借鉴)

(资料来源：cizchu.带货揽货八大技巧[EB/OL]. (2022-04-21)[2023-09-30]. http://yjgn.com.cn/News/18083.html)

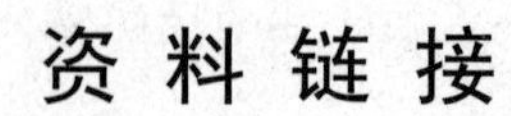

资 料 链 接

本单元的相关网站如下。

(1) 水路运输网：http://www.njslys.com

(2) 中国港口码头网：http://www.gkmts.com

(3) 北部湾物流网：http://www.bbwwlw.com

(4) 水路运输法规：http://www.56zg.com

(5) 上海国际港务集团网：http://www.portshanghai.com.cn/sipg/tradeinfo.php

项目四　航空货物运输

【知识目标】

- 掌握航空运输的基本程序和作业流程
- 掌握航空快递业务的基本程序和作业流程
- 掌握航空货物运费的计算方法
- 掌握航空货物运输的概念及类型

【能力目标】

- 学会填制航空运单
- 能组织管理航空运输业务
- 会计算航空货物运费

【课程思政】

- 提升学生良好的职业素养和心理素质
- 培养学生处理突发事件的能力和爱国情怀
- 提升学生的科技自信

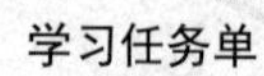

学习任务单

学生学习 条件分析	起点分析： 1. 初步了解了航空货物运输的特点 2. 在日常生活中初步了解了航空货运适用条件 重点分析： 1. 航空货运的作业流程 2. 航空货运单据的填写 3. 航空货运费用的计算 难点分析： 1. 不同种类货物航空货运的计算 2. 航空货运英文单据的识读
教学方法与 手段	1. 教学方法：案例教学法、讨论法、讲授法 2. 学习方法：自主学习法、分组合作学习法、任务驱动学习、善用资源与求助学习 3. 教学手段：多媒体、黑板、视频
教学资源	1. 学校资源：课件、网络环境下的实训室、多媒体教室 2. 文献资源：课程大纲、教案、参考教材
能力指标	1. 认知航空货物运输的基本理论知识 2. 熟练填制航空货运单据 3. 精通航空运输费用的计算
教学目标	知识目标： 1. 认知航空货物运输的基本理论知识 2. 熟悉航空货物运输的作业流程 技能目标： 1. 能够熟练填写货运单据 2. 根据货运案例组织航空货物运输 3. 能够计算航空货物运输的费用 思政目标： 1. 培养学生具有团结协作的精神和节约成本的意识 2. 提升学生战略强国意识
教师课前准备	1. 设置学习情境，精选教学案例和熟悉航空货运作业流程 2. 准备教具(航空运单、课件、视频等)。
学生课前准备	1. 认知航空货物运输的基本概念、特点和航空货运货物的分类 2. 理解航空货运的作业流程
学生需要完成 的主要任务	1. 航空运单的填制 2. 航空运费的计算 3. 航空货物运输的作业流程
学习评量	1. 本单元评量满分 100 分 2. 评量表及评量尺规参照下表 3. 本单元的课后作业纳入本次评量 4. 学生出席率纳入单元课堂学习表现成绩
课后作业	归纳、整理本单元的主要内容
教学反思	

以速度取胜的 UPS

UPS(美国联合包裹快运服务公司)的国际快递承诺 3 个工作日内将货物送达目的地。20 世纪 90 年代，UPS 又在 180 多个国家开设了 24 小时服务的“下一航班送达”业务。UPS 坚持“快速、可靠”的服务准则，获得了“物有所值的最佳服务”的声誉。UPS 还建立了为客户提供报关代理服务的“报关代理自动化系统”。

■案例研讨

UPS 国际快递的货物送达目的地的时间，从 3 个工作日到“下一航班送达”，在世界 180 多个国家开展，这是一个什么样的服务？——是一个以速度取胜的服务。这些都与航空运输密切相关。

【理论知识】

一、航空货物运输概述

(一)航空运输发展情况

从航空业诞生之日起，航空运输就以快速而著称。到目前为止，飞机仍然是最快捷的交通工具，常见的喷气式飞机的经济巡航速度大都为 850～900 千米/小时，快捷的交通工具大大缩短了货物的在途时间。

目前，在我国的进口商品中，采用航空运输的主要有通信设备、计算机、成套设备中的精密部件、电子产品和其他精密的高科技产品；出口商品主要有服装、丝绸、棉针织品、工艺品、海鲜农副产品、鲜花、水果、蔬菜、电子和机械产品等。

全球经济一体化、经济贸易的持续增长、产业结构的调整、我国民航经济与管理体制改革的深化等，为我国航空物流的发展创造了良好的环境。而 2011 年以来国内外宏观经济形势不佳，使得需求疲软，货运供需失衡，货运价格水平持续低迷，严重影响了航空货运的盈利能力，未来货运总体疲软的态势可能还要持续一段时间。面对竞争日益激烈的市场环境，国内航空物流企业必须寻求变革之法。

在市场权力结构逐步向消费者(客户)倾斜的大趋势下，掌握客户资源、直面客户需求的终端网络才是最有价值、最难以被替代的网络。随着经济和社会的发展，以单纯的运输为主要功能的传统航空物流服务已无法满足客户的需求，要发展我国的航空物流，就必须要大力发展一体化的航空物流。航空运输始于 1871 年。当时普法战争中的法国人用气球把政府官员和物资、邮件等运出被普军围困的巴黎。1918 年 5 月 5 日，飞机运输首次出现，航线为纽约—华盛顿—芝加哥。同年 6 月 8 日，伦敦与巴黎之间开始定期邮政航班飞行。20 世纪 30 年代民用运输机趋于成熟，各种技术性能不断改进，航空工业的发展促进航空运输的发展。第二次世界大战结束后，在世界范围内逐渐建立了航线网，以各国主要城市为起讫点的世界航线网遍及各大洲。1990 年，世界定期航班完成总周转量达 2356.7 亿吨千米。

根据海关总署公布的数据，2021 年，中国一般贸易进出口 24.08 万亿元，同比增长 24.7%，其中，出口 13.24 万亿元，增长 24.4%；进口 10.84 万亿元，增长 25%。航空运输占较大比重的机电产品，出口增长了 20.4%，进口增长了 12.2%；笔记本电脑、平板电脑、家用电器等住宅经济相关产品出口合计增长了 13.2%；出口汽车零配件和纺织品分别增长了 26.7%和 14.1%。

2021 年 11 月，国家发展改革委印发《关于做好“十四五”首批国家物流枢纽建设工作的通知》，将天津、重庆、西安三个城市列为首批 25 个枢纽中的空港型国家物流枢纽。2021 年天津机场、重庆机场和西安机场也充分发挥各自优势，在货运发展领域实现了一定的突破。天津机场保障的国际货运加班包机达到 696 班，同比增长 43.5 %；重庆机场保障国际和地区货邮吞吐量超过 22 万吨，同比增长接近 50%；西安机场的货邮吞吐量达到了近 40 万吨。2021 年，我国国际航空货邮运输量达到 285.7 万吨，相比上年增长 28.1%。成为我国航空货邮市场增长的重要支撑。其中，2021 年“客改货”完成的业务量占国际及地区航线的 3 成以上，成为国际货运运力的有效补充。国际航空物流能力的快速恢复，为缓解海运拥堵造成的国际供应链不畅、促进我国外贸企业生产流通效率提供了有力支撑。

小贴士

《芝加哥公约》制定了国际航行的一些基本原则，共有 18 个附件，分别对颁发人员执照、空中规则、国际航行气象服务、航图、空地运行中的计量单位、航空器的运行、航空器国籍及注册标记、航空器的适航、简化手续、航空通信、空中交通服务、搜索救援、事故调查、机场、航行情报服务、环境保护、安全保卫、危险品的安全空运等作了具体规定。

(二)航空运输的概念

航空运输又称飞机运输，它是在具有航空线路和飞机场的条件下，利用飞机作为运输工具进行货物运输的一种运输方式。航空运输在我国运输业中，其货运量占全国运输量的比重还比较小，目前主要是承担长途客运任务。伴随着物流行业的快速发展，航空运输在货运方面将会扮演更重要的角色。

美国的联邦快递、联合包裹空运公司就是全球物流领域的佼佼者，它们通过航空运输有能力在一天之内将货物从航空枢纽送至全球各个地区。这对那些产品昂贵，同时对时间有严格要求的公司具有很强的吸引力。

航空运输业务形态有航空运输业、航空运送代理业和航空运送作业三种。

(三)航空货运的主要方式

航空货运的主要方式如图 4-1 所示。

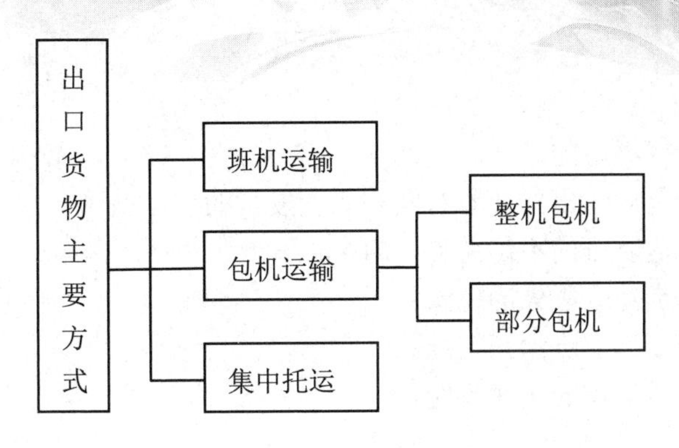

图 4-1 航空货运的主要方式

1. 班机运输

班机运输(Scheduled Air Line)是指在固定航线上飞行的航班运输，它有固定的始发站、途经站和目的站。

使用班机运输收、发货人可确切掌握起运和到达的时间，保证货物安全、迅速地运达世界各地。班机运输常用来运送国际市场上急需的商品、鲜活易腐货物及贵重货物。

班机运输的特点如下。

(1) 班机由于固定航线、固定停靠港和定期开航，因此国际间货物流通多使用班机运输方式，能安全、迅速地到达世界上各通航线地点。

(2) 便利收、发货人确切掌握货物起运和到达的时间，这对市场上急需的商品、鲜活易腐货物以及贵重商品的运送是非常有利的。鲜活易腐货物是指在运输过程中，要采取一定措施，以防止死亡和腐烂变质的货物，如鱼苗、蜜蜂、鲜鱼、鲜肉、牲畜、家禽、花木秧苗、瓜果蔬菜等。在运输鲜活易腐货物的过程中要注意尽量节省时间，确保质量。

(3) 班机运输一般是客货混载，因此，舱位有限，不能使大批量的货物及时出运，往往需要分期分批运输。这是班机运输的不足之处。主要是有两点原因：一个是客机，它有时也会适当地运输一些货物，并不是只有专门运输的班机才能，所以客机的承载量相当小；另一个是季节的变化，不同季节同一航线客运量的变化也会直接影响货物装载的数量，使得班机运输在货物运输方面存在很大的局限性。

2. 包机运输

包机运输(Chartered Carrier)分为整机包机与部分包机两种。

(1) 整机包机。由航空公司或包租代理公司按照事先约定的条件和费用将整机租给租机人，从一个或几个空运站将货物运至指定目的地。整机包机适合运送大批量的货物，运费不固定，一次一议，通常较班机运费低。

包机的费用：一次一议，随国际市场供求情况变化。原则上包机运费是按每一飞行公里固定费率核收费用，并按每一飞行公里费用的 80%收取空放费。因此，大批量货物使用包机时，均要争取来回程都有货载，这样费用比较低。只使用单程，运费比较高。

(2) 部分包机。由几家货运代理公司或发货人联合包租一架飞机，或者由包机公司把一架飞机的舱位分别租给几家空运代理公司，其运费虽较班机运输低，但运送的时间比班机运输时间长。

包机的优点如下。

① 解决班机舱位不足的矛盾。

② 货物全部由包机运出，节省时间和多次发货的手续。

③ 弥补没有直达航班的不足，且不用中转。

④ 减少货损、货差或丢失的现象。

⑤ 在空运旺季缓解航班紧张状况。

⑥ 解决海鲜、活动物的运输问题。

3. 集中托运

集中托运(Consolidation)是由空运货代公司将若干单独发货人的货物集中起来组成一整批货物，由其向航空公司托运到同一到站，货到国外后由到站地的空运代理办理收货、报关并分拨给各个实际收货人。

集中托运只适合办理普通货物，对贵重、危险品等特种货物不适合。集中托运可节省运费、提早结汇，为货主提供更为方便的服务。

二、航空运输的主要技术装备与设施

(一)飞机

航空货物运输设施

飞机是航空货物运输的运输工具，是以高速造成与空气间的相对运动而产生空气动力以支托并使飞机在空中飞行的。

为了确保起飞、飞行和着陆安全，飞机的重量是其主要的技术指标。每次飞行前，应严格根据当地的条件控制飞机装载重量。同时，飞机重量也是确定跑道长度、道面结构及厚度的重要设计参数。

飞机的衡量重量主要有七种，如图 4-2 所示。

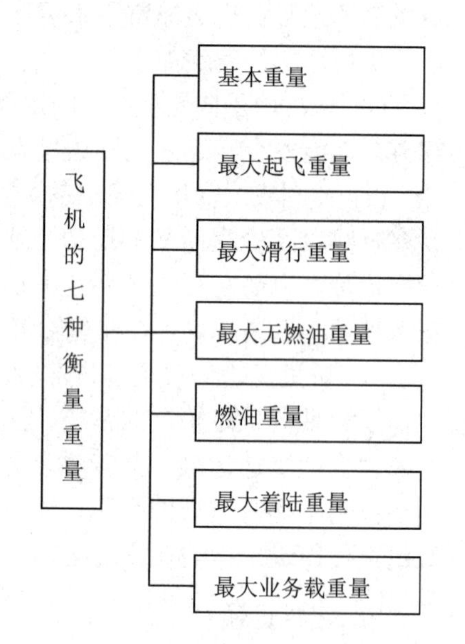

图 4-2 飞机的七种衡量重量

(1) 波音 757-200F 型货机(见图 4-3)，于 1985 年 12 月 30 日宣布推出，当时联合包裹服务公司(UPS)订购了 20 架。最大起飞重量是 113 400 千克。其最大业载航程约为 4020 千米。

(2) 波音 767-300F 型货机(见图 4-4)，主舱货柜容量为 336.5 立方米，底层货舱为 117.5 立方米，在满载 50 吨货物时可飞行 6000 千米。

(3) 波音 777F 型货机(见图 4-5)，由波音公司于 2005 年正式开发。满载情况下航程为 9065 千米。负载可以达到 103.9 吨，载货空间为 636 立方米。

(4) 波音 787(见图 4-6)系列属于 200～300 座级客机，航程随具体型号不同可覆盖 6500～16 000 千米。波音 787 的特点是大量采用复合材料、低燃料消耗、较低的污染排放，高效益及舒适的客舱环境，可实现更多的点对点不经停直飞航线，以及较低噪声、较高可靠度、较低维修成本。波音 787 梦想飞机是航空史上首架超长程中型客机，打破了以往一般大型客机与长程客机挂钩的规律。

图 4-3　波音 757-200F 型货机

图 4-4　波音 767-300F 型货机

图 4-5　波音 777F 型货机

图 4-6　波音 787 型客机

波音 787 原型机于 2006 年开始生产，2009 年 12 月 15 日成功试飞，2010 年交付使用。预计单位造价为 1.38 亿～1.88 亿美元。我国五大航空公司已经订购波音 787 梦想飞机 57 架。

(5) 空客 A320 各舱位的相关参数见表 4-1。

表 4-1　空客 A320 各舱位的相关参数

舱位 项目	前　舱	中　舱	后　舱
舱门尺寸/厘米	123×182	无	123×182
最大载量/千克	3402	无	3607
可利用体积/立方米	13.28	无	14.38

空客 A320(见图 4-7)前舱可装 4 板(板可换箱)，后舱装 8 箱。

空客 A320 机长 37.57 米，载客 150～180 人，航程 5700 千米。双水泡形机身提高了货舱中装运行李和集装箱的能力，是该级别飞机中唯一能够提供集装箱货运装载系统的飞机。

该系统与全球标准宽体飞机装载系统兼容，从而减少了地服设备，降低了装卸成本。

空客 A320 系列油耗、排放和噪声都是同级别中比较低的。

(二)航空用集装箱

普通货物集装箱用于运载一般货物、行李和邮件，主要分类有 AMA、AMF、ALF、AAU 和 AKE。

(1) AMA-M1 集装箱，如图 4-8 所示。

图 4-7 空客 A320

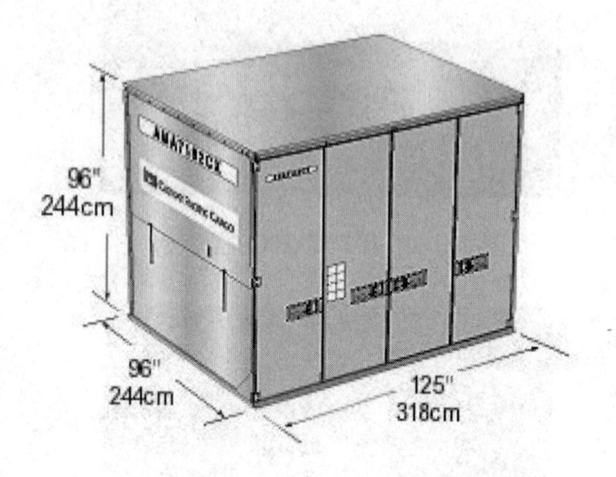

图 4-8 AMA-M1 集装箱

集装箱类型：AMA。

ATA 代码：M1。

集装箱容量：621cu.ft.，17.58mc。

集装箱重量：360 千克。

集装箱最高可容重量(包括集装箱重量)：6804 千克。

集装箱适载机型：747F。

(2) AMF-n/a 集装箱，如图 4-9 所示。

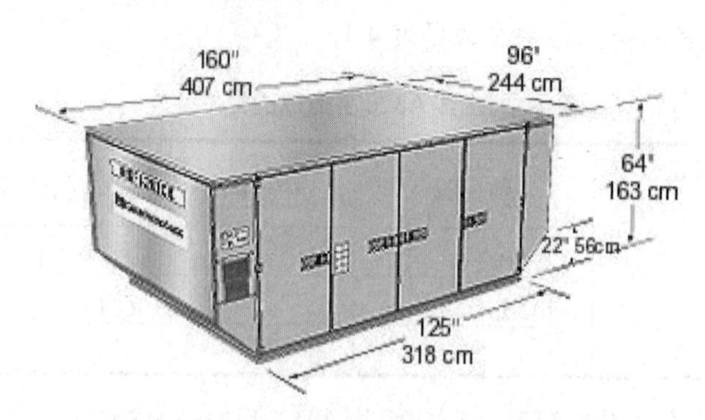

图 4-9 AMF-n/a 集装箱

集装箱类型：AMF。

ATA 代码：n/a。

集装箱容量：516cu.ft.，14.6mc。

集装箱重量：330 千克。

集装箱最高可容重量(包括集装箱重量)：5035 千克。

集装箱适载机型：747、747F、777、Airbus。

(3) ALF-LD6 集装箱，如图 4-10 所示。

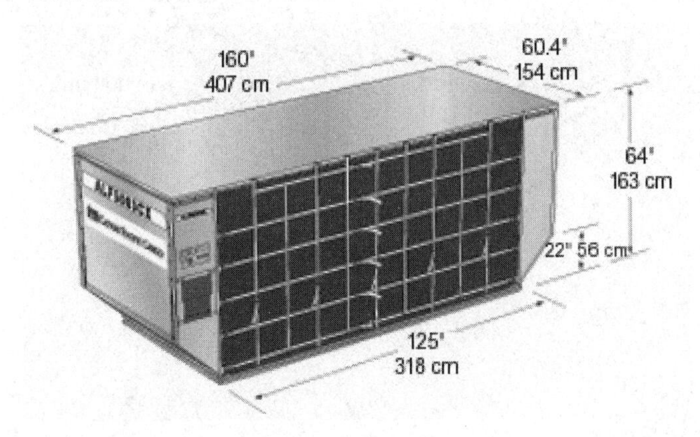

图 4-10 ALF-LD6 集装箱

集装箱类型：ALF。

ATA 代码：LD6。

集装箱容量：310cu.ft.，8.78mc。

集装箱重量：155 千克。

集装箱最高可容重量(包括集装箱重量)：3175 千克。

集装箱适载机型：747、747F、777、Airbus。

(4) AAU-LD29 集装箱，如图 4-11 所示。

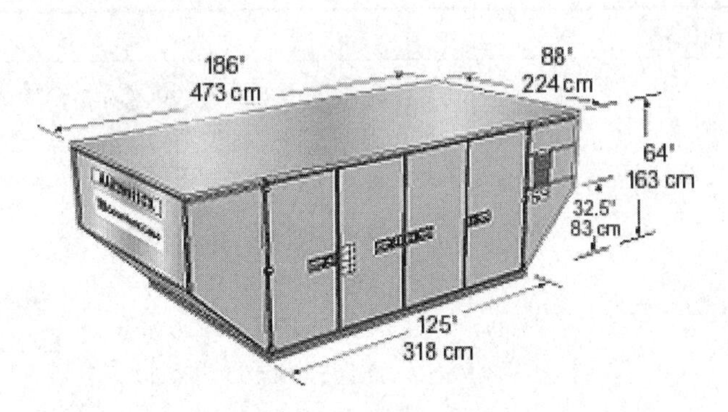

图 4-11 AAU-LD29 集装箱

集装箱类型：AAU。

ATA 代码：LD29。

集装箱容量：505cu.ft，14.3mc。

集装箱重量：355 千克。

集装箱最高可容重量(包括集装箱重量)：4626 千克。

集装箱适载机型：747、747F。

(5) AKE-LD3 集装箱，如图 4-12 所示。

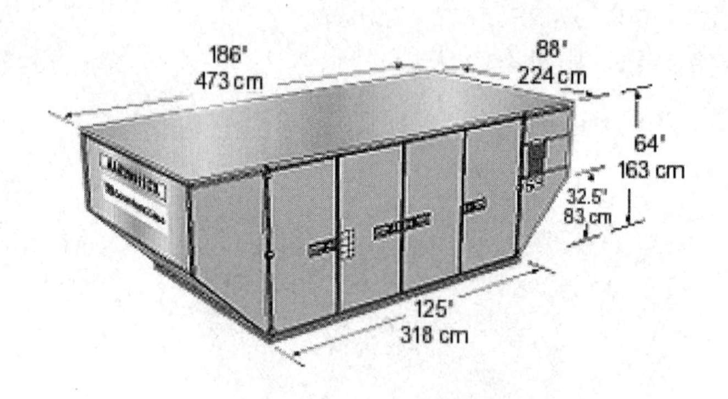

图 4-12　AKE-LD3 集装箱

集装箱类型：AKE。

ATA 代码：LD3。

集装箱容量：152cu.ft.，4.3mc。

集装箱重量：100 千克。

集装箱最高可容重量(包括集装箱重量)：1588 千克。

集装箱适载机型：747、747F、777、Airbus。

小贴士

飞机的载量见表 4-2。

表 4-2　飞机的载量

机　型	载　量
B737-300～900	货舱 3～8 吨/25～50 立方米不等
B727	货舱 3.3 吨/18 立方米
A310	货舱 7.8 吨/15 立方米
A300	货舱 10 吨/58 立方米
DC-10	货舱 14 吨/80 立方米
B747E	货舱 15 吨/102 立方米
B747 Combi	货舱 35 吨/195 立方米
B737 全货机	15.1 吨/102 立方米
DC-8 全货机	48.8 吨/271 立方米
B747 全货机	104.7 吨/591 立方米

三、航空运输的特点及功能

(一)航空运输的优点

航空运输的主要优点如图 4-13 所示。

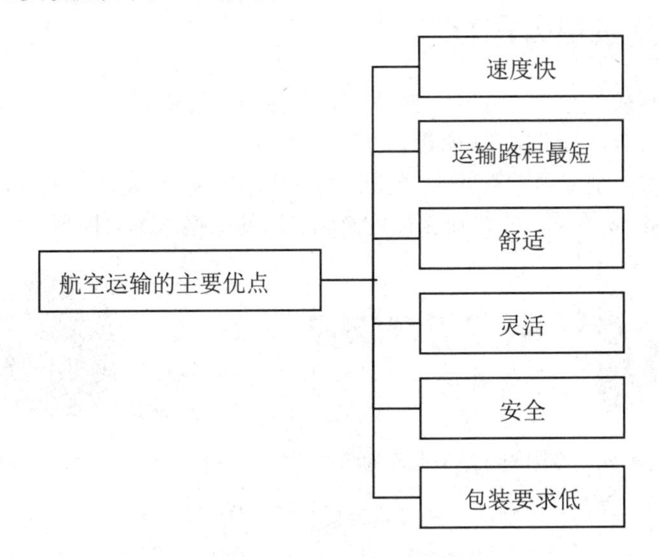

图 4-13　航空运输的主要优点

(二)航空运输的缺点

(1) 载运能力低、单位运输成本高。因飞机的机舱容积和载重能力较小，因此单位运输周转量的能耗较大。此外，机械维护及保养成本也很高。

(2) 受气候条件限制。因飞行条件要求很高(保证安全)，航空运输在一定程度上受到气候条件的限制，从而影响运输的准点性与正常性。

(3) 可达性差。通常情况下，航空运输都难以实现客货的“门到门”运输，必须借助其他运输工具(主要为汽车)转运。

(三)航空运输的功能

航空运输的上述特点，使得它主要担负以下功能。

(1) 中长途旅客运输，这是航空运输的主要收入来源。

(2) 鲜活、易腐等特种货物以及价值较高或紧急物资的运输。

(3) 快递业务。

小贴士

中国民用航空运输机场根据服务范围和规模，可分为以下三类。

(1) 大型枢纽机场。国际、国内航线密集，客、货、邮吞吐量大，如北京首都机场、上海虹桥机场和广州白云机场。

(2) 干线机场。以国内航线为主，客、货、邮吞吐量较大，主要指省会、自治区首府以及重要工业、旅游、开放城市的机场。

(3) 支线机场。以地方航线为主，规模较小，等级较低，大多分布在各省、自治区地面交通不方便的地方。

四、中国主要航空公司标志

(1) 中国国际航空公司CA。中国国际航空公司的标志是一只腾飞的凤凰，又是英文“VIP”的象形组合，如图4-14所示。

(2) 中国南方航空公司CZ。南方航空公司的标志是一朵大红色的木棉花衬托在宝蓝色的背景下，如图4-15所示。木棉花象征坦诚、热情的风格，形象地塑造了企业形象。

图4-14 中国国际航空公司的标志

图4-15 中国南方航空公司的标志

(3) 中国东方航空公司MU。中国东方航空公司的标志是东方银燕，红色半圆代表初升的朝阳，蓝色半圆代表深沉的海洋，以示东方之意，如图4-16所示。

(4) 中国北方航空公司 CJ。中国北方航空公司的标志是一只飞翔的大雁，也是一架飞翔的飞机的变形，如图4-17所示。

图4-16 中国东方航空公司的标志

图4-17 中国北方航空公司的标志

(5) 中国西南航空公司 SZ。中国西南航空公司的标志是一只飞翔的雄鹰，以傲人的雄姿翱翔在蔚蓝的天空，如图4-18所示。

(6) 中国海南航空公司HU。中国海南航空公司的标志是由凤尾竹和红飘带组成，象征着对远方客人的欢迎，如图4-19所示。

图4-18 中国西南航空公司的标志

图4-19 中国海南航空公司的标志

(7) 中国上海航空公司FM。中国上海航空公司的标志是一只变形的白鹤，象征吉祥、

如意、展翅飞翔，外形呈上海的“上”字，如图 4-20 所示。

(8) 中国深圳航空公司 ZH。中国深圳航空公司的标志是一只鸟，体现了深航大鹏展翅的鸿鹄之志，同时也是飞机的机翼前缘造型，整个造型抽象、简洁，如图 4-21 所示。

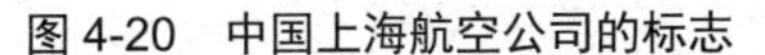

图 4-20　中国上海航空公司的标志

图 4-21　中国深圳航空公司的标志

(9) 中国厦门航空公司 MF。中国厦门航空公司的标志是蓝天白鹭，昂首矫健的白鹭在蓝天振翅高飞，如图 4-22 所示。

(10) 中国春秋航空公司 9S。中国春秋航空公司的标志是“绿色的风轮”，简洁明快，象征高速、安全、便捷的服务，如图 4-23 所示。

图 4-22　中国厦门航空公司的标志

图 4-23　中国春秋航空公司的标志

五、航空货物运输的业务流程

(一)航空出口货物运输流程

航空货物出口程序是指航空货运公司从发货人手中接货到将货物交给航空公司承运的整个过程中所需通过的环节、所需办理的手续及必备的单证，它的起点是从发货人手中接货，终点是货交航空公司。航空出口货物运输流程如图 4-24 所示。

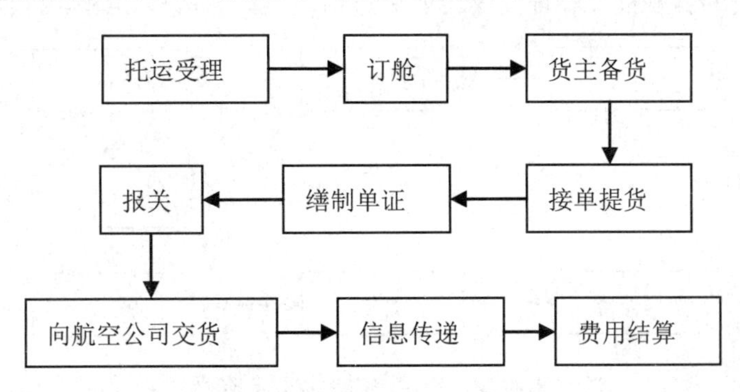

图 4-24　航空出口货物运输流程

(二)航空出口业务主要单证

航空出口业务主要单证如图 4-25 所示。

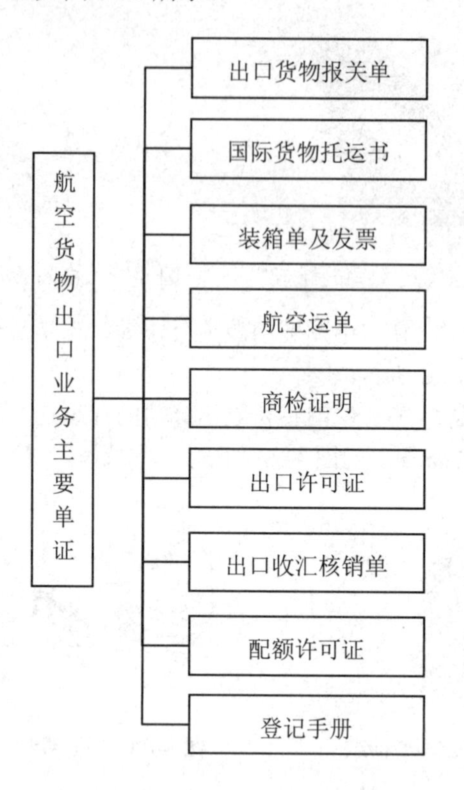

图 4-25　航空出口业务的主要单证

(三)进口货物业务流程

航空货物进口程序是指航空货物从入境到提取或转运的整个过程中所需通过的环节、所需办理的手续及必备的单证。航空货物入境后，要经过各个环节才能提出海关监督场所，而每经过一道环节都要办理一定的手续，同时出具相关的单证，如商业单据、运输单据及所需的各种批文和证明等。航空进口货物业务流程如图 4-26 所示。

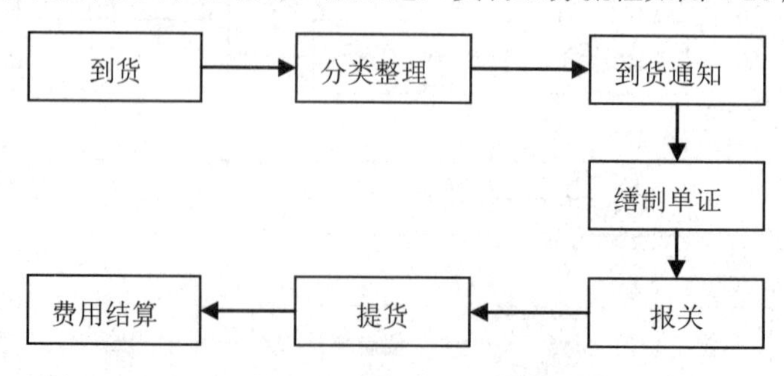

图 4-26　航空进口货物业务流程

(四)航空进口业务主要单证

航空进口业务主要单证如图 4-27 所示。

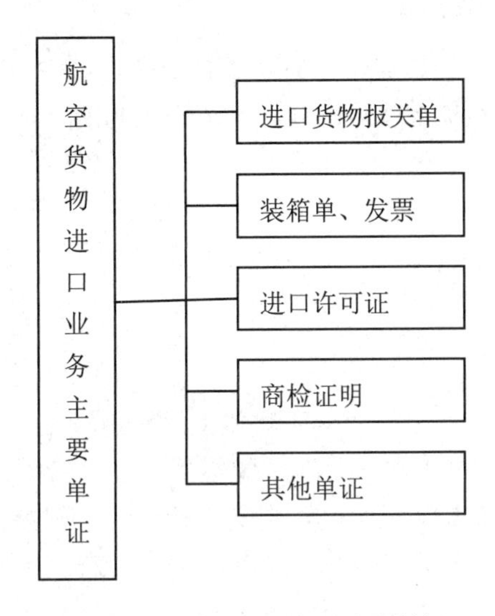

图 4-27 航空进口业务的主要单证

六、航空运费的计算

(一)计费质量

计费质量就是据以计算运费的货物质量。航空公司规定计费质量按实际质量和体积质量两者中较高的一个统计。

1. 实际质量

实际质量是指一批货物包括包装在内的实际总重，即毛重。凡质量大而体积相对小的重货物(如机械、金属零件等)用实际质量作为计费质量。

具体计算时，质量不足 0.5 千克的按 0.5 千克计算，0.5 千克以上不足 1 千克时按 1 千克计算。

2. 体积质量

轻泡货物以体积质量作为计费质量，计算方法是分别量出货物的最长、最宽、最高的部分，单位为厘米或英寸(in)，测量数值四舍五入。计算货物的体积，将体积折合成千克或磅(lb)，即根据所使用的度量单位分别用体积值除以 6000 立方厘米或 366(366 立方英寸)，结果即为该货物的体积质量，即

$$体积质量=(最长\times最宽\times最高)\div6000(或 366)$$

在确定计费重量时，其原则是计费重量按实际毛重和体积质量两者中较高的一个计算。因此，首先计算出实际毛重和体积质量，然后比较一下，最后确定用哪一个来作为

计费重量。一般情况下，靠实际的经验是可以判断出一批货物是属于轻泡货物还是重货的，但在有异议时，最好是将实际毛重和体积质量两者比较一下。

3. 集中托运货物的计费质量

在集中托运情况下，同一总运单下会有多件货物，其中有重货也有轻泡货物，其计费质量按整批货物的总实际质量或总的体积质量中较高的一个计算。

(二)公布的直达运价

公布的直达运价是指航空公司在运价本上直接注明承运人对由甲地运至乙地的货物收取的一定金额。

1. 指定货物运价

指定货物运价是指承运人根据在某一航线上经常运输某一种类货物的托运人的请求或为促进某一地区间某一种类货物的运输，经国际航空运输协会同意所提供的优惠运价。国际航空运输协会公布指定商品运价时，将货物划分为十种类型。

指定商品运价是给予在特定的始发站和到达站的航线上运输的特种货物的。公布指定商品运价的同时也公布起码质量。

2. 普通货物运价

普通货物运价又称一般货物运价，是应用最广泛的一种运价。当一批货物不能适用等级货物运价，也不属于指定商品时，就应该选择普通货物运价。普通货物运价的数额随运输量的增加而降低。

普通货物运价的分类如下。

(1) 45千克(100英磅)以下，运价类别代号为N。

(2) 45千克以上(含45千克)，运价类别代号为Q。

(3) 45千克以上可分为100千克、300千克、500千克、1000千克、2000千克等多个计费质量分界点，但运价类别代号仍以Q表示。

说明：在计算时，如果一批货物的重量接近于下一个较高重量等级分界点，航空公司规定在计算运费时除了要比较其实际质量和体积质量并以较高者为计费质量外，如果适用较高的计费质量分界点计算出的运费更低，则可选用较高的计费质量分界点的费率，此时货物的计费质量为那个较高的计费质量分界点的最低运量。

【例4-1】从北京运到比利时安特卫普(from Beijing to Antwerp)，普通货物，计费重量为40千克，运价表如下。

始发站—目的地 from Beijing to Antwerp (从北京运到比利时安特卫普)	普通货物运价(general cargo rates，GCR) (单位：人民币，元)(unit: RMB, yuan)			
	m	n	45	300
Antwerp(比利时安特卫普)	320.00	50.73	42.04	38.03

求该批货物的运费。

解：根据 N 运价，该批货物应付运费=40×50.73=2029.2(元)，而 Q45 千克运价的最低值=45×42.04=1891.8(元)。故该批货物的运费应为 1891.8 元。

3. 等级货物运价

等级货物运价适用于指定地区内部之间的少数货物运输，通常是在普通货物运价的基础上增加或减少一定的百分比。当某种货物没有指定商品运价可以适用时，才可选择合适的等级运价，其起码质量规定为 5 千克。

适用等级货物运价的货物常有以下几种。

(1) 植物、活动物的集装箱和笼子。

(2) 贵重物品。

(3) 尸体或骨灰。

(4) 报纸、杂志、期刊、盲人和聋哑人专用设备、书籍等出版物。

(5) 作为货物托运的行李。

其中(1)～(3)项通常在普通货物运价的基础上增加一定百分比；(4)～(5)项通常在普通货物运价的基础上减少一定百分比。

4. 起码运费

起码运费代号为 M，它是航空公司办理一批货物所能接受的最低运费，是航空公司在考虑办理即使很小的一批货物也会产生固定费用后判定的。如果承运人收取的运费低于起码运费就不能弥补运送成本。

航空公司规定无论所运送的货物适用哪一种航空运价，所计算出来的运费总额都不得低于起码运费；否则以起码运费计收。

5. 成组货物运价

航空货运中除了以上公布的四种直达运价外，还有一种特殊的运价，即成组货物运价，它适用于托盘或集装箱货物运输。

(三)非公布的直达航空运价

如果甲地至乙地没有可适用公布的直达运价，则要选择比例运价或利用分段相加运价。

(四)其他附加费

其他附加费包括地面运费、中转手续费、制单费、货到付款附加费、提货费和送货费等，一般只有在航空公司或航空货运公司提供相应服务时才收取。

七、航空货物的声明价值

根据《华沙公约》的规定，由于承运人的失职而造成货物损坏、丢失或延误等应承担责任，其最高赔偿限额每千克(毛重)为 20 美元或 7.675 英镑或等值的当地货币。如果货物的价值毛重每千克超过 20 美元，这样就增加了承运人的责任。这种情况下，托运人

在交运货物时，可向承运人或其代理人声明货物的价值，称为货物的声明价值。

该声明价值为承运人正式赔偿承担的限额，承运人或其代理人根据货物的声明价值向托运人收取一定的费用，该费用称为声明价值附加费。声明价值附加费一般按声明价值额的 0.4%～0.5%收取。附加费的计算公式为

附加费=(整批货物的声明价值−20 美元×货物毛重)×0.5%

八、航空快递

(一)航空快递的定义

航空快递是指承运人将托运人指定在特定时间内运达目的地的货物，以最快的运输方式，运送到指定的目的地或目标客户手中的服务过程。快递的市场基础是对时间比较敏感的运输需求。

(二)航空快递的主要业务形式

1．门/桌到门/桌

门/桌到门/桌(door/desk to door/desk)的服务形式也是航空快递公司最常用的一种服务形式。

首先由发件人在需要时电话通知快递公司，快递公司接到通知后派人上门取件，然后将所有收到的快件集中到一起，根据其目的地分拣、整理、制单、报关，发往世界各地，到达目的地后，再由当地的分公司办理清关、提货手续，并送至收件人手中。在这期间，客户还可依靠快递公司的计算机网络随时对快件(主要指包裹)的位置进行查询，快件送达后，也可以及时通过计算机网络将消息反馈给发件人。

2．门/桌到机场

与前一种服务方式相比，门/桌到机场(door/desk to airport)的服务指快件到达目的地机场后不是由快递公司去办理清关、提货手续并送达收件人的手中，而是由快递公司通知收件人自己去办理相关手续。采用这种方式的多是海关当局有特殊规定的货物或物品。

3．专人派送

专人派送(courier on board)是指由快递公司指派专人携带快件在最短时间内将快件直接送到收件人手中。这是一种特殊服务，一般很少采用。

以上三种服务形式相比，门/桌到机场形式对客户来说比较麻烦；专人派送最可靠、最安全，同时费用也最高；而门/桌到门/桌的服务介于上述两者之间，适合绝大多数快件的运送。

(三)航空快递的特点

航空快递在很多方面与传统的航空货运业务、邮政运送业务有相似之处，但作为一项专门的业务它又有独到之处，主要表现在以下几个方面。

1. 收件的范围不同

航空快递的收件范围主要有文件和包裹两大类。其中文件主要是指商业文件和各种印刷品，对于包裹一般要求毛重不超过32千克(含32千克)或外包装单边不超过102厘米，三边相加不超过175厘米。近年来，随着航空运输行业竞争的加剧，快递公司为吸引更多的客户，对包裹大小的要求趋于放松。而传统的航空货运业务以贸易货物为主，规定每件货物体积不得小于5厘米×10厘米×20厘米。邮政业务则以私人信函为主要业务对象，对包裹要求每件重量不超过20千克，长度不超过1米。

2. 经营者不同

经营国际航空快递的大多为跨国公司，这些公司以独资或合资的形式将业务深入世界各地，建立起全球网络。航空快件的传送基本都是在跨国公司内部完成。国际邮政业务则通过万国邮政联盟的形式，在世界上大多数国家的邮政机构之间取得合作，邮件通过两个以上国家邮政当局的合作完成传送。国际航空货物运输则主要采用集中托运的形式，或直接由发货人委托航空货运代理人进行，货物到达目的地后再通过发货地航空货运代理的关系人代为转交货物到收货人的手中。业务中除涉及航空公司外，还要依赖航空货运代理人的协助。

3. 经营者内部的组织形式不同

邮政运输的传统操作理论是接力式传送。航空快递公司则大多采用中心分拨理论或称转盘分拨理论组织起全球的网络。简单来讲就是快递公司根据自己业务的实际情况在中心地区设立分拨中心(HUB)。各地收集起来的快件，按所到地区分拨完毕后装上飞机。当晚各地飞机飞到分拨中心，各自交换快件后飞回。第二天清晨，快件再由各地分公司用汽车送到收件人办公桌上。这种方式看上去似乎不太合理，但由于中心分拨理论减少了中间环节，快件的流向简单、清楚，并且减少了错误，提高了操作效率，缩短了运送时间，因此被事实证明是经济、有效的。

4. 使用的单据不同

航空货运使用的是航空运单，邮政使用的是包裹单，航空快递业也有自己独特的运输单据——交付凭证(proof of delivery，POD)。交付凭证一式四份。第一联留在始发地并用于出口报关；第二联贴附在货物表面，随货同行，收件人可以在此联签字，表示收到货物(交付凭证由此得名)，但通常快件的收件人在快递公司提供的送货记录上签字，而将此联保留；第三联作为快递公司内部结算的依据；第四联作为发件凭证留存发件人处，同时该联印有背面条款，一旦产生争议可作为判定当事人各方权益、解决争议的依据。

5. 航空快递的服务质量更高

(1) 速度更快。航空快递自诞生之日起就强调快速的服务，速度又被称为整个行业生存之本。一般洲际快件运送在1～5天内完成；地区内部只要1～3天。这样的传送速度无论是传统的航空货运业还是邮政运输都是很难达到的。

(2) 更加安全、可靠。因为在航空快递形式下，快件运送自始至终是在同一公司内部完成的，各分公司操作规程相同，服务标准也基本相同，而且同一公司内部信息交流更加方便，对客户的高价值、易破损货物的保护也会更加妥帖，所以运输的安全性、可靠性也更好。与此相反，邮政运输和航空货物运输因为都涉及多位经营者，各方服务水平参差不齐，所以较容易出现货损、货差的现象。

(3) 更方便。确切地说，航空快递不只涉及航空运输一种运输形式，它更像是陆空联运，通过将服务由机场延伸至客户的仓库、办公桌，真正实现了门到门服务，方便了客户。

此外，航空快递公司对一般包裹代为清关，针对不断发展的电子网络技术又率先采用了EDI(电子数据交换)报关系统，为客户提供了更为便捷的网上服务。快递公司特有的全球性计算机跟踪查询系统也为有特殊需求的客户带来了极大的便利。

当然，航空快递同样有局限性，如快递服务所覆盖的范围就不如邮政运输广泛。国际邮政运输综合了各国的力量，可以说有人烟的地方就有邮政运输的足迹，但航空快递毕竟是靠某个跨国公司的一己之力，所以各快递公司的运送网络只能覆盖那些商业发达、对外交流多的地区。

(四)国际航空快递业务程序

1. 国际航空快递出口业务程序

(1) 查所到城市的编码。
(2) 缮制运单、清单，并输入计算机。
(3) 到海关输报送手续。
(4) 以航空货运单的形式将文件、包裹发往国外。
(5) 信息存入计算机后向到达地代理发送离港信息。

2. 国际航空快递进口业务程序

(1) 到达地代理根据国外信息、货运单和到货通知按时到达机场取回快件。
(2) 办理进口清关手续。
(3) 按区域登记、分拨、转运。
(4) 上门派送，取回签收的回执，即各快递公司所签发的分运单，也可称为交付凭证。
(5) 将POD输入计算机，并及时退寄回执。

小知识

世界三大航空运输组织

航空运输发展至今，在世界上主要形成了三大航空运输组织，其有关当事人也有所增加。

1. 国际民用航空组织(International Civil Aviation Organization，ICAO)

国际民用航空组织成立于1947年5月13日。它是联合国所属专门机构之一，也是政府间的国际航空机构。它是根据1944年芝加哥《国际民用航空公约》(又称《芝加哥公约》)设立的，总部设在加拿大的蒙特利尔，现有成员国185个。中国自1977年起，正式加入该组织，成为其成员国。

2. 国际航空运输协会(International Air Transport Association，IATA)

国际航空运输协会是各国航空运输企业之间的联合组织，会员必须是国际民用航空

组织成员国的空运企业。参加国际航空运输协会的航空公司的所属国一般都是联合国成员。该协会于 1945 年 4 月 16 日在古巴哈瓦那成立。

3. 国际货物运输代理协会(International Federation of Freight Forwarders Association，FIATA)

国际货物运输代理协会是国际发货人协会和世界上私人发运公司的组织。它是世界范围内运输领域中最大的非政府和非营利性质的组织。其会员不仅限于货运代理企业，还包括海关、船务代理和空运代理、仓库业和汽车运输业等部门。

国际货物运输代理协会于 1926 年 5 月 31 日在奥地利维也纳成立，其总部设在瑞士苏伊士。

【实训任务】

任务一　航空货运出口业务流程

工作思考

(1) 如何填写航空货物运输任务单？

(2) 航空货物运输运费是如何计算的？

任务内容

以上海口岸空运出口货物业务操作流程为例，具体操作流程如图 4-28 所示。

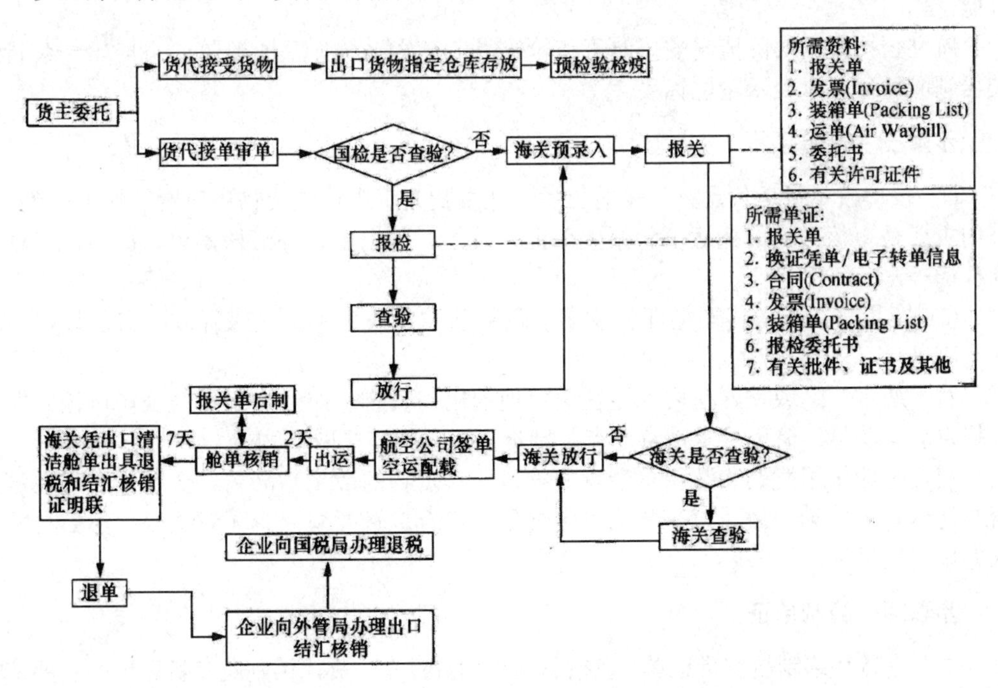

图 4-28　上海口岸空运出口货物业务操作流程

任务目标

熟悉航空货物出口运输业务流程；掌握出口流程的主要内容和使用的单证。

任务准备

各种出口使用的单证。

任务实施

步骤一　托运

发货人从运价、服务以及货代实力和售后服务等方面选择适合的代理公司。

发货人与货运代理确定运输价格及服务条件后，货运代理给货主一份空白的“货物托运委托书”，货主如实填写托运书，并传真或交回货运代理。

发货人应如实填写货物的品名、件数、重量、箱规尺寸，目的港及目的港收货人的名称、地址、电话，出货时间，发货人的名称、电话、地址。

步骤二　订舱

货运代理根据发货人的“货物托运委托书”，填制“订舱单”，向航空公司订舱。订舱一般要提前一周进行，用来确认价格，避免以后发生太大的波动而引起纠纷，同时向发货人确认航班及相关信息。

一般来说，大宗货物、紧急物资、鲜活易腐物品、危险物品、贵重物品等，必须预订舱位。

航空公司根据实际情况安排航班和舱位，并签发舱位确认书(舱单)，同时给予装货集装器领取凭证，以表示舱位订妥。

步骤三　接单接货

(1) 接单就是货运代理在订妥舱位后，从发货人手中接过货物出口所需的一切单证。其中主要是审核确认的托运书、报关单证、发票、装箱单、外汇核销单、出口许可证、商检证等。

(2) 接货是指货运代理把即将发运的货物从发货人手中接过来存放在自己设在机场的仓库里。

对于通过空运或铁路从内地运往出境地的出口货物，航空货运代理公司可按照发货人提供的运单号、航班号及接货地点、接货日期，代其提取货物。

接货时应根据发票和装箱单清点货物，核对货物的数量、品名、合同号或唛头等是否与托运单上所列一致，检查货物外包装是否符合运输要求、有无残损等，然后与发货人办理交接手续。

步骤四　缮制单证

由航空货代缮制航空货运单，包括总运单和分运单。货代填制航空货运单的主要依据是发货人提供的货物委托书，委托书上的各项内容都应体现在货运单上，一般用英文填写。

步骤五　报检报关

货运代理将检查委托书内容是否齐全(不全或不规范的要补充)，了解货物是否要做商检，并对需要做商检的货物进行办理。报检需要的相关证书应事先准备齐全。报检主要有四个环节：报验、抽样、检验和签发证书。

报关由专业报关人员持装箱单、发票、航空运单、报关委托书、出口结汇核销单、出口货物合同副本、出口商品检验证书等文本去海关办理通关手续。

步骤六　理货过磅

根据订舱计划向航空公司申领板、箱并办理相应手续。提板、箱时，应领取相应的塑料薄膜和网。除特殊情况外，航空货运均是以集装箱、集装板形式装运。大宗和集中托运货物可以在货代公司自己的仓库、场地、货棚装板、装箱，也可在航空公司指定的场地装板、装箱。

(1) 理货。货代根据航空公司的运单号码，制作主标签和分标签，贴在货物上，以便于起运港及目的港的货主、货代、货站、海关、航空公司、商检及收货人识别。

(2) 过磅。将贴好标签的货物交由航空货站进行安全检查、过磅以及丈量货物尺寸并计算体积重量，之后货站将整单货物的实际重量及体积重量写入“可收运书”，加盖“安检章”“可收运章”并签名确认。

步骤七　签单

货代将盖好海关放行章的航空货运单送到航空公司签单，主要审核运价使用是否正确，以及货物的性质是否适合空运。只有航空公司签单确认后才允许将单、货交给航空公司。

步骤八　交接发运

交接是向航空公司交单、交货，由航空公司安排航空运输。交单就是将随机单据和应由承运人留存的单据交给航空公司。随机单据包括第二联航空运单正本、发票、装箱单、产地证明和品质鉴定证书。

交货即把与单据相符的货物交给航空公司。交货前必须粘贴或拴挂货物标签，清点和核对货物，填制货物交接清单。大宗货、集中托运货，以整板、整箱称重交接。零散小货按票称重，计件交接。航空公司审单验货后，在交接清单上验收，将货物存入出口仓库，单据交吨控部门，以备配舱。

步骤九　退税结汇

货运代理在发运货物后，及时将发运信息传递给发货人，向其提供航班号、运单号和出运日期等，并随时提供货物在运输过程中的准确信息。

与此同时，将由发货人留存的单据，包括盖有放行章和验讫章的出口货物报关单、出口收汇核销单、第一联航空运单正本，以及用于出口产品退税的其他单据，及时交送发货人，便于发货人办理出口退税结汇核销。

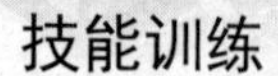

技能训练

1. 训练内容

深圳宝安国际机场位于珠江口东岸的一片滨海平原上，地理坐标为东经113° 49′、北纬22° 36′，距离深圳市区32千米，场地辽阔，净空条件优良，可供大型客货机起降，符合大型国际机场运行标准。深圳宝安国际机场实行24小时运行服务。

深圳宝安国际机场是民航总局规划的全国四大航空货运中心之一，致力于打造南中国门户货运机场。深圳宝安国际机场拥有37个国家的国际航权，现有20多家国内外航空公司使用深圳宝安国际机场。目前深圳宝安国际机场已开通国际国内航线120多条，通达国内外90多个城市(其中境外城市有新加坡、首尔、吉隆坡、安克雷奇、芝加哥、列日、大阪、东京、曼谷、迪拜、槟城、阿姆斯特丹等)。深圳宝安国际机场全年完成旅客吞吐量1835.6万人次，货邮吞吐量55.9万吨，航空器起降16.9万架次，业务量位居全国第四。

深圳宝安机场国际空运出口操作流程如下。

(1) 订舱。

操作员向航空公司订舱(分网上订舱和纸质书面订舱)。订舱时需要提供货物明细：体积(CBM)、毛重(千克)、件数(外包装的类型，CTNS、 PALLETS或BAGS)、中英文货名，遇到超大件或超长的货物，须注明长、宽、高(厘米)。要落实航空公司的航班、舱位和一些特殊条款与客户所要求的是否一致。

(2) 核对空运运单。

货物入仓库前需核对好运单资料。

① 根据航空运输的操作时间的紧迫性和空运运单是作为空运报关单证中必需的文件之一，所以决定了货物入仓前，操作员必须先跟客户核对好发货人、收货人(通知方)、英文货名三个方面的资料。

② 操作员根据航班情况与货物备妥情况安排货物入仓时间和做好报关资料衔接事宜；叮嘱客户要保证货物外包装完好，适合航空配载，以及报关资料有无准备齐全和有无随机文件。报关资料和随机文件要随货送到机场或比货先快递到机场报关部。

(3) 办理入仓手续。

① 接货前的准备事项。货到机场货站前，机场入仓人员做好入仓用的托运书、安全证明书、空运标签；货物到仓后，检查货物完好后即可在货物的外包装上贴标签、量尺寸、过磅。

② 缮制运单。航空公司代理人按照货物入监管仓后提供的机场过磅单上的重量尺寸缮制正本运单。正本运单其中一联作为报关单证之一随同其他报关资料一起递交给海关申报。

(4) 报关交单。

① 报关部审查、整理客人提供的一套完整的报关单证后，经过打单、发送、海关审单中心审核通过后，就递交一套正本的书面报关资料给海关申报，若单证无问题，一般2

小时就可放行。

② 海关放行后，将运单与相关的单证(随机文件等)交到配载处指定的柜台，俗称“交单”。

报关注意事项如下。

① 客人提供的装箱单、发票资料要齐全、准确，核销单数据要发送到深圳海关；买单报关时，给资料要及时。

② 对于进口货物，要说明货物的用途、组成材料、中文货名等。

(5) 结算跟踪。

① 交财务部结算，通知开 debit note(借记单)或发票。

② 文件部门跟踪空运货物的到货情况，如用到海外代理需做资料给海外代理，使其帮助跟进。

③ 公司财务部跟踪运费回收情况。

④ 海关跟进报关核销退税情况。

航空港货站处理除中国南方航空公司、中国国际航空公司、中国东方航空公司以外的其他航空公司的货物。

两个货站的工作时间为全年 8:30～17:30。

① 入仓时间。最佳时间是起飞的前一天早上。

机场的正常上班时间为:上午 9:00～12:00，下午 1:00～5:30。

海关的正常上班时间为:上午 9:00～12:00，下午 1:30～4:30。

免租期：一般为入仓后的两天免仓租。

② 货物外包装。各个航空公司对货物的外包装基本要求如下。

货物不裸露、牢固，符合国际运输标准。

超大件、超重(毛重不小于 60 千克)货物一般要打托，以便使用叉车，托盘接触地面应为平面。

每票货必须附有安全证明；CONSO 货(拼箱货)必须附有清单；化学品、粉状及液状货物、含电池的货物必须附有相关证明(航空公司证明、相关部门证明)。

物件数最好在货到机场前确保准确，这关系到入仓速度与机场的工作量。一般人提供的件数都不准确，解决方案就是操作员可以在货送出后尽可能快地再次落实货物的准确件数。件数准确与否关系到所写空运标签是否有效。

在订舱时，应注意货物单件是否为大件货(单件的货物毛重若超过 80 千克，须打托)，或提前同机场预约打托事宜。

若机场入仓人员能在入仓的时候有个等级重量的概念，如+45 千克、+100 千克、+300 千克、+500 千克和+1000 千克，对运费风险的控制会有一定的帮助。如实际过秤重量不在订舱时的等级重量范围内，需及时反馈给业务员。

2．训练要求

(1) 根据项目流程结合上述业务实例，增加技能训练的内容和环节。

(2) 结合业务实例，灵活运用流程。

3．训练评价

航空货物运输出口业务流程技能训练评价表见表 4-3。

表 4-3　航空货物运输出口业务流程技能训练评价表

被考评人					
考评地点					
考评内容	航空货物运输出口业务流程				
考评标准	内　容	分值	自我评价	小组评议	实际得分
	熟悉航空货物出口业务操作流程	25			
	掌握各流程使用的单证	25			
	了解各流程的主要操作内容	25			
	模拟操作准确无误	25			
合计		100			

注：(1) 实际得分=自我评价×40%+小组评议×60%。

(2) 考评满分为 100 分，60～74 分为及格，75～84 分为良好，85 分以上为优秀。

任务二　航空货运进口业务流程

工作思考

(1) 如何填写航空货物运输任务单？

(2) 航空货物运输运费是如何计算的？

任务内容

以上海口岸空运进口货物业务操作流程为例，具体操作流程如图 4-29 所示。

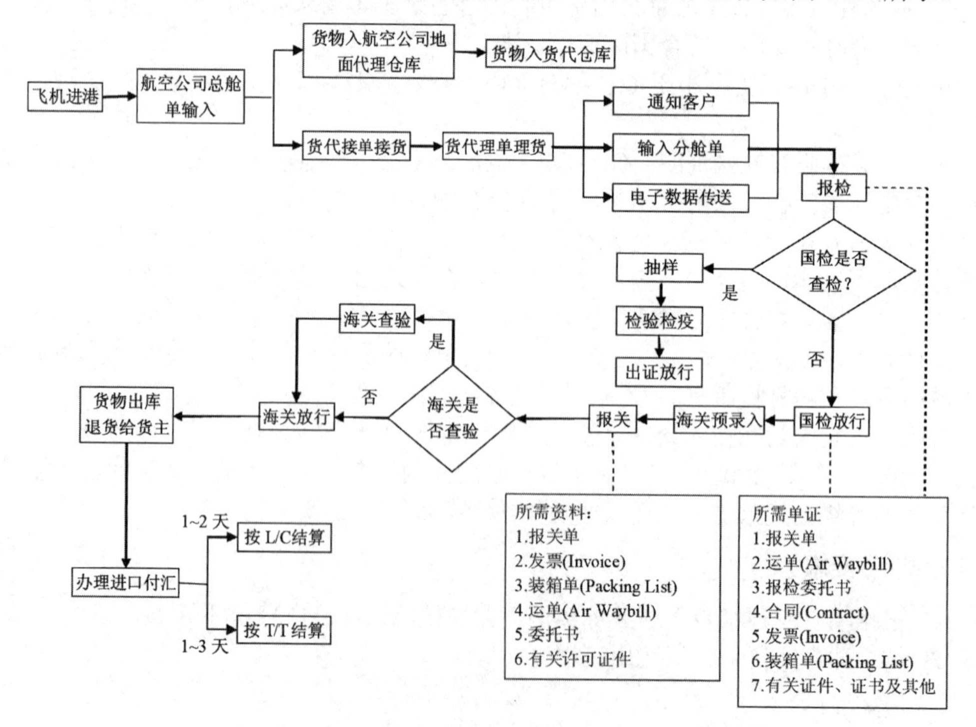

图 4-29　上海口岸空运进口货物业务操作流程

任务目标

熟悉航空货物进口运输业务流程；掌握进口流程的主要内容和使用的单证。

任务准备

各种进口使用的单证。

任务实施

步骤一　代理预报

在向国外发货之前，由航空代理将运单、航班、件数、重量、品名、实际收货人及其地址、联系电话等内容通过传真或电子邮件发给目的地代理。

步骤二　交接单、货

航空货物入境时，与货物相关的单据(运单、发票和装箱单等)也随机到达。运输工具及货物处于海关监管之下。货物卸下后，先将货物存入航空公司或机场的监管仓库，然后进行进口货物舱单录入，将舱单上的总运单号、收货人、始发站、目的站、件数、重量、货物品名、航班号等信息通过计算机传输给海关留存，供报关用。

航空公司地面代理向目的港货运代理交接的内容有国际货物交接清单、总运单、随机文件、货物。交接要做到单单核对，即交接清单与总运单核对；单货核对，即交接清单与货物核对。

单单、单货不符及处理方法见表4-4。

表4-4　单单、单货不符及处理方法

总运单	清　单	货　物	处理方法
有	无	有	清单上加总运单号
有	无	无	总运单退回
无	有	有	总运单后补
无	有	无	清单上划去
有	有	无	总运单退回
无	无	有	货物退回

步骤三　理货与仓储

(1) 逐一核对每票件数，再次检查货物破损情况，如有异常，确属接货时未发现的问题，可向民航提出交涉。

(2) 按大货、小货，重货、轻货，单票货、混载货，危险品、贵重品，冷冻、冷藏品，分别堆存、进仓。

(3) 登记每票货储存区号，并输入计算机。

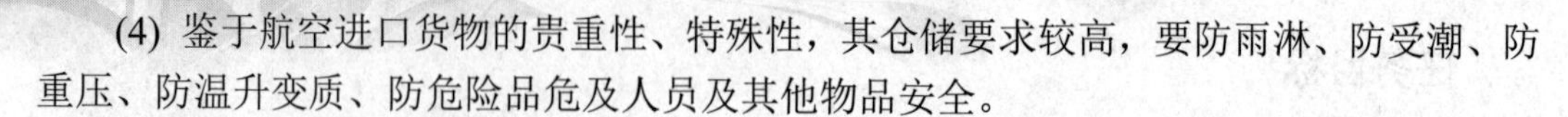

(4) 鉴于航空进口货物的贵重性、特殊性，其仓储要求较高，要防雨淋、防受潮、防重压、防温升变质、防危险品危及人员及其他物品安全。

步骤四　理单与到货通知

航空货代需将总运单、分运单与随机单证、国外代理先期寄达的单证审核、编配。凡单证齐全、符合报关条件的即转入制单、报关程序；否则立即与货主联系，催齐单证，使之符合报关条件。

货物到目的港后，货代应从航空公司运输的时效出发，为减少货主仓储费、避免海关滞报金，尽快通知货主到货情况，提请货主配齐有关单证，尽快报关。

步骤五　制单、报关

(1) 进口制单。进口制单是指按海关要求，依据运单、发票、装箱单及证明货物合法进口的批文制作“进口货物报关单”。

(2) 进口报关。进口报关完成制单后，将报关单的各项内容输入计算机，打印制作出报关单一式三份(一般进口货物)。完成计算机预录入后，在报关单右下角加盖报关单位的报关专用章。然后将报关单连同有关的运单、发票订成一式两份，并随附批准货物进口的证明和批文，由报关员正式向海关申报。

除经海关总署特准免检的货物以外，所有货物都在海关查验范围之内。

步骤六　收费与发货

(1) 收费。

货运代理公司仓库在发放货物前，一般先将费用收妥。收费的主要内容如下。

① 到付运费及垫付佣金。

② 单证、报关费。

③ 仓储费(含冷藏、冷冻、危险品、贵重品特殊仓储费)。

④ 装卸、铲车费。

⑤ 航空公司到港仓储费。

⑥ 海关预录入、动植检、卫检报验等代收、代付费用。

⑦ 关税及垫付佣金。

(2) 发货。

① 办完报关、报验等进口手续后，货主须凭盖有海关放行章、检验检疫章(进口药品须有药品检验合格章)的进口提货单到所属监管仓库付费提货。

② 仓库发货时，须检验提货单据上各类报关、报验章是否齐全，并登记提货人的单位、姓名、身份证号以确保发货安全。

③ 仓管员发货时，须再次检查货物外包装情况，遇有破损、短缺，应向货主作出交代。

步骤七　办理进口付汇

进口货物报关单付汇证明联，是海关对已实际进境的货物所签发的证明文件，是银行和国家外汇管理部门办理售汇、付汇重要依据之一。

技能训练

1. 训练内容

(1) 掌握航空运输进口操作流程及内容。

(2) 了解各流程使用的单证。

2. 训练要求

(1) 可以根据项目流程结合业务实例，增加技能训练的内容和环节。

(2) 结合业务实例，灵活运用流程。

(3) 训练中操作要认真、仔细。

3. 训练评价

航空货物运输进口业务流程技能训练评价表见表4-5。

表4-5　航空货物运输进口业务流程技能训练评价表

被考评人					
考评地点					
考评内容	航空货物运输进口业务流程				
考评标准	内　容	分值	自我评价	小组评议	实际得分
	熟悉航空货物运输进口业务操作流程	25			
	掌握各流程使用的单证	25			
	了解各流程的主要操作内容	25			
	模拟操作准确、无误	25			
合计		100			

注：(1) 实际得分=自我评价×40%+小组评议×60%。

(2) 考评满分为100分，60～74分为及格，75～84分为良好，85分以上为优秀。

4. 训练建议

建议结合航空货运代理公司的进出口业务实例进行训练。

任务三　航空运单的填制

工作思考

(1) 如何填写航空货物运输任务单？

(2) 航空货物运输运费是如何计算的？

任务内容

根据国际货物托运单填制航空运单。

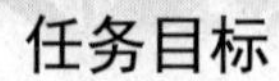

任务目标

明确航空运单各栏目的内容；会填写航空运单；掌握航空运单的流转程序及使用。

任务准备

航空托运书、航空运单。

任务实施

步骤一　熟悉航空运单

(1) 航空运单的概念。

航空运单是进行航空货物运输必不可少的单据，是航空运输的运输凭证和托运协议。

航空运单是由承运人或其代理出具的，是航空货运中最重要的单据。

航空运单与海运提单的主要区别在于，航空运单不可转让，不是被托运货物的物权凭证。运单正本在很多情况下并不是提货的必要条件。

(2) 航空运单的作用。

① 承运合同。航空运单一经签发，就成为签署承运合同的书面证据。该合同必须由发货人(或代理)与承运人(或代理)签署后方能生效。当代理人既是发货人代理又是承运人代理时，就要在运单上签署两次。

② 接收货物的证明。运单的第一份正本交给发货人，作为承运人接收货物的证明。

③ 运费账单。航空运单可作为运费账单和发票。承运人自己留存第二份正本，作为运费收取凭据。

④ 收货人核收货物的收据。第三份正本交收货人，收货人据此核收货物。

⑤ 报关凭证。收货人持第三份正本核收货物，同时用第三份正本作为向海关报关的凭证，它是海关验收的主要凭证。

⑥ 保险证书。当发货人要求承运人代办保险时，航空运单即可用来作为保险证书。

⑦ 承运人内部处理业务的依据。承运人根据运单办理发货、转运、交付、处理事故等。

航空运单一般三份正本、六份副本、三份额外副本。

(3) 航空运单的种类。

航空运单主要分为两类：主运单(master air waybill，MAWB)和分运单(house air waybill，HAWB)。

① 航空主运单。凡是航空公司签发的航空运单，就称为主运单。航空主运单是航空公司据以办理货物运输和交付的依据，是航空公司和托运人订立的运输合同。每一批货物都有其对应的主运单。

② 航空分运单。集中托运人在办理集中托运业务时，航空货运代理公司为每批货物的收货人出具的该公司的运单，称为分运单。也就是说，在集中托运的情况下，既存在主运单又有分运单。

分运单作为集中托运人与托运人之间的货物运输合同，而主运单作为航空运输公司与集中托运人之间的运输合同，即货主与航空运输公司没有直接的契约关系。

步骤二　熟悉航空主运单及分运单的流转使用

航空主运单及分运单的具体流转程序如图 4-30 所示。

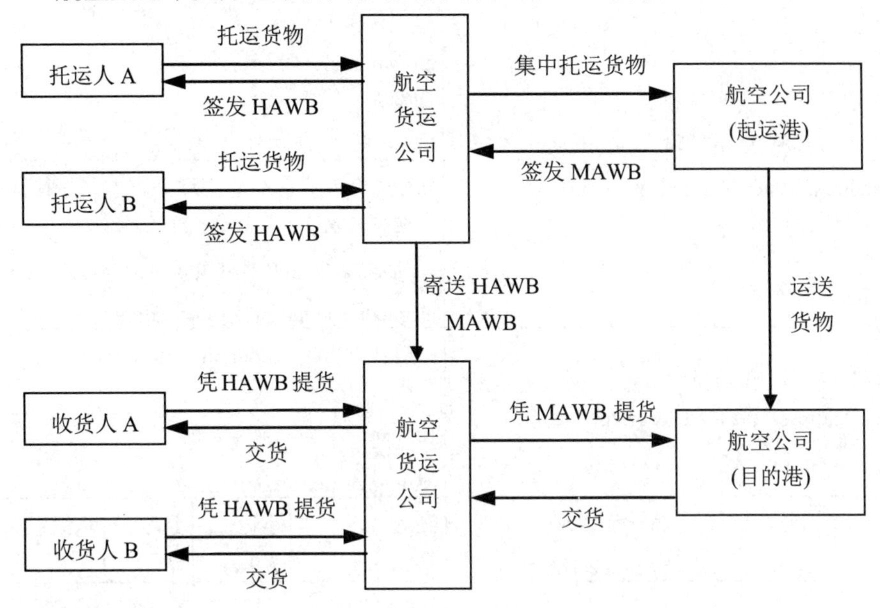

图 4-30　航空主运单及分运单的具体流转程序

步骤三　航空运单的填制

航空运单的样式见表 4-6。

下面就有关需要填写的栏目说明如下。

(1) 始发站。需填写 IATA 统一制定的始发站机场或城市的三字代码，这一栏应该和 11 栏相一致。

(2) 托运人姓名、地址(shipper’s name and address)。填写托运人姓名、地址、所在国家及联络方法。

(3) 发货人账号。只在必要时填写。

(4) 收货人姓名、住址(consignee’s name and address)。应填写收货人姓名、地址、所在国家及联络方法。与海运提单不同，因为航空运单不可转让，所以“凭指示”等字样不得出现。

(5) 收货人账号。只在必要时填写。

(6) 承运人代理的名称和所在城市(issuing carrier’s agent name and city)。

(7) 代理人的 IATA 代号。

(8) 代理人账号。

(9) 始发站机场及所要求的航线(airport of departure and requested routing)。这里的始发站应与第 1 栏填写的相一致。

表 4-6　航空运单的样式

C05-

<table>
<tr><td colspan="2">始发站
airport of
departure</td><td></td><td colspan="2">目的站
airport of
destination</td><td></td><td colspan="3">不得转让 not negotiable
航空货运单
air waybill
印发人
issued by</td></tr>
<tr><td colspan="6">托运人姓名、地址、邮编、电话号码
shipper's name, address, postcode & telephone no.</td><td colspan="3">航空货运单一、二、三联为正本，并具有同等法律效力。
copies 1，2 and 3 of this Air waybill are originals and have the same validity</td></tr>
<tr><td colspan="6" rowspan="2">收货人姓名、地址、邮编、电话号码
consignee's name，address，postcode & telephone no.</td><td colspan="3">结算注意事项 accounting information</td></tr>
<tr><td colspan="3">填开货运单的代理人名称
issuing carrier's agent name</td></tr>
<tr><td colspan="2">航线
routing</td><td>到达
站 to</td><td colspan="3">第一承运人
by first carrier</td><td>到达
站 to</td><td>承运
人 by</td><td>到达
站 to 承运
人 by</td></tr>
<tr><td colspan="3">航班/日期
flight/date</td><td colspan="3">航班/日期
flight/date</td><td colspan="2">运输声明价值
declared value for carriage</td><td>运输保险价值
amount of insurance</td></tr>
<tr><td colspan="9">储运注意事项及其他 handling information and others</td></tr>
<tr><td>件数
no. of pcs.
运价点
rcp</td><td>毛重/kg
cross weight
/kg</td><td>运价
种类
rate
class</td><td>商品
代号
comm.
Item No.</td><td colspan="2">计费重量
/kg
chargeable
weight/kg</td><td>费率
rate/kg</td><td>航空运费
weight
charge</td><td>货物品名(包括包装、尺寸或体积)
description of goods
(incl. packaging，dimensions or volume)</td></tr>
<tr><td></td><td></td><td></td><td></td><td></td><td></td><td></td><td></td><td></td></tr>
<tr><td></td><td></td><td></td><td></td><td></td><td></td><td></td><td></td><td></td></tr>
<tr><td colspan="3">预付 prepaid</td><td colspan="2">到付 collect</td><td colspan="4">其他费用 other charges</td></tr>
</table>

续表

	航空运费 weight charge		托运人郑重声明：此航空货运单上所填货物品名和货物运输声明价值与实际交运货物品名和货物实际价值完全一致，并对所填航空货运单和所提供的与运输有关文件的真实性和准确性负责 the shipper solemnly declares that the name of the goods filled in this air waybill and the declared value of the goods shipped are exactly the same as the name of the goods actually shipped and the actual value of the goods, and he is responsible for the authenticity and accuracy of the documents filled in the air waybill and the documents related to transportation provided 托运人或其代理人签字、盖章 signature of shipper or his agent____________
	声明价值附加费 valuation charge		
	地面运费 surface charge		
	其他费用 other charges		
			填开日期　填开地点　填开人或其代理人签字、盖单 executed on(date) at(place) signature of issuing carrier or its agent ________________________________
	总额(人民币) total(cny)		
付款方式 form of payment			c05- 正本 3(托运人联)甲 original 3(for or shipper)a

(10) 支付信息(accounting information)。此栏只有采用特殊付款方式时才填写。

(11) ①到达站(to)。分别填入第一(二、三)中转站机场的 IATA 代码。

②承运人(by)。分别填入第一(二、三)段运输的承运人。

(12) 货币(currency)。填入 ISO 货币代码。

(13) 收费代号。表明支付方式。

(14) 运费及声明价值费(WTNAL，weight charge/valuation charge)。有两种情况，预付(PPD，prepaid)或到付(coll collect)。需要注意的是，航空货物运输中运费与声明价值费支付的方式必须一致，不能分别支付。

(15) 其他费用(other)。也有预付和到付两种支付方式。

(16) 运输声明价值(declared value for carriage)。在此栏填入发货人要求的用于运输的声明价值。如果发货人不要求声明价值，则填入“NVD(no value declared)”。

(17) 海关声明价值(declared value for customs)。发货人在此栏填入对海关的声明价值，或者填入NCV(no customs valuation)，表明没有声明价值。

(18) 目的地机场(airport of destination)。填写最终目的地机场的全称。

(19) 航班及日期(flight/date)。填入货物所搭乘的航班及日期。

(20) 保险金额(amount of insurance)。只有在航空公司提供代保险业务而客户也有此需要时才填写。

(21) 操作信息(handling information)。一般填入承运人对货物处理的有关注意事项，如“shipper’s certification for live animals(托运人提供活动物证明)”等。

(22) 货物运价、运费细节。

① 运价点(no. of pieces RCP，rate combination point)。填入货物包装件数，如10包即填10。

② 毛重(gross weight)。填入货物总毛重。

③ 重量单位。可选择公斤(kg)或磅(lb)。

④ 运价等级(rate class)。针对不同的航空运价共有六种代码，分别是M(minimum，起码运费)、C(specific commodity rates，特种运价)、S(surcharge，高于普通货物运价的等级货物运价)、R(reduced，低于普通货物运价的等级货物运价)、N(normal，45千克以下货物适用的普通货物运价)、Q(quantity，45千克以上货物适用的普通货物运价)。

⑤ 商品代码(commodity item no.)。在使用特种运价时需在此栏填写商品代码。

⑥ 计费重量(chargeable weight)。此栏填入航空公司据以计算运费的计费重量，该重量可以与货物毛重相同也可以不同。

⑦ 运价(rate/charge)。填入该货物适用的费率。

⑧ 运费总额(total)。此栏数值应为起码运费值或者运价与计费重量两栏数值的乘积。

⑨ 货物的品名、数量，含尺码或体积(nature and quantity of goods incl. dimensions or volume)。货物的尺码应以厘米或英寸为单位，尺寸分别以货物最长、最宽、最高边为基础，体积则是上述三边的乘积，单位为立方厘米或立方英寸。

(23) 其他费用(other charges)。指除运费和声明价值附加费以外的其他费用。根据IATA规则，各项费用分别用三个英文字母表示。其中前两个字母是某项费用的代码，如运单费就表示为AW(air waybill fee)。第三个字母是c或a，分别表示费用应支付给承运人(carrier)或货运代理人(agent)。

(24) 预付、到付的总金额。

(25) 发货人的签字。

(26) 签单时间(日期)、地点、承运人或其代理人的签字。

步骤四　根据国际货物托运书各项内容填制航空货运单

国际货物托运书样式见表4-7。

表 4-7　国际货物托运书样式

中国民用航空局

the civil avation administration of china

国际货物托运书

shippers letter of instruction

<table>
<tr><td rowspan="3">托运人姓名及地址
shipper's name and address
1. Shanghai imp. and expo. co. ltd.
127，siping road
Shanghai, China</td><td rowspan="3">托运人账号
shipper's account number</td><td colspan="2">供承运人用
for carriage use only</td></tr>
<tr><td>班期/日期
flight/day</td><td>航班/日期
flight/day</td></tr>
<tr><td colspan="2">6. CA921/16 Sep. 2005</td></tr>
<tr><td>收货人姓名及地址
consignee's name and address</td><td>收货人账号
consignee's account number</td><td colspan="2">已预留吨位
booked</td></tr>
<tr><td colspan="2">2. Abccoil ltd.
3790　Fordycea Ave.
Carson, NK 2638, USA</td><td colspan="2">运费 charges</td></tr>
<tr><td colspan="2">代理人的名称和城市
issuing carriers agent name and city
3. Amrcorp</td><td colspan="2" rowspan="3">also　notify</td></tr>
<tr><td colspan="2">始发站 airport of departure
4. Shanghai Pudong international airport</td></tr>
<tr><td colspan="2">到达站 airport of destination
5. Newark airport(EWR)</td></tr>
</table>

<table>
<tr><td colspan="2">托运人声明价值
shippers declared value</td><td>保险金额
amount of insurance</td><td>所附文件
document to accompany air waybill
7.commerical　invoice</td></tr>
<tr><td>运输费用
for carriage NVD</td><td>供海关用
for customs NCV</td><td></td><td></td></tr>
<tr><td colspan="4">处理情况(包括包装方式、货物标志及号码)
handling information (incl. method of packing, identifing and numbers)
11 l/c no.han300089</td></tr>
</table>

件数 no. of packages	实际毛重 acutal g.w.(kg)	运价种类 rate class	收费重量 chargeable weight	费率 rate charge	货物品名及数量(包括体积或尺寸) nature and quantity of goods (incl. dinmension of volume)
8.40ctns	9.960kg				10.100% cotton t-shirt 72cm×45cm×22cm/CTNX 40

小贴士

国内航空运单各联的用途

航空运单一式八联。其中正本三联、副本五联。三联正本具有同等法律效力。

第一联，甲联：正本，蓝色，为托运人联。作为托运人支付货物运费，并将货物交由承运人运输的凭证。

第二联，乙联：正本，绿色，为财务联。作为收取货物运费的凭证交财务部门。

第三联，丙联：副本，白色，为第一承运人联。由第一承运人留交财务部门作为结算凭证。

第四联，丁联：正本，粉红色，为收货人联。在目的站交收货人。

第五联，戊联：副本，黄色，为货物交付联。收货人提取货物时在此联签字，由承运人留存，作为货物已经交付收货人的凭证。

第六联，己联：副本，白色，为目的站联。由目的站机场留存，也可作为第三承运人联，由第三承运人留交其财务部门作为结算凭证。

第七联，庚联：副本，白色，为第二承运人联，由第二承运人留交其财务部门作为结算凭证。

第八联，辛联：副本，白色，为代理人联(存根联)。由货运单填置人留存备查。

货运单的三联正本具有同等法律效力，一联交承运人，一联交收货人，一联交托运人，分别由托运人签字或盖章，由承运人接受货物后签字或盖章。货运单的承运人联应当自填开次日起保存两年。

技能训练

1．训练内容

课前，每个学生准备一份空白的航空运单，教师讲解填写方法和训练注意事项后，留出训练时间，要求学生按照托运书中的各项内容在空白航空运单上填写。

教师检查航空运单填写情况并作出评价。

航空运单填写完成后，学生两两交换各自填好的航空运单，对照答案，给对方打分。

教师根据航空运单填写中出现的问题进行点评。

2．训练要求

(1) 正确。填记的内容和方法符合规定，正确无误。

(2) 完备。对应填记的项目必须填写齐全，不漏项目。

(3) 真实。按项目实例要求填写，内容真实。

(4) 清晰。字迹清晰不涂改，英文正确规范。

3．训练评价

航空运单填写技能训练评价表见表4-8。

表 4-8　航空运单填写技能训练评价表

被考评人					
考评地点					
考评内容	航空运单的填写				
考评标准	内　容	分值	自我评价	小组评议	实际得分
	知道运单各项的含义	25			
	掌握运单的填写方法	25			
	运单填写正确、无错误	25			
	掌握运单的使用及流转	25			
合计		100			

注：(1) 实际得分=自我评价×40%+小组评议×60%。

(2) 考评满分为 100 分，60～74 分为及格，75～84 分为良好，85 分以上为优秀。

任务四　航空运费的计算

航空货物运输费用计算

工作思考

(1) 航空运费标准是如何计算的？

(2) 航空货物运输运费是如何计算的？

任务内容

航空运费计算实例。

任务目标

掌握航空运费及航空快递运费的计算方法；能熟练计算各种货物的运费。

任务准备

航空货物运价本、航空快递运价表。

任务实施

步骤一　计算航空货物体积质量

体积质量的计算公式为

$$体积质量=(最长\times最宽\times最高)\div6000(或\ 366)$$

【例 4-2】 一批货物的实际毛重是 250 千克，体积是 1 908 900 立方厘米。请计算货物的体积质量。

解： 1 908 900/6 000=318.15(千克)；318.15 千克>250 千克。

故计费质量为 318.15 千克。

步骤二　指定货物运价的计算

在具体使用指定商品运价时应注意以下几个问题。

(1) 确定货物是属于哪一种货物。

(2) 查阅在所要求的航线上有哪些特种货物运价。

(3) 查阅“航空货物运价表”上的“货物明细表”，选择与货物一致的号码，如果该货物号有更详细的内容，则选择最合适的细目。

(4) 根据适用该货物的起码质量，选择合适的指定商品运价。

【例 4-3】 有一票热带鱼，毛重为 120 千克，体积为 0.504 立方米，需从我国某地空运至韩国首尔。问应如何计算其运费。(普通货物运价：45 千克以上，1 千克为 9 港元。等级货物运价：1 千克为 16.70 港元。指定货物运价：1 千克为 7.59 港元。)

解：①确定计费质量。

体积质量=504 000/6 000=84(千克)，小于 120 千克，故计费质量为 120 千克。

② 根据上述已知运价进行比较计算。

按 GCR(普通货物)运价，应为 9×120=1080(港元)

按 CCR(等级货物)运价，应为 16.70×120=2004(港元)

按 SCR(指定货物)运价，应为 7.59×120=910.8(港元)

可见，此票热带鱼应选用指定货物运价计算。

③ 在几种运价中，运费只选择其中之一计算。如遇两种运价均适用，首先应选用指定货物运价，其次是等级货物运价，最后才是普通货物运价。

步骤三　普通货物运价的计算

相关内容参见前面预备知识部分。

【例 4-4】表 4-9 为一份普通货物运价表，始发站为上海，到站是美国马萨诸塞州(Massachusetts)的波士顿(Boston)，波士顿的代号为 bos。指出表 4-9 中字母和数字代表的含义。

表 4-9　上海发往波士顿的普通货物运价表(from Shanghai to Boston general cargo rates)

城市代码 (city code)	城　市 (city)	国家地区代码 (country area code)	单价/kg (unit price /kg)
bos	Boston	maus	m　420.00 n　75.15 q　56.29 100　49.56 300　42.47 500　34.47 1 000　31.52

解：M 为起码运费 420.00 元。

N 为 45 千克以下，运价 75.15 元/千克。

Q 为 45 千克(含)以上，运价 56.29 元/千克。

100 千克以上，运价 49.56 元/千克。

300 千克以上，运价 42.72 元/千克。

500 千克以上，运价 34.47 元/千克。

1000 千克以上，运价 31.52 元/千克。

步骤四　等级货物运价的计算

在具体使用等级货物运价时应注意以下几个问题。

(1) 根据货物品名判断其是否适用于等级货物运价。

(2) 用适用的公布运价×百分比，并将计算得出的运价进位。

(3) 再用适用的等级货物的运价×计费重量，即算出运费。

【例 4-5】从北京运至东京的杂志重量为 50 千克，经查杂志属于附减等级货物运价，其公布的运价 M 为 230.00，N 为 37.5l，Q 为 28.13，附减比例为 Q 运价的 50%。试计算该杂志的运费。

解：杂志重量为 50 千克，大于 45 千克，故运价应选 Q(28.13)，又因杂志属附减等级货物，实际运价应为 Q 运价的 50%，故运价为

28.13×50%=14.065(元)，进位得 14.07 元。

运费=50×14.07=703.50(元)

步骤五　起码运费的计算

【例 4-6】 普通货物从 A 点运至 B 点，货物重为 4 千克，M 级运费为 37.50 元，而 45 千克以下 N 级运价为 7.50 元，求运费。

解：普通货物重为 4 千克，符合 N 级货物运价范围，运价为 7.50 元/千克，故：

运费=7.50×4=30(元)，又因为，起码运费为 37.50 元，30<37.50。所以运费应按起码运费收取 37.50 元。

步骤六　国际航空快递运费计算方法

(1) 计费重量单位。

特快专递行业一般以每 0.5 千克为一个计费重量单位。

(2) 首重与续重。

特快专递货品的寄递以第一个 0.5 千克为首重(或起重)，每增加 0.5 千克为一个续重。通常首重的费用相对续重费用较高。

首重与续重的确定，通过查找目的地城市在航空快递运价表中的分区号，再通过分区号查找出首重与续重的价格。

(3) 实重与体积质量。

实重是指需要运输的一批物品包括包装在内的实际总重量。当需寄递物品体积较大而实重较轻时，因运输工具(飞机、火车、船、汽车等)承载能力及能装载物品体积所限，需采取量取物品体积折算成重量的办法作为计算运费的重量，称为体积重量或材积。体积重量大于实际重量的物品又常称为轻泡物。

(4) 计费重量。

按实重与体积质量两者的定义与国际航空货运协会的规定，货物运输过程中计收运费的重量是按整批货物的实际重量和体积重量两者中较高的计算。

(5) 包装费。

一般情况下，快递公司是免费包装的，提供纸箱、气泡等包装材料，很多物品如衣物，不用特别细的包装就可以，但一些贵重、易碎物品，快递公司还是要收取一定的包装费用。

包装费用一般不计入折扣。

小贴士

国内航空货物运费计费规则

(1) 货物运费计费以“元”为单位，元以下四舍五入。

(2) 最低运费，按重量计得的运费与最低运费相比取其高者。

(3) 按实际重量计得的运费与按较高重量分界点运价计得的运费比较，取其低者。

(4) 分段相加组成运价时，不考虑实际运输路线，不同运价组成点组成的运价相比，取其低者。

(6) 通用运费计算公式。

① 当需寄递物品实重大于材积时，运费计算公式为

运费总额=首重运费+(重量×2−1)×续重运费

例如，7千克货品按首重20元、续重9元计算，则运费总额为

$$20+(7\times2-1)\times9=137(\text{元})$$

② 当需寄递物品实际重量小而体积较大时，运费需按体积质量收取，然后按上述公式计算运费总额。求取体积质量的公式如下。

规则物品：长(厘米)×宽(厘米)×高(厘米)÷6000=重量(千克)

不规则物品：最长(厘米)×最宽(厘米)×最高(厘米)÷6000=重量(千克)

③ 国际快件有时还会加上燃油附加费。

例如，此时的燃油附加费率为9%，则燃油附加费为

燃油附加费=运费×燃油附加费率=137×9%=12.33(元)

(7) 总费用。

总费用=运费+燃油附加费+包装费用+其他不确定费用

=137+12.33=149.33(元)

【例 4-7】 假如从广州到北京的价格表中查到，北京所在区三区的快递价格为首重每0.5千克为20元，续重每0.5千克为10元，快件的重量是5千克，燃油附加费费率为15%。求此快件的运费。

解：

① 确定首重费用。查航空快递运价表，首重费用为20元。

② 计算续重0.5千克的个数。根据公式得

续重0.5千克的个数=重量×2−1=5×2−1=9(个)

③ 计算总运费。

总运费=首重运费+(重量×2−1)×续重运费

=20+9×10=110(元)

④ 确定燃油附加费。

运费×燃油附加费率=110×15%=16.5(元)

⑤ 计算总费用。

总费用=运费+燃油附加费+包装费用+其他不确定费用

=110+16.5=126.5(元)

技能训练

1. 训练内容

(1) 某公司空运出口一批商品(普货)共计115箱，每箱重15千克，体积为40厘米×44厘米×60厘米，从北京运往美国迈阿密。问该批货物的空运运费为多少？(设：M为11.8l美元；N为28.65美元；Q为21.62美元；100千克为18.82美元；500千克为15.35美元；1 000千克为15.00美元；2000千克为14.60美元)。

(2) 有4笔精密仪器都需从北京空运到香港，它们的重量分别为10千克、20千克、35千克、40千克。如分别托运各需多少运费？如集中托运又需多少运费？(设一般货物的起码运费为15港元，45千克以下3港元/千克，45千克以上2.5港元/千克。)

(3) 从北京运往纽约一箱服装，毛重36.4千克，体积尺寸为0.82米×0.48米×0.32米。计算该票货物的航空运费。公布运价见表4-10。

表4-10　公布运价表(announce the freight schedule)

城市代码 (city code)	城市 (city)	国家地区代码 country area code	单价/kg (unit price /kg)
nyc	New York	usa	m 630.00 n 64.46 45 48.34 100 45.19 300 41.80

2. 训练要求

(1) 根据项目计算方法结合业务实例进行练习。

(2) 航空运价本可以在各航空货运网上查找。

(3) 训练中要认真、仔细。

3. 训练评价

航空货物运费计算技能训练评价表见表4-11和表4-12。

表 4-11 航空货物运费计算技能训练评价表

被考评人					
考评地点					
考评内容	航空货物运费计算				
考评标准	内 容	分值	自我评价	小组评议	实际得分
	了解航空运输各种货物的运价	25			
	掌握计算的步骤和方法	30			
	计算结果准确	25			
	态度认真，参与积极性高	20			
合计		100			

注：(1) 实际得分=自我评价×40%+小组评议×60%。

(2) 考评满分为100分，60～74分为及格，75～84分为良好，85分以上为优秀。

评量表 1

表 4-12 平时成绩考核表

班级： 单元名称： 评量期间：自 年 月 日起至 年 月 日止

序号	学号	姓名	评量内容																									平时成绩总评
			课堂表现								口语表现								考勤表现					作业表现				
1																												
2																												
3																												
4																												
5																												
6																												
7																												
8																												
9																												
10																												
11																												
12																												
13																												
14																												
15																												
16																												
17																												
18																												
19																												
20																												
21																												
22																												
23																												
24																												
25																												
26																												
27																												
28																												
29																												
30																												
31																												
32																												

4. 训练建议

建议结合航空运输公司具体实际业务进行训练。

【综合案例】

案例一

国际运输代理中因航空公司原因导致延误的责任承担

一起涉及口罩的国际运输代理中，委托人泉州A公司因客户时效要求，向厦门货代B公司支付了直飞的快运费，后因航空公司原因导致延误，原先预期的三天到达，到第八天才送达，与普通转飞的时间一致，委托人要求货代公司退还直飞与转飞的差价，货代公司抗辩称其作为代理人，已尽勤勉义务，因航空公司原因导致延误，委托人应当向航空公司主张权利。对此，法院会如何判决？

案情简介：厦门货代B公司系承办海运、空运进出口货物等的国际运输代理业务的公司，2020年6月，泉州A公司有一批KN95口罩需出口秘鲁首都利马，欲委托厦门货代B公司承办空运出口，厦门货代B公司给出报价，如果转飞：(1)宁波转飞，单价67元/千克，计费重4125千克，总费用为276375元；(2)上海转飞，单价78元/千克，计费重4125千克，总费用为321750元；转飞到达利马的时间大致为8～12天，如果选择从上海直飞，货物三天可到达利马，价格为557285.68元。因该批口罩为客户急需，因此泉州A公司选择直飞发货，并于2020年6月9日向厦门货代B公司支付运费78330美元(总重量：4714千克)，折合人民币557285.68元。厦门货代B公司向泉州A公司出具服务类别为“经纪代理服务 国际货物运输代理运费”的增值税专用发票。后厦门货代B公司将该业务以自己的名义转委托给上海奎克国际货运公司(以下简称奎克公司)，由奎克公司向厦门货代B公司开具服务名称为“国际货物运输代理费”的上海增值税普通发票。厦门货代B公司告知泉州A公司安排了6月11日的航班，并多次向泉州A公司确认3天即6月13日可到利马，但最终该批口罩于2020年6月18日才到。泉州A公司向厦门市湖里区人民法院起诉要求厦门货代B公司退还其多支出的运费损失(即从上海转飞与从上海直飞之间的运费差价)，厦门市湖里区人民法院支持泉州A公司的诉讼请求，厦门货代B公司不服该判决向厦门市中级人民法院上诉，厦门市中级人民法院判决驳回上诉，维持原判。

裁判要旨：厦门市湖里区人民法院认为：从双方的聊天记录可以看出，泉州A公司一直在反复询问、确认不同路线的出发时间，在途时间和到达时间，足以说明泉州A公司对运输时效性的要求及对其最终选择何种运输方式的决定性影响。厦门货代B公司在奎克公司向其陈述需三天左右并陈述存在耽搁风险的同时并未将该情况如实、准确告知泉州A公司，仍向泉州A公司表示3天可到利马，导致泉州A公司在3天时效的前提下选择了直飞航线，支付了远高于从上海转飞的运费，但事实上，案涉货物自2020年6月11日发出至6月18日交付，在途时间达到了8天，泉州A公司原可通过选择从上海转飞的航线实现同样的运送目的。厦门货代B公司作为受托人未妥善处理受托事务，如实

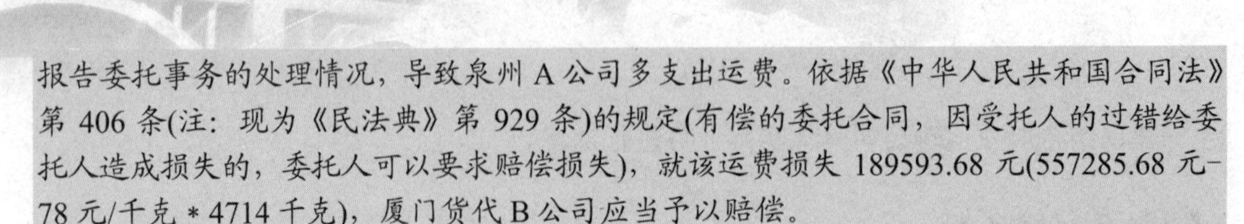

报告委托事务的处理情况，导致泉州 A 公司多支出运费。依据《中华人民共和国合同法》第 406 条(注：现为《民法典》第 929 条)的规定(有偿的委托合同，因受托人的过错给委托人造成损失的，委托人可以要求赔偿损失)，就该运费损失 189593.68 元(557285.68 元-78 元/千克＊4714 千克)，厦门货代 B 公司应当予以赔偿。

厦门市中级人民法院认为：厦门货代 B 公司与泉州 A 公司系行纪合同关系，厦门货代 B 公司系行纪人。依据《中华人民共和国合同法》第 421 条(注：现为《民法典》第 958 条)的规定，“行纪人与第三人订立合同的，行纪人对该合同直接享有权利、承担义务。第三人不履行义务致使委托人受到损害的，行纪人应当承担损害赔偿责任，但行纪人与委托人另有约定的除外”。在厦门货代 B 公司与泉州 A 公司未约定因第三人不履行义务致使受托人受到损害时行纪人可以免责的情况下，本案因航空公司的原因导致货物未按厦门货代 B 公司承诺的时间运抵目的地，行纪人即厦门货代 B 公司应向泉州 A 公司承担损害赔偿责任，即退还从上海转飞与上海直飞的费用差价损失。

(资料来源：北京市京师珠海律师事务所. 国际运输代理中因航空公司原因导致延误的责任承担[EB/OL]. (2022-10-08)[2023-10-01]. https://zhuanlan.zhihu.com/p/571497684?utm_id=0)

案例二

国际航空货物运输运费纠纷案

1993 年年初，意大利代理商陈伟明与湖州汇泰公司签订丝绸服装贸易合同，确定的贸易条件为 FOB 上海。同年 4 月 23 日，陈伟明与意大利国际货运咨询责任有限公司米兰分公司(以下简称 I·F·C 公司)签订了一份《委托运输合同》，约定由 I·F·C 公司为陈伟明实施从中国到意大利进口货物的运输，陈伟明把从中国出口的货物交 I·F·C 公司在中国办事处的负责人何绥凤，后者必须在一个星期内把所收到的货物运到意大利，保证不发生交货延误。货到米兰后，陈伟明要立即给付 I·F·C 公司运费才可提货，否则，陈伟明还要支付仓库保管费。合同签订后，陈伟明于同年 4 月 29 日传真告知汇泰公司，并告知了 I·F·C 公司中国办事处负责人何绥凤在杭州的住址，要求汇泰公司速与其接洽办理出口手续。为便于订舱发运，汇泰公司按照何绥凤的要求改用东方航空公司的《国际货物托运书》，将填好的托运书传真给何绥凤。何绥凤将托运书交给了东航的销售代理华迅公司。汇泰公司于同年 5—9 月间先后七次按照何绥凤的指示将货物送到上海虹桥机场华迅公司的仓库。该公司签收了货物，随后代填并签发了六票东航货运主运单，还委托华力空运有限公司上海分公司签发一票中国国际航空公司主运单。华迅公司签发了的六票主运单上记载的托运人为华迅公司，收货人为比利时 I·F·C 米兰公司。华迅公司还签发了七票航空货运分运单，分运单上记载的托运人为汇泰公司，收货人为托运书上汇泰公司指定的意大利客户。

在此期间，华迅公司按照航空公司预付运费的要求，先后向东航和华力空运有限公司上海分公司支付了七票货的空运费(外汇人民币)449 311.50 元(其中六笔系上海到布鲁塞尔空运费，一笔为上海到米兰空运费)。货物发送后，华迅公司未将航空分运单正本托运人联交给汇泰公司，亦未向汇泰公司索要空运费。七票货物于同年 5—9 月间陆续运到米兰，陈伟明先后向 I·F·C 米兰公司支付了全程空陆运费、清关费及杂费，提取了货物。

I·F·C 米兰公司分别开具了发票和收据，同时声明该批货物运送合同已履行完毕。1995年2月10日，华迅公司致函汇泰公司称：当时汇泰公司委托I·F·C公司，但I·F·C公司与华迅公司有代理协议，现I·F·C公司将收款权移交给华迅公司，要求汇泰公司依照航空分运单支付上海到米兰七票货的全程空运费101 712.824美元。汇泰公司以运费由外商支付，本公司无支付运费义务为由拒付，双方发生纠纷。华迅公司遂向浙江省湖州市中级人民法院起诉，要求汇泰公司支付航空分运单记载的全程空运费及滞纳金共计126123.904美元。

(资料来源：法律快车. 汇泰公司与华迅公司国际航空货运运费纠纷[EB/OL]. (2020-07-07) [2023-10-01]. https://www.lawtime.cn/info/hetong/htss/201011303066568.html))

1. 说说案例中涉及的航空货运环节与主要单证。
2. 汇泰公司是否应该支付华讯公司索要的运费？为什么？
3. 汇泰公司在此单航空货运中的失误是什么？
4. 华讯公司在此单航空货运中的失误是什么？

课程思政

在网上搜索并观看“航空运输发展史和北京大兴机场”的视频，该视频说明了中国航空业发展的迅猛和科技带给我们生活的巨变；航空运输运单的填制，需要具有严谨细致的工作态度和团队合作意识；与死神赛跑的空中急救“熊猫血”患者直升机转105运获一线生机，说明中国共产党永远把人民的生命放在第一位；航空公司标志的图片展示，说明中国文化的博大精深；“川航机长刘传建生死迫降”面对面访视频，说明应该具有的职业素养、责任与担当，更要知道担当背后的技能和本领。阅读“飞机票是这样定价”的生活化内容，需要具有学以致用的深入思考能力和解决实际问题的能力。

拓展提升

鲜啤的航空运输及其与异国销售市场开发

美国布鲁克林酿酒厂是一家在美国生产和分销拉格牌和布朗牌淡色啤酒的啤酒厂。虽然它在美国本土还没有成为国家名牌，但在日本市场却已为其创建了一个每年200亿美元的市场销售额。

布鲁克林酿酒厂的营销战略是：将啤酒空运到日本，并通过广告宣传其进口啤酒具有独一无二的新鲜度。这种做法不仅是一个令人感兴趣的营销战略，而且也是一种独一无二的物流作业。因为高成本使得目前还没有哪一家酿酒厂通过航空运输将啤酒出口到日本。海外装运啤酒的平均订货周期为40天，而布鲁克林酿酒厂通过航空物流作业可以在啤酒酿造后的一周内将啤酒从酿酒厂直接运达顾客手中。啤酒的新鲜度使之能够超越一般啤酒的定价，高于海运装运啤酒价格的5倍。

拉格的高价并没有阻碍其在日本的销售。1988年，即进入日本市场的第一年，布鲁克林酿酒厂就取得了50万美元的销售额。1989年销售额增加到100万美元，而1990年为130万美元，其出口总量占布鲁克林酿酒厂总销售额的10%。

目前，布鲁克林酿酒厂已改变包装，通过装运小桶装啤酒而不是瓶装啤酒来降低运输成本。虽然小桶重量与瓶装啤酒相等，但减少了玻璃破碎而使啤酒损毁的机会。此外，小桶啤酒对保护性包装的要求也较低，这将进一步降低装运成本。

(资料来源：人人文库.总成本提供了新鲜啤酒[EB/OL].(2022-02-02)[2023-10-01]. https://www.renrendoc.com/paper/190964148.html)

■考考你

1. 通过航空公司运送啤酒的企业恐怕不多。该案例反映了航空运输的哪些特点？
2. 本案例布鲁克林酿酒厂的空运啤酒物流运作方式带给你怎样的启示？

资料链接

资料1 在使用因特网收集资料时的相关网站。

(1) 中国民用航空局网站：http://www.caac.gov.cn

(2) 中国物流网：http://www.56.com.cn

(3) 锦程物流网：http://www.jctrans.com

(4) 南宁航空货运网：http://www.nnhkhyw.com

(5) 北京翔宇货物托运有限公司网：http://www.lianyun.com/home7.htm

资料2 《快递市场管理办法》有六章四十一条，已经于2008年7月20日公布施行(交通运输部令2008年第4号)，详见：http://www.gov.cn/flfg/2008-07/30/content_1059671.htm。

资料3 民用航空国内运输规则经修改后于1996年3月1日起施行，详见：http://info.jctrans.com/fagui/kyfg/20061214369061.shtml。

项目五　集装箱运输与多式联运

【知识目标】

- 掌握集装箱运输及国际多式联运的货运组织程序
- 掌握各种集装箱单证的流转和使用
- 正确区分各类集装箱的标志
- 掌握集装箱海运运费的计算方法
- 掌握集装箱运输和多式联运的概念、特点及作用

【能力目标】

- 熟悉各种类型集装箱的主要结构，正确区分集装箱的各种标志
- 掌握集装箱货运组织程序及单证的流转和使用
- 会计算集装箱运费

【课程思政】

- 激发学生的爱国热情和科技自信
- 培养学生严谨细致的工作态度和解决问题的能力

学习任务单

学生学习条件分析	起点分析： 1. 初步掌握了不同运输方式的特点、适用条件、运输费用的计算 2. 了解了多式联运的基本作用和特点 重点分析： 1. 集装箱运输与多式联运的货运组织程序 2 集装箱单证的流转 难点分析： 1. 集装箱单证的流转 2. 集装箱货运组织程序
教学方法与手段	1. 教学方法：任务驱动法、小组合作法、平台模拟法 2. 学习方法：自主学习法、分组合作学习法、归纳总结法、问题导向学习、观看录播课视频 3. 教学手段：多媒体、企业实操、视频
教学资源	1. 学校资源：课件、网络环境下的实训室、多媒体教室 2. 文献资源：课程大纲、教案、参考教材 3. 校外合作的企业
能力指标	1. 熟练操作不同运输方式下的作业流程 2. 能够组织集装箱运输和多式联运
教学目标	知识目标： 1. 不同运输方式下的作业流程 2. 集装箱单证的流转和使用 技能目标： 1. 能够进行多式联运和集装箱运输的作业流程组织 2. 能够填制集装箱运输的各种单证 思政目标： 培养学生具有团结协作的精神和良好的沟通能力
教师课前准备	1. 联系校企合作的企业，提供真实的学习情境，精选教学案例、布置工作任务和熟悉不同运输方式下的货运作业流程 2. 准备教具(企业货运案例、课件、视频等)
学生课前准备	1. 认知不同运输方式下货运的作业流程 2. 观看以前下发的集装箱的运输小视频
学生需要完成的主要任务	1. 集装箱运输费用的计算 2. 多式联运的作业流程
学习评量	1. 本单元评量满分 100 分 2. 评量表及评量尺规参照下表 3. 本单元的课后作业纳入本次评量 4. 出席率纳入单元课堂学习表现成绩
课后作业	归纳、整理本单元的主要内容
教学反思	

多式联运案例

南宁市大兆药业有限责任公司(托运人)委托广西瑞丰德运输有限公司(承运人)将肝乐宝等一批药品运送到海南省三亚市春光路19号的三亚市鸣里医药中心，要求4天内以最经济的方法送达。见如下合同。

国内多式联运合同

甲方(托运人)：南宁市大兆药业有限责任公司
法定代表人：张某某
法定地址：南宁市中尧路65号 邮编：531003
经办人：李某某
联系电话：0771-3228556
传真：0771-3228555
银行账户：农业银行6623322362323305

乙方(承运人)：广西瑞丰德运输有限公司
法定代表人：林某某
法定地址：南宁市邕武路33号 邮编：531002
经办人：吴某某
联系电话：0771-6328666
传真：0771-6328533
银行账户：农业银行6689789789336608

甲乙双方经过友好协商，就甲方委托乙方运输货物的多式联运事宜达成以下合同。

(1) 甲方将肝乐宝等一批药品合计35吨自南宁市中尧路运送到海南省三亚市春光路19号的三亚市鸣里医药中心，要求自签订合同之日起4天内以最经济的方法送达。甲方保证如实提供货物名称、种类、包装、件数、重量、尺码等货物状况，由于甲方虚报给乙方或者第三方造成损失的，甲方承担损失。

(2) 甲方应按双方商定的费率在交付货物<u>叁</u>天之内将运费和相关费用付至乙方账户。甲方若未按约定支付费用，乙方有权滞留提单或者留置货物，进而依法处理货物以补偿损失。

(3) 托运货物为特种货或者危险货时，甲方有义务向乙方做详细说明。未作说明或者说明不清的，由此造成乙方的损失由甲方承担。

(4) 乙方要按约定将甲方委托的货物承运到指定地点，并应甲方的要求，签发联运提单。

(5) 乙方自接货开始至交货为止，负责全程运输，对全程运输中乙方及其代理或者区段承运人的故意或者过失行为而给甲方造成的损失负赔偿责任。

(6) 乙方对下列原因所造成的货物灭失和损坏不负责任。

① 货物由甲方或者代理人装箱、计数或者封箱的，或者装于甲方的自备箱中。

② 货物的自然特性和固有缺陷。

③ 海关、商检、承运人行使检查权所引起的货物损耗。

④ 天灾，包括自然灾害，如雷电、台风、地震、洪水等，但不包括火灾、爆炸、由于偶然因素造成的运输工具的碰撞等。

⑤ 战争或者武装冲突。

⑥ 抢劫、盗窃等人为因素造成的货物灭失或者损坏。

⑦ 甲方的过失造成的货物灭失或者损坏。

⑧ 罢工、停工或者乙方雇用的工人劳动受到限制。

⑨ 检疫限制或者司法扣押。

⑩ 非由于乙方或者乙方的受雇人、代理人的过失造成的其他原因导致的货物灭失或者损坏，对于第⑦项免除责任以外的原因，乙方不负举证责任。

(7) 货物的灭失或者损坏发生于多式联运的某一区段，乙方的责任和赔偿限额，应该适用该区段的法律规定。如果不能确定损坏发生区段的，应当使用调整海运区段的法律规定，不论是根据国际公约还是根据国内法。

(8) 对于逾期支付的款项，甲方应按每日万分之五的比例向乙方支付违约金。

(9) 由于甲方的原因(如未及时付清运费及其他费用而被乙方留置货物或滞留单据或提供单据迟延而造成货物运输延迟)所产生的损失由甲方自行承担。

(10) 合同双方可以依据《中华人民共和国合同法》的有关规定解除合同。

(11) 乙方在运输甲方货物的过程中应尽心尽责，对于因乙方的过失而导致甲方遭受的损失和发生的费用承担责任，以上损失不包括货物因延迟等原因造成的经济损失。在任何情况下，乙方的赔偿责任都不应超出每件伍佰元人民币的责任限额。

(12) 本合同项下发生的任何纠纷或者争议，应提交中国海事仲裁委员会，根据该会的仲裁规则进行仲裁。仲裁裁决是终局的，对双方都有约束力。本合同的订立、效力、解释、履行、争议的解决均适用于中华人民共和国法律。

(13) 本合同从甲乙双方签字盖章之日起生效，合同有效期为 柒 天，合同期满之日前，甲乙双方可以协商将合同延长 叁 天。合同期满前，如果双方中任何一方欲终止合同，应提前 壹 天，以书面的形式通知另一方。

(14) 本合同经双方协商一致可以进行修改和补充，修改及补充的内容经双方签字盖章后，视为本合同的一部分。本合同正本一式 两 份。

甲方(托运人)：南宁市大兆药业有限责任公司(章)　　乙方(承运人)：广西瑞丰德运输有限公司(章)

法定代表人(签字)：张某某　　法定代表人(签字)：林某某

××××年×月 5 日　　××××年×月 5 日

签订地点：广西南宁市瑞丰德大厦 506 室

(资料来源：豆丁网. 联合运输[EB/OL]. (2021-05-18)[2023-10-01]. https://www.docin.com/p-398573049.html)

■案例研讨

这是一个国内多式联运的特别案例。从广西南宁—海南三亚，有海(水)相隔，必须至少使用公路和水路两种方式联合运输方可完成任务。这就是属于简单的国内联合运输的

形式。过海通常有两处便利的选择：一是海安—海口；二是北海—海口。海安—海口行船时间约一个半小时，海口港除了实行24小时滚动发班制外，还开通了定点航班，海口港从早上9:30分开始到凌晨1点，海安港从上午11点至凌晨2:30分，每隔一段时间就会有定点航班起航。船次比较多，显得时间上安排比较方便。北海—海口每天都有船，18:00开船次日早上6:00到海口。船次比较少。

如何使得这国内联合运输责任统一明确，手续简化便捷，成本降低，费用节约，运输效率提高？方案有多种，可是本案例要求时间紧，只能选择比较快捷的形式：第一区段南宁—海安港以公路运输方式；第二区段海安港—海口(秀英港或新港均可)以水路运输方式；第三区段海口—三亚以公路运输方式完成。方案是否合理？需要以下知识的支持。

【理论知识】

早在19世纪初，英国安德森博士就提出了集装箱运输的设想。19世纪下半叶，英国兰开夏在铁路上使用一种运输棉布的带有活动框架的托盘，俗称“兰开夏托盘”，可以看作最早使用的集装箱雏形。之后由于多方面原因，集装箱运输一直发展缓慢，仅限于陆上运输。到了20世纪50年代，美国人马克林将集装箱用于海陆联运，才真正开始了现代意义上的集装箱运输，其快速、低成本装卸的优势得到了充分发挥，这种运输方式终于被人们认识和接受，被称为20世纪“运输界的一场革命”，也由此揭开了集装箱运输的帷幕。

一、集装箱的定义与种类

(一)集装箱的定义

国际标准化组织(ISO)对集装箱的定义如下：集装箱是一种运输设备；具有足够的强度，可长期反复使用；为便于商品运送而专门设计的，在一种或多种运输方式下运输时，无须中途换装；具有快速装卸和搬运的装置，特别是从一种运输方式转移到另一种运输方式时；设计时注意到便于货物装满或卸空；内容积为1立方米或1立方米以上。综上所述，集装箱的定义主要包括以下几个方面。

(1) 具有足够的强度，可以长期反复使用。

(2) 适用于一种或多种运输方式的运送，途中转运时箱内货物不需换装。

(3) 具有快速装卸和搬运的装置，特别便于从一种运输方式转移到另一种运输方式。

(4) 便于货物装满和卸空。

(5) 具有1立方米及1立方米以上的容积。

集装箱标准按使用范围分，有国际标准、国家标准、地区标准和公司标准四种。现行的国际标准为第一系列，共13种。目前在海上运输中，经常使用的有IAA型和ICC型。

国际标准集装箱的外部尺寸，共分A、B、C、D四个系列。

(1) A系列集装箱。

长40ft(12 192毫米)，宽8ft(2438毫米)，总重为30 480千克，内部容积不小于65.7

立方米。高度有四个类型：1AAA：9ft 6in；1AA：8ft 6in；1A：8ft；lAX：小于8ft。

(2) B系列集装箱。

长度均为30ft，宽度均为8ft。由于高度不同，分为四种：1BBB：9ft 6in；1BB：8ft 6in。1B：8ft；1BX：小于8ft。

(3) C系列集装箱。

长度均为20ft，宽度均为8ft。总重为24 000千克，内容积不小于32.1立方米。由于高度不同，分为三种：1CC：8ft 6in；1C：8ft；1CX：小于8ft。

(4) D系列集装箱。

长度均为10ft，宽度均为8ft。由于高度不同，分为两种：1D：8ft；1DX：小于8ft。

以下是几种常见标准集装箱的容积及配货毛重。

① 20尺柜：容积为33.2立方米，配货毛重一般为21.790吨。

② 40尺柜：容积为67.8立方米，配货毛重一般为27.630吨。

③ 20尺开顶柜：容积为28.4立方米，配货毛重一般为21.480吨。

④ 20尺平底货柜：容积为28.5立方米，配货毛重一般为21.230吨。

(二)集装箱的种类

运输货物用的集装箱种类繁多，从运输家用物品的小型折叠式集装箱到40英尺标准集装箱，以及航空集装箱等，不一而足。这里仅介绍在海上运输中常见的国际货运集装箱类型。

1. 按集装箱内所装货物分类

(1) 通用干货集装箱(dry cargo container)。这种集装箱也称为杂货集装箱，用来运输无须控制温度的杂货。其使用范围极广，据1983年的统计，世界上300万个集装箱中，杂货集装箱占85%，约为254万个。这种集装箱通常为封闭式，在一端或侧面设有箱门。这种集装箱通常用来装运文化用品、化工用品、电子机械、工艺品、医药、日用品、纺织品及仪器零件等。这是平时最常用的集装箱。不受温度变化影响的各类固体散货、颗粒或粉末状的货物都可以由这种集装箱装运。

(2) 保温集装箱(keep constant temperature container)。它们是为了运输需要冷藏或保温的货物。所有箱壁都采用热导率低的材料隔热而制成的集装箱，可分为以下三种。

① 冷藏集装箱(reefer container)。它是以运输冷冻食品为主，能保持所定温度的保温集装箱。它专为运输如鱼、肉、新鲜水果、蔬菜等食品而特殊设计的。目前国际上采用的冷藏集装箱基本上分两种：一种是集装箱内带有冷冻机的，叫机械式冷藏集装箱；另一种箱内没有冷冻机而只有隔热结构，即在集装箱端壁上设有进气孔和出气孔，箱子装在舱中，由船舶的冷冻装置供应冷气，这种叫作离合式冷藏集装箱(又称外置式或夹箍式冷藏集装箱)。

② 隔热集装箱。它是为载运水果、蔬菜等货物，防止温度上升过大，以保持货物鲜

度而具有充分隔热结构的集装箱。通常用冰作制冷剂，保温时间为72小时左右。

③ 通风集装箱(ventilated container)。它是为装运水果、蔬菜等不需要冷冻而具有呼吸作用的货物，在端壁和侧壁上设有通风孔的集装箱，如将通风口关闭，同样可以作为杂货集装箱使用。

(3) 罐式集装箱(tank container)。它是专门用以装运酒类、油类(如动植物油)、液体食品及化学品等液体货物的集装箱。它还可以装运其他液体的危险货物。这种集装箱有单罐和多罐数种，罐体四角由支柱、撑杆构成整体框架。

(4) 散货集装箱(bulk container)。它是一种密闭式集装箱，有玻璃钢制和钢制的两种。前者由于侧壁强度较大，故一般装载麦芽和化学品等相对密度较大的散货；后者则用于装载相对密度较小的谷物。散货集装箱顶部的装货口应设水密性良好的盖，以防雨水侵入箱内。

(5) 台架式集装箱(platform based container)。它是没有箱顶和侧壁，甚至连端壁也去掉而只有底板和四个角柱的集装箱。这种集装箱可以从前后、左右及上方进行装卸作业，适合装载长大件和重货件，如重型机械、钢材、钢管、木材、钢锭等。台架式的集装箱没有水密性，怕水湿的货物不能装运，或用帆布遮盖装运。

(6) 平台集装箱(platform container)。这种集装箱是在台架式集装箱上再简化而只保留底板的一种特殊结构的集装箱。平台的长度与宽度与国际标准集装箱的箱底尺寸相同，可使用与其他集装箱相同的紧固件和起吊装置。这一集装箱的采用打破了过去一直认为集装箱必须具有一定容积的概念。

(7) 敞顶集装箱(open top container)。这是一种没有刚性箱顶的集装箱，但有由可折叠式或可折式顶梁支撑的帆布、塑料布或涂塑布制成的顶篷，其他构件与通用集装箱类似。这种集装箱适于装载大型货物和重货，如钢铁、木材，特别是像玻璃板等易碎的重货，利用吊车从顶部吊入箱内不易损坏，而且也便于在箱内固定。

(8) 汽车集装箱(car container)。它是一种运输小型轿车用的专用集装箱，其特点是在简易箱底上装一个钢制框架，通常没有箱壁(包括端壁和侧壁)。这种集装箱分为单层的和双层的两种。因为小轿车的高度为1.35～1.45米，如装在8英尺(2.438米)的标准集装箱内，其容积要浪费2/5以上，因而出现了双层集装箱。这种双层集装箱的高度有两种：一种为10.5英尺(3.2米)；另一种为8.5英尺高的2倍。因此汽车集装箱一般不是国际标准集装箱。

(9) 动物集装箱(pen container or live stock container)。这是一种装运鸡、鸭、鹅等活家禽和牛、马、羊、猪等活家畜用的集装箱。为了遮蔽太阳，箱顶采用胶合板露盖，侧面和端面都有用铝丝网制成的窗，以求有良好的通风。侧壁下方设有清扫口和排水口，并配有上下移动的拉门，可把垃圾清扫出去。还装有喂食口。动物集装箱在船上一般应装在甲板上，因为甲板上空气流通，便于清扫和照顾。

(10) 服装集装箱(garment container)。这种集装箱的特点是，在箱内上侧梁上装有许多根横杆，每根横杆上垂下若干条皮带扣、尼龙带扣或绳索，成衣利用衣架上的钩，直接挂在带扣或绳索上。这种服装装载法属于无包装运输，它不仅节约了包装材料和包装费用，而且减少了人工劳动，提高了服装的运输质量。

2. 按箱体材料分类

(1) 钢集装箱。钢集装箱的外板用钢板，结构部件也均采用钢材。这种集装箱的最大优点是强度大、结构牢、焊接性和水密性好，而且价格低廉。但其重量大，易腐蚀生锈。由于其自重大，降低了装货量；而且每年一般需要进行两次除锈涂漆，使用期限较短，一般为 11～12 年。

(2) 铝集装箱。通常所说的铝集装箱，并不是纯铝制成的，而是各主要部件使用最适量的各种轻铝合金，故又称铝合金集装箱。一般都采用铝镁合金，这种铝合金集装箱的最大优点是重量轻，铝合金的相对密度约为钢的 1/3，20 英尺的铝集装箱的自重为 1700 千克，比钢集装箱轻 20%～25%，故同一尺寸的铝集装箱可以比钢集装箱能装更多的货物。铝集装箱不生锈，外表美观。铝镁合金在大气中自然形成氧化膜，可以防止腐蚀，但遇海水则易受腐蚀，如采用纯铝包层，就能对海水起很好的防蚀作用，最适合于海上运输。铝合金集装箱的弹性好，加外力后容易变形，外力除去后一般就能复原，因此最适合于在有箱格结构的全集装箱船上使用。此外，铝集装箱加工方便，加工费低，一般外表需要涂其他涂料，维修费用低，使用年限长，一般为 15～16 年。

(3) 玻璃钢集装箱。它是用玻璃纤维和合成树脂混合在一起制成薄薄的加强塑料，用粘合剂贴在胶合板的表面形成玻璃钢板而制成的集装箱。玻璃钢集装箱的特点是强度大、刚性好。玻璃钢的隔热性、防腐性、耐化学性都比较好，能防止箱内产生结露现象，有利于保护箱内货物不遭受湿损。玻璃钢板可以整块制造，防水性好，还容易清洗。此外，这种集装箱还有不生锈、容易着色的优点，故外表美观。由于维修简单，维修费用也低。玻璃钢集装箱的主要缺点是重量较大，与一般钢集装箱相差无几，价格也较高。

(4) 不锈钢集装箱。不锈钢是一种新的集装箱材料，它有以下优点：强度大，不生锈，外表美观；在整个使用期内无须进行维修和保养，故使用率高，耐蚀性能好。其缺点是：价格高，初始投资大；材料少，大量制造有困难，目前一般都用作罐式集装箱。

3. 按结构分类

(1) 内柱式和外柱式集装箱。这里的“柱”指的是集装箱的端柱和侧柱。内柱式集装箱即侧柱和端柱位于侧壁和端壁之内；反之则是外柱式集装箱。一般玻璃钢集装箱和钢集装箱均没有侧柱和端柱，故内柱式和外柱式集装箱均指铝集装箱而言。内柱式集装箱的优点是外表平滑、美观，受斜向外力不易损坏，印刷标记时比较方便；外板和内衬板之间隔有一定空隙，防热效果较好，能减少货物的湿损。外柱式集装箱的优点是受外力作用时，外力由侧柱或端柱承受，起到了保护外板的作用，使外板不易损坏；由于集装箱内壁面平整，有时也不需要有内衬板。

(2) 折叠式和固定式集装箱。折叠式集装箱是侧壁、端壁和箱门等主要部件能很方便地折叠起来，反复使用时可再次撑开的一种集装箱；反之，各部件永久固定地组合在一起的称固定式集装箱。折叠式集装箱主要用在货源不平衡的航线上，为了减少回空时的舱容损失而设计的。目前，使用最多的还是固定式集装箱。

(3) 预制骨架式集装箱和薄壳式集装箱，集装箱的骨架由许多预制件组合起来，并由它承受主要载荷，外板和骨架用铆接或焊接的方式连为一体，称之为预制骨架式集装箱。

通常是铝质和钢质的预制骨架式集装箱，外板采用铆接或焊接的方式与骨架连接在一起，而玻璃钢的预制骨架式集装箱，其外板用螺栓与骨架连接。薄壳式集装箱则把所有构件结合成一个刚体，优点是重量轻，受扭力作用时不会引起永久变形，所以集装箱的结构一般或多或少都采用薄壳理论进行设计。

4. 按外部尺寸分类

目前国际标准集装箱的宽度均为 8 英尺，高度有 8 英尺、8 英尺 6 英寸和小于 8 英尺三种；长度有 40 英尺、30 英尺、20 英尺和 10 英尺四种。

集装箱又称货柜，以下是常见货柜的具体参数，详见表 5-1 所列。

20 尺柜：内容积为 5.69 米×2.13 米×2.18 米，配货毛重一般为 17.5 吨，体积为 24～26 立方米。

40 尺柜：内容积为 11.8 米×2.13 米×2.18 米，配货毛重一般为 22 吨，体积为 54 立方米。

40 尺高柜：内容积为 11.8 米×2.13 米×2.72 米，配货毛重一般为 22 吨，体积为 68 立方米。

45 尺高柜：内容积为 13.58 米×2.34 米×2.71 米，配货毛重一般为 29 吨，体积为 86 立方米。

20 尺开顶柜：内容积为 5.89 米×2.32 米×2.31 米，配货毛重 20 吨，体积为 31.5 立方米。

40 尺开顶柜：内容积为 12.01 米×2.33 米×2.15 米，配货毛重 30.4 吨，体积为 65 立方米。

20 尺平底货柜：内容积 5.85 米×2.23 米×2.15 米，配货毛重 23 吨，体积为 28 立方米。

40 尺平底货柜：内容积 12.05 米×2.12 米×1.96 米，配货毛重 36 吨，体积为 50 立方米。

表 5-1　第 1 系列国际标准集装箱外部尺寸和最大总重量

规格/英尺	箱型	长		宽		高		最大总重量	
		公制(毫米)	英制(英尺 英寸)	公制(毫米)	英制(英尺 英寸)	公制(毫米)	英制(英尺 英寸)	千克(kg)	磅(lb)
40	IAAA	12 192	40′	2438	8′	2896	9′6″	30 480	67 200
	IAA					2591	8′6″		
	IA					2438	8′		
	IAX					< 2438	< 8′		
30	IBBB	9125	29′11.25″			2896	9′6″	25 400	56 000
	IBB					2591	8′6″		
	IB					2438	8′		
	IBX					< 2438	<8′		
20	ICC	6058	19′10.5″			2591	8′6″	24 000	52 900
	IC					2438	8′		
	ICX					< 2438	<8′		
10	ID	2991	9′9.75″			2438	8′	10 160	22 400
	IDX					< 2438	<8′		

5. 国家标准集装箱

一些国家参照国际标准并结合本国的具体情况，制定本国的集装箱标准。我国于 1978 年 10 月，由国家标准总局发布的国家标准《货物集装箱外部尺寸和重量的系列》(GB 1413—1978)中，规定了我国集装箱重量系列为 5 吨、10 吨、20 吨、32 吨等四种，其相应的型号为 5D、10D、ICC 和 IAA。1985 年该标准作了修改《集装箱外部尺寸和额定重量》(GB 1413—1985)，增加了 IA、IAX、IC 和 ICX 四种箱型。在国家标准中，IAA、IA、IAX、ICC、IC、ICX 用于国际间运输；10D 和 5D 用于国内运输，未列入 30 英尺与 10 英尺的集装箱。1998 年对《集装箱外部尺寸和额定重量》(GB 1413—1985)标准作了修改，形成《集装箱分类尺寸和额定质量》(GB/T 1413—1998)，国家质量技术监督局于 1998 年 7 月 5 日批准，自 1999 年 5 月 1 日开始实施。《集装箱分类尺寸和额定质量》(GB/T 1413—1998)标准在内容中增加了某些型号集装箱的最小内部尺寸和门框开口尺寸，增加了箱高为 2896 毫米的 IAAA 和 IBBB 箱型，取消了 10D 和 5D 箱型，改为 ID 和 IDX 箱型。IGC、IC 和 IGX 箱型的额定质量由 20 320 千克改为 24 000 千克。

现实货物运输实践中，常见的集装箱规格为 20 英尺(ICC)和 40 英尺(IAA)两种。

6. 地区标准集装箱

地区集装箱标准是由地区组织根据该地区的特殊情况制定的，此类集装箱仅适用于该地区，如根据欧洲国际铁路联盟(VIC)所制定的集装箱标准而建造的集装箱。

7. 公司标准集装箱

公司标准集装箱是指某些大型集装箱船公司，根据本公司的具体情况和条件制定集装箱船公司标准而建造的集装箱。此类箱主要在该公司运输范围内使用，如美国海陆公司的 35ft 集装箱。

8. 非标准集装箱

目前世界上还有不少非标准集装箱。如非标准长度集装箱有美国海陆公司的 35 英尺(10.67 米)集装箱、总统轮船公司的 45 英尺及 48 英尺集装箱；非标准宽度集装箱有 8.2 英尺(2.5 米)和 8.5 英尺(2.59 米)宽度集装箱；非标准高度集装箱主要有 9 英尺(2.74 米)和 9.5 英尺(2.9 米)两种高度集装箱等。由于经济效益的驱动，目前世界上 20 英尺集装箱总重达 24 英尺的越来越多，而且普遍受到欢迎。

(三)集装箱的标记

为了方便集装箱的运输管理，国际标准化组织拟订了集装箱标志方案。每类标记都必须按规定大小，标识在集装箱规定的位置上。集装箱上的标志主要有以下内容。

1. 箱门上的标记

箱门上的标记如图 5-1 所示。主要标记及其表示内容如下。

图 5-1　集装箱标记

(1) 标记：TGHU462006 8。

TGHU 是箱主代码，由四位大写拉丁字母表示(代码由集装箱所有人决定，但是需要经国际集装箱局(BIC)注册)；第四位字母“U”则表示常规的集装箱，“Z”表示集装箱的拖车和底盘车。箱主代号和设备识别代号一般四个字母连续排列。这里的 TGHU 表示厦门弘信创业租箱有限公司的集装箱(中远是 CBHU、HTMU、COSU 等，中海是 CCL，商船三井是 MOL，总统轮船是 APL，长荣是 EMC，东方海外是 OCL)。为方便和防止箱主代号出现重复，目前国际集装箱局已在 16 个国家和地区设有注册机构。我国北京设有注册机构。国际集装箱局每隔半年公布一次在册的箱主代号一览表。

“462006”是顺序号，是集装箱的编号，又称箱号，用六位阿拉伯数字表示，不足六位需在左加“0”，补足六位。如果有效数字为 1234，则集装箱号应为 001234。

“8”为核对数，用于计算机核对箱主号和顺序号记录的正确性。核对号一般位于顺序号之后，用一位阿拉伯数字表示，并加方框以示醒目。

设置核对数字的目的，是为了防止箱号在记录时发生差错。运营中的集装箱频繁地在各种运输方式之间转换，如从火车到卡车再到船舶等，不断地从这个国家到那个国家，进出车站、码头、堆场、集装箱货运站。每进行一次转换和交接，就要记录一次箱号。在多次记录中，如果偶然发生差错，记错一个字符，就会使该集装箱从此“不知下落”。为不至于出现此类“丢失”集装箱及所装货物的事故，在箱号记录中设置了一个“自检测系统”，即设置一位“核对数”。

(2) 标记：45G1。

45 为尺寸代码，表示集装箱的外形尺寸。它由两位阿拉伯数字组成，第一位为 4 的，为柜长为 40′(40 英尺)，若第一位为 2，其代表的柜子的长度为 20′。第二位数字表示箱高。“5”为箱高 9 英尺 6 英寸，显然，45 表示 IAAA 型箱。

G1 为箱型代码，表示集装箱的箱型及其特征，1995 年后的新标准则以一个英文字母加一个阿拉伯数字组成。G0～G9 是指通用柜(general purpose container，干货柜)，这里的 G1 表示货物上部空间设有透气孔的通用集装箱。外形尺寸与箱型代码都可查询国际标准相应表得知，这里就不一一列出了。

(3) max. gross、tare、payload、cu. cap. 76.4 cu. m, 2700 cu. ft。

max. gross 为额定重量(总重)，是指自重与载重之和。tare 为自重，是指集装箱本身的重量，即空箱重量。payload 为载重量，是指集装箱最大容许承载的货物重量。CU 为

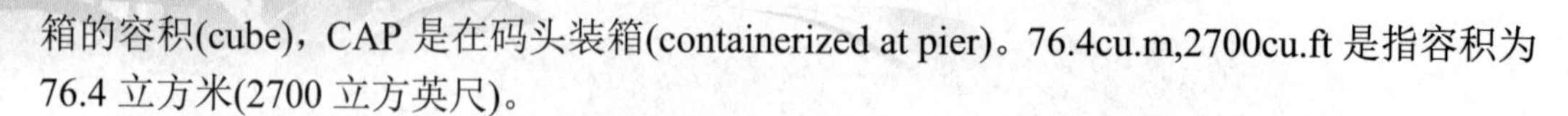

箱的容积(cube)，CAP 是在码头装箱(containerized at pier)。76.4cu.m,2700cu.ft 是指容积为 76.4 立方米(2700 立方英尺)。

2. 侧壁上的标记

集装箱侧面的标记主要有以下几种。

(1) 超高标记。

凡箱高超过 2.6 米(8 英尺 6 英寸)的集装箱均应标打下列必备标记。

① 在集装箱两侧标打集装箱高度标记，该标记为黄色底上标出黑色数字和边框。

② 在箱体每端和每侧角件间的顶梁及上侧梁上标打长度至少为 300 毫米(12 英寸)的黄黑斜条的条形标记。

(2) 通行标记(见图 5-2)。

集装箱在运输过程中要能顺利地通过或进入他国国境，箱上必须贴有按规定要求的各种通行标记，主要有安全合格牌照、集装箱批准牌照、检验合格徽、防虫处理板和国际铁路联盟标记。

另外，装有危险货物的集装箱，应有规格不小于 250mm×250mm 的至少 4 幅《海运危规》类别标志，并贴于外部明显的地方。

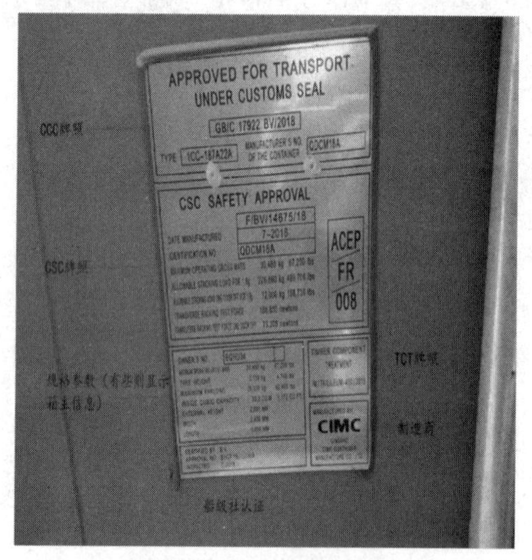

(a) 集装箱安全合格牌照

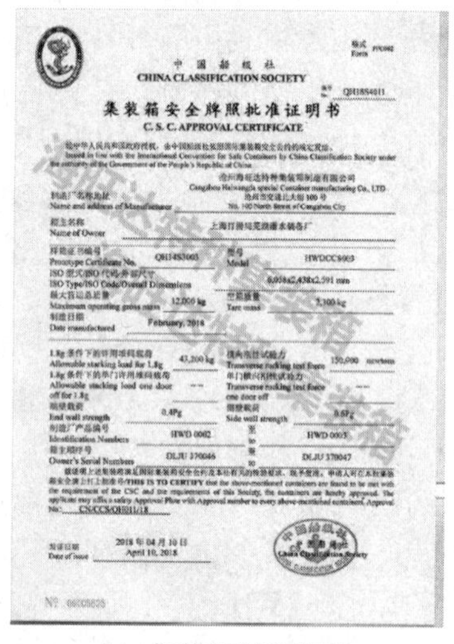

中国船级社
CHINA CLASSIFICATION SOCIETY

集装箱安全牌照批准证明书
C.S.C. APPROVAL CERTIFICATE

(b) 集装箱批准牌照

图 5-2　几种常见的集装箱同行标记

(四)集装箱运输的特点

(1) 可提高装卸效率，减轻劳动强度。

(2) 减少货损、货差，提高货物运输的安全与质量。

(3) 缩短货物的在途时间，加快车船周转。

(4) 节省货物运输包装及检验手续。

(5) 减少运营费用。

(6) 有利于组织多式联运。

(五)与集装箱运输有关的术语

1．集装箱码头(CB)

集装箱码头指专供停靠集装箱船舶，装卸集装箱的港口作业场所。其主要承担的业务有：整箱货运的交换、保管；安排船舶进出港；集装箱装卸运输；大型装卸机械控制；堆场计划；作业进度控制等。其主要由泊位、前沿、集装箱堆场、控制塔、大门、维修车间、办公室等基本设施组成。

2．集装箱堆场(CY)

集装箱堆场是装卸、交接和保管集装箱重箱、空箱的场地，既包括前方堆场、后方堆场和码头前沿，还包括存放底盘车的场地。

3．集装箱货运站(CFS)

集装箱货运站是利用集装箱场所，对货物进行装箱、拆箱工作，并完成货物的交接、分类和短时间保管等辅助工作的场地和仓库。集装箱货运站分为口岸货运站(趋向于设在港区外)与内陆货运站(主要指设在内陆城市中转站、内河港口的内陆站，用于集装箱运输的中转或集散)。

4．整箱货(FCL)

整箱货是指由发货人负责装箱、计数、积载并加铅封，以箱为单位向承运人进行托运的货物。

5．拼箱货(LcL)

拼箱货是指承运人或其代理接受货主托运的数量不足装满箱的小票货运后，根据货物的性质和目的地进行分类整理，把去同一目的地的货物集中到一定数量，拼装入箱。由于箱内不同货主的货物拼装在一起，因此称为拼箱货。

6．集装箱租赁(container leasing)

这是所有人将空箱租给使用人的一项业务。集装箱所有人为出租的一方，与使用人，一般是船公司或货主，为承租的一方，双方签订租赁合同。由出租人提供合格的集装箱交由承租人在约定范围内使用。集装箱的租赁，国际上有多种不同的方式，总括起来有程租、期租、活期租用和航区内租赁等。

7．集装箱装卸区(container terminal)

集装箱装卸区是指集装箱运输中，箱或货装卸交换保管的具体经办部门。它受承运人或其代理人的委托，进行下列各项业务：①对整箱货运的交换、保管；②设有集装箱货运站者，办理拼箱货的交接；③安排集装箱船的靠泊，装卸集装箱，每航次编制配载图；④办理有关货运单证的编签；⑤编制并签验集装箱运用运载工具的出入及流转的有

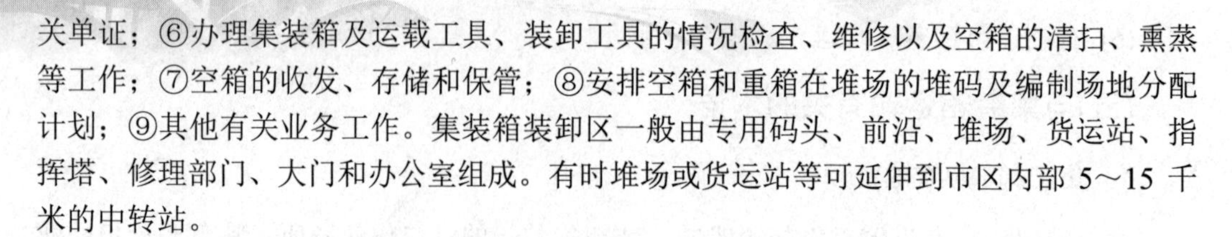

关单证；⑥办理集装箱及运载工具、装卸工具的情况检查、维修以及空箱的清扫、熏蒸等工作；⑦空箱的收发、存储和保管；⑧安排空箱和重箱在堆场的堆码及编制场地分配计划；⑨其他有关业务工作。集装箱装卸区一般由专用码头、前沿、堆场、货运站、指挥塔、修理部门、大门和办公室组成。有时堆场或货运站等可延伸到市区内部 5～15 千米的中转站。

8．集装箱前方堆场(marshalling yard)

集装箱前方堆场是在集装箱码头前方，为加速船舶装卸作业，暂时堆放集装箱的场地。其作用是：当集装箱船到港前，有计划、有次序地按积载要求将出口集装箱整齐地集中堆放，卸船时将进口集装箱暂时堆放在码头前方，以加速船舶装卸作业。

9．集装箱后方堆场(container yard)

这是集装箱重箱或空箱进行交接、保管和堆存的场所。有些国家对集装箱堆场并不分前方堆场或后方堆场，而统称为堆场。集装箱后方堆场是集装箱装卸区的组成部分，是集装箱运输“场到场”交接方式的整箱货办理交接的场所(实际上是在集装箱卸区“大门口”进行交接的)。

10．空箱堆场(van pool)

这是专门办理空箱收集、保管、堆存或交接的场地。它是专为集装箱装卸区或转运站堆场不足时才予设立。这种堆场不办理重箱或货物交接。它可以单独经营，也可以由集装箱装卸区在区外另设。有些资本主义国家，经营这种空箱堆场，须向航运公会声明。

二、集装箱货物

多样性的货物导致了多样性的集装箱的产生。然而，当集装箱生产出来后，就必须适箱适物、适箱适装，才能实现优质、高效的集装箱运输。集装箱货物的种类主要有以下几种。

(一)按货物性质分类

按货物性质，集装箱货物可分为普通货物和特殊货物。此分类与其他运输方式的货物分类是类似的。

1. 普通杂货

普通杂货根据其包装形式和货物的性质又可分清洁货和污货两类。

清洁货是指清洁而干燥，在积载和保管时，货物本身无特殊要求，如与其他货物混载不会损坏或污染其他货物的货物，如罐头食品、纺织品、棉纱、布匹、橡胶制品、陶瓷器、漆器、电器制品、玩具等。

污货又称“粗货”，是指按货物本身的性质和状态，容易发潮、发热、风化、融解、发臭，或者有可能渗出液汁、飞扬货粉、产生害虫而使其他商品遭受严重损失的货物。

属于这一类货物的有渗出液汁的兽皮；飞扬粉末的水泥、石墨；污损其他货物的油脂、沥青；生虫的椰子核、牛骨、干燥生皮；发生强烈气味或臭气的胡椒、樟脑、牛皮等。

2. 特殊货物

特殊货物是指货物在性质、重量、价值或货物形态上具有特殊性，运输时需要用特殊集装箱装载的货物。它包括冷藏货、活动植物、重货、高价货、危险货、液体货、易腐货和散货等许多种。

不同的货物适合于不同的集装箱，而不同的集装箱对货物有着不同的适用性，在实践中可参照表 5-2 加以应用。

表 5-2　集装箱种类及其对货物种类的适用性

集装箱种类	货物种类
杂货集装箱	清洁货、污货、箱装货、危险货、滚筒货、卷盘货等
开顶集装箱	超高货、超重货、清洁货、长件货、易腐货、污货等
台架式集装箱	超高货、超重货、袋装货、捆装货、长件货、箱装货等
散货集装箱	散货、污货、易腐货等
平台集装箱	超重货、超宽货、长件货、散件货、托盘货等
通风集装箱	冷藏货、动植物检疫货、易腐货、托盘货等
动物集装箱	动植物检疫货
罐式集装箱	液体货、气体货等
冷藏集装箱	冷藏货、危险货、污货等

(二)按适箱程度分类

按适箱程度，集装箱货物可分为最适合装箱货、适合装箱货、边缘装箱货和不适合装箱货。

1. 最适合装箱货

最适合装箱货是指货物本身价值高，对运费的承受能力大，而且通常具有装箱效率高的特点的货物。因为这些货物的尺寸、容积与重量都适合装箱。属于这一类的商品有各种酒类、香烟及烟草、药品、塑料及其制品、纺织品、小型电器、光学仪器、打字机、各种家用电器和小五金等。冷藏集装箱装运的果蔬及肉类、乳酪等也属于此类，这些货物一般也都易被盗窃和损坏。

2. 适合装箱货

这一类货物是指货物价格一般，运费比最适合装箱货便宜，不易受损坏和盗窃，比较适合集装箱运输的货物。属于这一类的商品有纸浆、罐装植物油、电线、电缆、金属制品、皮革、炭精棒、黑色颜料、煤焦油等支付赔偿费较大的商品。

3. 边缘装箱货

边缘装箱货又称边际装箱货或临界装箱货。这一类货是指介于适合与不适合装箱之间的价格低廉，对运费的承受能力较差的甚至在形状上也是难以进行集装箱化的货物。这一类货从技术上看是可以装箱的，但从经济上看装箱并不是有利的，因为它们价格低、运价也低，而且在包装方面均难以进行集装箱化。属于这一类的商品有钢锭、铅锭、生铁块、原木、砖瓦等。这些商品一般不容易受损坏或被盗窃。

4. 不适合装箱货

不适合装箱货是指那些从技术上看装箱有困难，或货流量大时可以用专门运输工具(包括专用车、专用船)运输的货物(因为利用专用运输工具可以提高装卸效率，降低成本)。例如，原油、矿砂、砂糖等均有专门的油船、矿砂船及其他散货船装运，原油和矿砂等不宜装箱运输。又如，桥梁、铁路、大型发电机等设备，由于尺度大大超过国际标准集装箱中最大尺寸的集装箱，故装箱有困难，但可以装在组合式的平台箱上运载。

集装箱运输所指的适箱货源(物)主要是前两类货物，即最适合装箱货和适合装箱货。对于适箱货源，采用集装箱方式运输是有利的。

(三)按货物运量多少分类

按托运人托运货物批量是否装满一个集装箱，集装箱货物可分为整箱货和拼箱货。

集装箱货物运输中，按货物运量多少分为拼箱货和整箱货。

整箱货(full container (cargo) load, FCL)是指一个货主托运的足以装满一个集装箱的货物，由货方负责装箱和计数，填写装箱单，并加封志的集装箱货物，通常只有一个发货人和一个收货人。

国际公约或各国海商法没有整箱货交接的特别规定，而承运人通常根据提单正面和背面的印刷条款以及提单正面的附加条款(如 said to contain: S.T.C. shipper's load and count and seal；S.L&C&S 等“不知条款”)，承担在箱体完好和封志完整的状况下接受并在相同的状况下交付整箱货的责任。在目前的海上货运实践中，班轮公司主要从事整箱货的货运业务。

拼箱货(less than container (cargo) load，LCL)是指承运人(或代理人)接受货主托运的数量不足整箱的小票货运后，根据货类性质和目的地进行分类整理，把去同一目的地的货集中到一定数量，负责拼装入箱和计数，填写装箱单，并加封志的集装箱货物。通常每一票货物的数量较少，因此装载拼箱货的集装箱内的货物会涉及多个发货人和多个收货人。承运人负责在箱内每件货物外表状况明显良好的情况下接受并在相同的状况下交付拼箱货。在目前的货运实践中，主要由拼箱集运公司从事拼箱货的货运业务。

三、集装箱货运过程与组织形式

(一)集装箱货运过程

从集装箱货运过程可以发现，采用整箱货还是拼箱货来完成集装箱货物运输，主要

取决于集装箱货流，它是组织车(船)流和箱流的关键。

集装箱货流有不同的形式，根据其收发量的大小，一般有以下四种情况。

(1) 发量小，收量小(拼箱货装，拼箱货拆)。

(2) 发量小，收量大(拼箱货装，整箱货拆)。

(3) 发量大，收量小(整箱货装，拼箱货拆)。

(4) 发量大，收量大(整箱货装，整箱货拆)。

(二)集装箱货物组织形式

1. 门到门(door to door)交接方式

门到门交接方式是指运输经营人由发货人的工厂或仓库接收货物，负责将货物运至收货人的工厂或仓库交付。在这种交付方式下，货物的交接形态都是整箱交接。

2. 门到场(door to CY)交接方式

门到场交接方式是指运输经营人在发货人的工厂或仓库接收货物，并负责将货物运至卸货港码头堆场或其内陆堆场，在 CY 处向收货人交付。在这种交接方式下，货物也都是整箱交接。

3. 门到站(door to CFS)交接方式

门到站交接方式是指运输经营人在发货人的工厂或仓库接收货物，并负责将货物运至卸货港码头的集装箱货运站或其在内陆地区的货运站，经拆箱后向各收货人交付。在这种交接方式下，运输经营人一般是以整箱形态接受货物，以拼箱形态交付货物。

4. 场到门(CY to door)交接方式

场到门交接方式是指运输经营人在码头堆场或其内陆堆场接受发货人的货物(整箱货)，并负责把货物运至收货人的工厂或仓库向收货人交付(整箱货)。

5. 场到场(CY to CY)交接方式

场到场交接方式是指运输经营人在装货港的码头堆场或其内陆堆场接受货物(整箱货)，并负责运至卸货码头堆场或其内陆堆场，在堆场向收货人交付。

6. 场到站(CY to CFS)交接方式

场到站交接方式是指运输经营人在装货港的码头堆场或其内陆堆场接受货物(整箱)，并负责运至卸货港码头集装箱货运站或其在内陆地区的集装箱货运站，一般经拆箱后向收货人交付。

7. 站到门(CFS to door)交接方式

站到门交接方式是指运输经营人在装货港码头的集装箱货运站及其内陆的集装箱货运站接受货物(经拼箱后)，并负责运至收货人的工厂或仓库交付。在这种交接方式下，运输经营人一般是以拼箱形态接受货物，以整箱形态交付货物。

8．站到场(CFS to CY)交接方式

站到场的交接方式是指运输经营人在装货港码头或其内陆的集装箱货运站接受货物(经拼箱后)，并负责运至卸货港码头或其内陆地区的货场交付。在这种方式下，货物的交接形态一般也是以拼箱形态接受货物，以整箱形态交付货物。

9．站到站(CFS to CFS)交接方式

站到站的交接方式是指运输经营人在装货码头或内陆地区的集装箱货运站接受货物(经拼箱后)，并负责运至卸货港码头或其内陆地区的集装箱货运站，(经拆箱后)向收货人交付。在这种方式下，货物的交接方式一般都是拼箱交接。

如果根据集装箱交接时集装箱货物的状态，有四种交接方式。

(1) 整箱交、整箱接(FCL→FCL)。货主在工厂或仓库把装满货后的整箱交给承运人，收货人在目的地以同样整箱接货。这就是说，承运人以整箱为单位负责交接。货物的装箱和拆箱均由货方负责。在九种常见的集装箱交接方式中，门到门、门到场、场到门、场到场属于这种方式。

(2) 整箱交、拼箱接(FCL→LCL)。货主在工厂或仓库把装满货后的整箱交给承运人，在目的地的集装箱货运站或内陆转运站由承运人负责拆箱后，各收货人凭单接货。在九种常见的集装箱交接方式中，门到站、场到站属于这种方式。

(3) 拼箱交、整箱接(LCL→FCL)。货主将不足整箱的小票托运货物在集装箱货运站或内陆转运站交给承运人，由承运人分类调整，把同一收货人的货集中拼装成整箱，运到目的地后，承运人以整箱交，收货人以整箱接。在九种常见的集装箱交接方式中，站到门、站到场属于这种方式。

(4) 拼箱交、拼箱接(LCL→LCL)。货主将不足整箱的小票托运货物在集装箱货运站或内陆转运站交给承运人，由承运人负责拼箱和装箱，运到目的地货运站或内陆转运站，由承运人负责拆箱，拆箱后收货人凭单接货。货物的装箱和拆箱均由承运人负责。在九种常见的集装箱交接方式中，只有站到站属于这种方式。

在上述各种交接方式中，以整箱交、整箱接效果最好，也最能发挥集装箱运输的优越性。

了解集装箱货物的交接方式，有利于在集装箱运输中承运人与货方就有关货物交接责任的划分和费用的分担等问题的解决。正因为如此，目前在船边交接的情况已很少发生，而多是在货主的工厂或仓库交接。CY/CFS 目前基本不存在，因为 CY/CFS 是承运人在集装箱堆场接受整箱货(此时是在箱体完好和封志完整的状况下接受)，是在收货方的集装箱货运站交付拼箱货(需要在箱内货物外表状况明显良好的情况下交付)，明显使承运人的责任加重。

实践中，海运集装箱货物交接的主要方式如下。

CY/CY：班轮公司通常承运整箱货，并在集装箱堆场交接。CY/CY 是班轮公司通常采用的交接方式。

CFS/CFS：集拼经营人承运拼箱货，是在集装箱货运站与货方交接货物。CFS/CFS是集拼经营人承运拼箱货时通常采用的交接方式。

小贴士

由于集装箱货物的交接地点不同，理论上可以通过排列组合的方法得到集装箱货物的交接方式为16种，这里仅介绍通常大家认识到的九种情况，如图5-3所示。

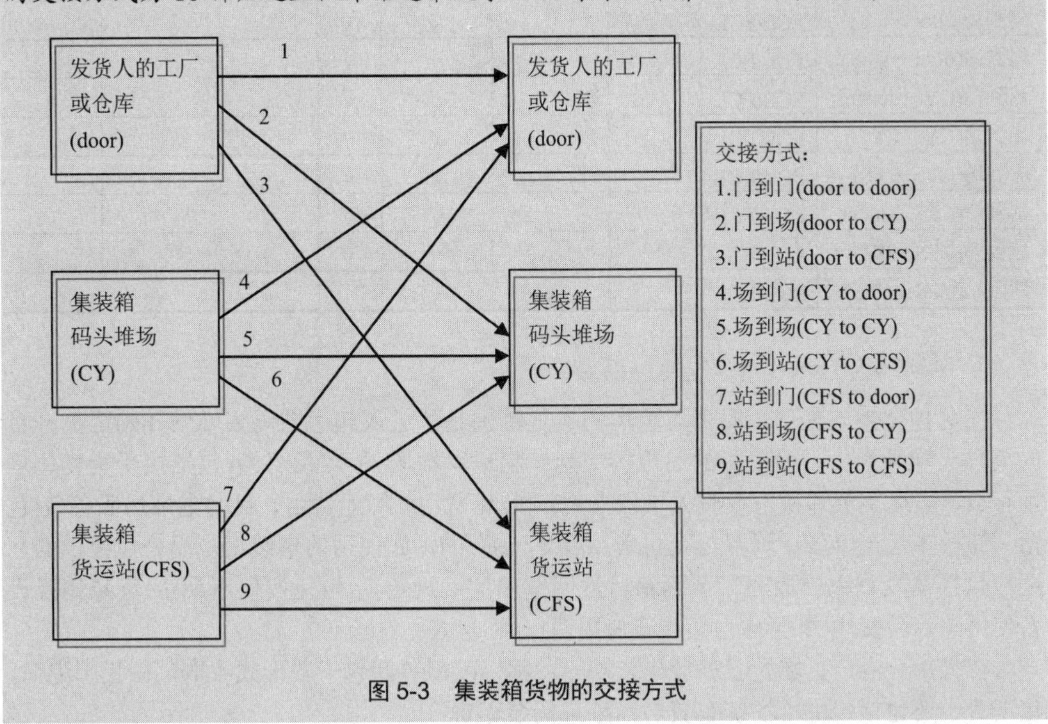

图5-3　集装箱货物的交接方式

四、集装箱运费的计算

(一)集装箱运费概述

集装箱运输经营人在集装箱运输过程中要支付各项费用以及应获得一定的利润，故应向集装箱货物托运人收取一定的运输费用，此费用称为集装箱运费。集装箱运费的收取标准是基于集装箱运价。国际集装箱运价不是一个简单的价格金额，而是包括费率标准、计收办法、费用、风险划分、承托双方责任等的一个综合价格体系。

(二)集装箱不同交接方式的运费构成

在集装箱不同交接方式下，由于运输全程中包括的运输方式、运输距离、中转地点和次数等都有较大区别，因此，运费范围与传统运输相比也有不同程度的扩大。在集装箱运输中，不同交接方式的运费构成是不同的，拼箱货与整箱货的运费构成也各不相同，可用表5-3加以说明。

表 5-3　集装箱不同交接方式下的运费结构

交接方式	交接形态	费用结构						
		发货地集运费	装港货运站服务费	装港堆场服务费	海运运费	卸港堆场服务费	卸港货运站服务费	收货地疏运费
门到门(door—door)	FCL/FCL	√		√	√	√		√
门到场(door—CY)	FCL/FCL	√		√	√	√		
门到站(door—CFS)	FCL/LCL	√		√	√	√	√	
场到门(CY—door)	FCL/FCL			√	√	√		√
场到站(CY—CY)	FCL/FCL			√	√	√		
场到场(CY—CFS)	FCL/LCL			√	√	√	√	
站到门(CFS—door)	LCL/FCL		√	√	√	√		√
站到场(CFS—CY)	LCL/FCL		√	√	√	√		
站到站(CFS—CFS)	LCL/LCL		√	√	√	√	√	

1. 场到场(CY—CY)

在这种交接方式下，船公司承担的责任范围是从进入起运港码头堆场开始至离开目的港码头堆场为止。船公司的运价构成为：起运港堆场(码头)服务费(包括接受货物、堆场存放、搬运至装卸桥下及有关单证费用)、装船费用、卸船费用、目的港堆场服务费(包括从卸桥下运至堆场、堆存与交付费用及单证费用)，如使用的集装箱是船公司提供的，还应包括从发货人提取空箱至拆箱后返回空箱这一规定期间(免费使用期)的集装箱及设备使用与保险费(以下简称为集装箱使用费)。

在大部分港口，堆场服务费与装卸船费都以港口装卸包干费形式收取。在我国港口，包干费中还包括装港堆场卸车费与卸港堆场装车费。

2. 场到站(CY—CFS)

在这种交接方式下，船公司运价构成为起运港、目的港堆场服务费及装、卸船费用，海上运输费用，集装箱使用费和目的港 CFS 拆箱服务费(包括堆场至 CFS 重箱搬运费、拆箱费用、货物在 CFS 库中存放及保管费、交付费用和有关单证费用和空箱回运至堆场的搬运费)。

3. 站到站(CFS—CFS)

在 CFS—CFS 交接方式下，承运人接受与交付的货物均为拼箱形态。船公司运价构成为起运港 CFS 装箱服务费(包括接受与存放保管货物费用、堆场至装箱场地的空箱搬运费、装箱费用、重箱至堆场搬运费和有关单证制作管理费)、堆场服务费、装船费、海上运输费、目的港卸船费、目的港堆场服务费、拆箱服务费和集装箱使用费。

各船公司一般用运价本来说明各航线的运价。有的运价本海上运费中包括装箱费，如不是承运人装箱，船方应将这部分费用退给实际装箱人。有的运价本中还规定装拆用费用，包括从承运人指定地点领取或送回箱子的费用，因此发货人应事先熟悉运价本中收费的含义，以免多付或少付费用。

集装箱运输属于班轮运价范畴。班轮运价考虑的主要因素除运输成本外，还应考虑国际航运市场的竞争情况，由于竞争的需要，各公司的运价并不总保持在运价本说明的水平上。在近些年集装箱运输市场供大于求的情况下，许多船公司采用降价(明降或暗降)手段来争取货源，集装箱运价波动很大。对这一点承托双方都应给予充分重视。同时还应当注意到，对各种集装箱经营人来讲，低运价并不是争取货源的唯一手段。由于适箱货物对运价承受能力相对较高，相当多的货主在选择承运人时不仅关心运价的高低，还将运输质量、服务水平(特别是安全、可靠、快速、方便等)等综合考虑后再进行选择。

(三)集装箱运费

1. 集装箱海运运费的计算

目前，集装箱货物海上运价体系较内陆运价成熟。它基本上分为两个大类：一类是袭用件杂货运费计算方法，即以每运费吨为单位(俗称散货价)；另一类是以每个集装箱为计费单位(俗称包箱价)。

1) 件杂货基本费率加附加费

(1) 基本费率。参照传统件杂货运价，以运费吨为计算单位，多数航线上采用等级费率。

(2) 附加费。除传统杂货所收的常规附加费外，还要加收一些与集装箱货物运输有关的附加费。

2) 包箱费率(box rate)

这种费率以每个集装箱为计费单位，常用于集装箱交货的情况，即 CFS—CY 或 CY—CY 条款。常见的包箱费率有以下三种表现形式。

(1) FAK 包箱费率(freight for all kinds)。即对每一集装箱不细分箱内货类，不计货量(在重要限额内)统一收取的运价。

(2) FCS 包箱费率(freight for class)。这是按不同货物等级制定的包箱费率。集装箱普通货物的等级划分，与杂货运输分法一样，仍是按 1～20 级，但是集装箱货物的费率差级大大小于杂货费率级差，一般低级的集装箱收费高于传统运输，高价货集装箱收费低于传统运输；同一等级的货物，重货集装箱运价高于体积货运价。可见，船公司鼓励人们把高价货和体积货装箱运输。在这种费率下，拼箱货运费的计算方法与传统运输一样，根据货物名称查得等级和计算标准，然后套相应的费率，乘以运费吨，即得运费。

(3) FCB 包箱费率(freight for class 或 basis)。这是按不同货物等级或货类以及计算标准制订的费率。

2. 散货运费的计算

该运费的计算与贸易商有着十分重要的关系。例如，一笔交易按照 CIF 或 C&F 价格成交，运费究竟是多少，在价格构成中占多大比例，对于出口方的成本核算关系重大。即使采用 FOB 价格成交时，掌握海洋运费的资料，对于计算各种价格条款之间的差额，做好比价工作也是十分重要的。

运费是根据班轮公司指定的运价表计算的。目前，各国船公司所制定的运价表，其格式并不完全一样，但其基本内容是比较接近的。

首先，船公司的价格表，一般根据商品的不同种类和性质，以及装载和保管的难易，而划分为若干个等级。在同一航线内，由于商品的等级不同，船公司收取的基本费率是不同的。因此，商品的等级与运费的高低有很大关系。

其次，运费的计算标准也不尽相同。例如，重货一般按重量吨计收运费，轻泡货按尺码吨计收，有些价值高的商品按 FOB 货值的一定百分比计收，有的商品按混合办法计收，如先按重量吨或尺码吨计收，然后再加若干从价运费，表现在运价表中为：

(1) 按重量吨计收，称为重量吨，表内列明“W”，以公吨为计算单位。

(2) 按货物体积计收，称为尺码吨，表内列明“M”，一般按 1 立方米或 40 立方英尺为一尺码吨作为计算单位。

(3) 按体积或重量，由船方选择而计算，表内列为“W/M”。

(4) 按商品的 FOB 价值的一定百分比计收，称为从价运费(Ad valorem)，表内列明为 Ad Val 或 A.V.。

(5) 按混合标准计收，如 W/M plus AV 等。即按重量吨或尺码吨再加从价运费。此外，还有一些商品是按件(per unit)或头(per head)计收，前者如车辆等；后者如活牲畜等。对于大宗商品，如粮食、矿石、煤炭等，因运量较大、货价较低、容易装卸等原因，船公司为了争取货源，可以与货主另行商定运价。

根据运价表计算运费，是一项比较复杂的工作，不仅需要熟悉运价表的基本内容，还需要细心工作。在计算运费时，除按照航线和商品的等级，先按基本费率(basis rate)算出基本运费，然后还要查出各种附加费用的项目，并将需要支出的附加费一一计算在内。

这些附加费用项目较多。例如，因商品的不同、港口不同或其他原因，都可能有附加费，还要随时掌握它的变动情况。

附加费大致有以下几种。

① 因商品特点不同而增收的附加费，如超重附加费、超长附加费、洗舱费等。

② 因港口的不同情况而增收的附加费，如港口附加费、港口拥挤费、选港费、直航附加费等。

③ 因其他原因而临时增加的附加费，如燃油附加费、贬值附加费等。

实际上附加费的名目繁多，远远不止上述这几种。值得注意的是，有些附加费，如港口拥挤费，占运费的比例很大，与基本运费相比，少则 10%，多则达 100%，甚至 2 倍以上。因此，在计算运费时，不可忽视对附加费的计算。

【例 5-1】 对可载货 18 吨、32 立方米的 20 英尺箱，对计算标准为 W/M 的货物分别为 95%/85%，意味着规定了最低载货吨为 17.1 吨/27.2 立方米。

【例 5-2】 某轮从上海装运 10 吨共计 11.3 立方米蛋制品到英国普利茅斯港，要求直航，全部运费是多少？

解：经查货物分级表可知，蛋制品是 10 级，计算标准是 W/M；查中国—欧洲地中海航线等级费率表的 10 级货物的基本费率为 116 元/吨；经查附加费率表可知，普利茅斯港直航附加费，每计费吨为 18 元；燃油附加费为 35%。所以，全部运费为：F=(116+116×35%+18)×11=1920.60(元)。本例中，10 吨蛋制品经查货物分级表，计算的标准是 W/M，取其中较大者作为计算标准，则为 11 尺码吨。

3. 公路集装箱运费的计算

1) 公路运输计价标准

公路货物运输计费分为整批货、零担货和集装箱货。整批货以吨为单位，零担货以千克为单位，集装箱货以箱为单位计算运费。集装箱运输以元/箱千米为计价单位。

2) 公路运输运价价目

集装箱货物以公路运输运费由基本运价、箱次费和其他收费构成。其计算公式为

重箱运费=重箱运价×计费箱数×计费里程+箱次数×计费箱数+货物运输其他费用

空箱运费=空箱运价×计费箱数×计费里程+箱次数×计费箱数+货物运输其他费用

3) 基本运价

集装箱基本运价是指各类标准集装箱重箱在等级公路上运输的每箱千米运价。

标准集装箱重箱运价按照不同规格的箱型的基本运价执行，标准集装箱空箱运价在标准集装箱重箱运价的基础上减成计算。

非标准箱重箱运价按照不同规格的箱型，在标准集装箱基本运价的基础上加成计算，非标准集装箱空箱运价在非标准集装箱重箱运价的基础上减成计算。

特种箱运价在标准箱型基本运价的基础上按所装载货物的不同加成幅度加成计算。

4) 箱次费

箱次费按不同箱型分别确定。

5) 其他收费

根据集装箱货物运输的具体情况，承运人可征收相应的费用，如调车费、装箱落空损失费、车辆通行费、车辆处置费等。

4. 铁路集装箱货物运费的计算

1) 常规计算法

集装箱货物的运费按照使用的箱数和“铁路货物运价率表”中规定的集装箱运价率计算。集装箱运费计算以箱为单位，由发到基价和运行基价两部分组成，其计算公式为

集装箱货物每箱运价=发到基价+运行基价×运价公里

2) 罐式集装箱、其他铁路专用集装箱运费的计算

罐式集装箱、其他铁路专用集装箱按“铁路货物运价率表”中规定的运价率分别加30%、20%计算；标记总重为 30.480 吨的通用 20 英尺集装箱按“铁路货物运价率表”中规定的运价率加 20%计算，按规定对集装箱总重限制在 24 吨以下的除外。

集装箱装运危险货物运费的计算如下。

装运一级毒害品(剧毒品)的集装箱按“铁路货物运价率表”中规定的运价率加 100%

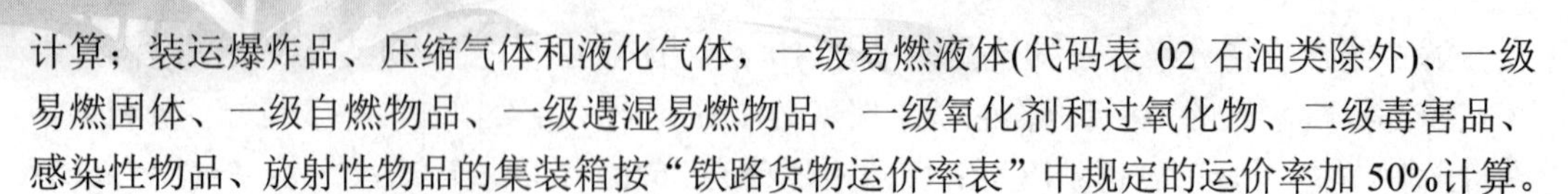

计算；装运爆炸品、压缩气体和液化气体，一级易燃液体(代码表 02 石油类除外)、一级易燃固体、一级自燃物品、一级遇湿易燃物品、一级氧化剂和过氧化物、二级毒害品、感染性物品、放射性物品的集装箱按“铁路货物运价率表”中规定的运价率加 50%计算。

装运危险货物的集装箱按上述两款规定适用两种加成率时，只适用其中较大的一种加成率。

3) 自备集装箱空箱回空运费的计算

自备集装箱空箱运价率按“铁路货物运价率表”规定的重箱运价率的 40%计算。

承运人利用自备集装箱回空捎运货物，按集装箱适用的运价率计费，在货物运单铁路记载事项栏内注明，免收回空运费，如表 5-4 所列。

表 5-4 铁路货物运价率表

种 类	发到基价		运行基价	
	单 位	费 率	单 位	费 率
1 吨箱	元/箱	7.40	元/箱公里	0.00329
5.6 吨箱	元/箱	57.00	元/箱公里	0.2525
10 吨箱	元/箱	86.20	元/箱公里	0.3818
20 英尺箱	元/箱	161.00	元/箱公里	0.7128
40 英尺箱	元/箱	314.70	元/箱公里	1.3935

4) 集装箱运输一口价

集装箱运输一口价(简称集装箱一口价，下同)是指集装箱自进发站货场至出到站货场铁路运输全过程各项费用的总和，包括门到门运输取空箱、还空箱的站内装卸作业，专用线取送车作业，港站作业的费用和经铁道部确认的集装箱货场、转场货场费用。

办理集装箱运输时，托运人在发站按公布的一口价一次性付费；收货人在到站提箱和送回空箱时，只要不出现货主原因的延期取货等问题，不再交纳任何费用。实行一口价后，发生一口价乱收费的，收货人有权拒付，并可向铁路局、铁道部有关部门投诉。

(1) 集装箱运输一口价的内容。集装箱一口价由铁路发站使用货票向托运人一次性收取，货票记事栏内注明“一口价”，对托运人和收货人，一口价内所有费用不再另开其他收费票证。除一口价和集装箱一口价中不包括的费用外，发货、到站均不得再收取任何费用(包括延伸服务费)。

(2) 集装箱一口价是由发送运输费用、发站其他费用和到站费用三部分组成。

发送运输费用包括国铁运费、新路新价均摊运费、特殊加价、电气化附加费、铁路建设基金、国铁临管运费、合资铁路或地方铁路的通过运费、铁路集装箱使用费、印花税、发送的护路联防费、发送的地方铁路建设附加费(福建、四川、重庆)、合资铁路或地区铁路的发送运费。

发站其他费用包括集装箱装卸综合作业费、运单表格费、货签表格费、施封材料费、组织服务费、港站费用和转场费用。

到站费用包括集装箱装卸综合作业费、铁路集装箱清扫费、到达的护路联防费、到

达的地方铁路建设附加费(福建、四川、重庆)、港站费用、转场费用、分段计费临管线和合资铁路或地方铁路的到达运费、自备集装箱费、合资铁路或地方铁路的集装箱使用费。

(3) 集装箱一口价中不包括的费用。

要求保价运输的保价费用；快运费；委托铁路装掏箱的装掏箱综合作业费；专用线装卸作业费用；集装箱在到站超过免费暂存期间产生的费用；托运人或收货人责任发生的费用。

5. 航空集装箱运费的计算

目前，国际航空集装箱货物运费的计算方法有两种：一种是常规运价计费法；另一种是新型运价计费法。

1) 常规运价计费法

常规运价计费法即采用普通航空货物运费的计算方法，首先对两个机场城市间的航线制定出经营航班的运价，然后航空公司根据货物的重量或体积计算出应收的运费。此种运价需提交国际航空协会和有关政府，通过协议和政府批准后才生效。

按照常规方法计算航空集装箱货物运费时要确定三个因素：货物计费数量、运价种类和货物的声明价值附加费。

(1) 计费数量。计费数量是指据以计算运费的货物数量。在航空货物运输中，货物的计费数量可以是毛重，也可以是其体积，是按照货物的实际毛重和体积重量两者之中较高的一种作为计费数量计收运费。承运人对重量大、体积小的货物是按货物的实际毛重计算运费；对体积大、重量轻的货物(轻泡货)则是以货物的体积作为计费数量计收运费。

轻泡货的具体界限是每 1 千克重量的货物，体积超过 6000 立方厘米的，以体积重量作为计费数量。体积重量的计算公式为

轻泡货计费数量=体积重量(千克)=货物体积(立方厘米)/6000(立方厘米)

在具体测算时，不考虑货物的几何形状，分别量出货物的最长、最宽和最高的部分(单位为厘米，测量数值的尾数四舍五入)，计算出货物的体积，然后将体积折算成千克。

计费重量以 0.5 千克为最小单位，重量尾数不足 0.5 千克按 0.5 千克计算，0.5 千克以上不足 1 千克的，按 1 千克计算。

(2) 运价种类。运价通常分三类。

① 指定商品运价，又称特种货物运价，指航空公司对一些特定的货物在特定的航线上给予的一种特别优惠的运价。但特种货物运价规定有起码重量，达不到所规定的起码重量则不能按此运价计算。

② 等级货物运价，是对某种商品在一般货物运价的基础上进行提价或给予优惠的价格。等级货物运价也有起码重量的规定。它仅适用于少数货物，即活动物、贵重货物、作为货物托运的行李等。

③ 普通货物运价，没有特殊规定而为普通货物制定的运价即为普通货物运价。

普通货物运价针对所承运货物数量的不同规定几个计费重量分界点，分别适用不同的费率。

N：45 千克以下普通货物运价(normal rate)。

Q：45千克以上普通货物运价(quantity rate)。Q45表示45千克(包括45千克)普通货物运价；Q100表示100千克以上(包括100千克)普通货物运价；以此类推。

由于托运的货物越多运价就越低，为了保证货方的利益，便产生了运价临界点规则。

运价临界点计算公式：较高等级运价×较高等级重量/低一等级的运价。

如某航线运价为N: 18.00; Q45: 13.5，则N等级至Q45等级的临界点为13.5×45/18=34，即如果货物重量超过34千克，就可以使用Q45的等级运价。

起码运费(minimum charges)：又称最低运费，是航空公司承运一批货物所能接受的最低运费，而不论货物的重量或体积。

(3) 声明价值附加费。根据《华沙公约》的规定，托运人在托运时声明了货物的价值并记载于空运单上的，承运人对其责任期间内造成的损害应按照该声明价值承担赔偿责任，而不再适用公约规定的责任限额，但以托运人支付声明价值附加费为条件。其计算公式为

声明价值附加费=(声明价值-实际毛重)×0.5%

声明价值附加费的最低收费为人民币10元。

托运人也可以选择不办理声明价值，则需要在空运单的相关栏目中填上：“N.V.D”(no value declared)。

2) 新型运价计费法

这是为适应航空集装箱运输的快速发展而使用的一种运价计算法，它不区分货物的种类、等级，只要将货物装在集装箱或成组器中运输，就可以将装在飞机货舱里的集装箱或成组器作为计价单位来计算运费。

五、国际多式联运相关内容

(一)国际多式联运的概念

国际多式联运

国际多式联运是指多式联运经营人按照多式联运合同，以至少两种不同的运输方式，将货物从一国境内接管货物的地点运至另一国境内指定交付货物的地点的运输方式。

(二)国际多式联运的特点

(1) 只有一份多式联运合同。

(2) 使用一份多式联运单据。

(3) 至少有两种不同的运输方式连贯运输。

(4) 国际间的货物联运。

(5) 由一个多式联运经营人对全程负责。

(6) 按全程单一运费率，以包干形式一次性收取。

(三)多式联运的优越性

(1) 简化托运、结算及理赔手续，节省人力、物力和有关费用。
(2) 缩短货物运输时间，减少库存，降低货损、货差，提高货运质量。
(3) 降低运输成本，节省各种支出，提早收汇。
(4) 提高运输管理水平，实现运输合理化。

(四)多式联运的主要业务程序

多式联运经营人是全程运输的组织者，在多式联运中，其业务程序主要有以下几个环节。

1．接受托运申请，订立多式联运合同

多式联运经营人根据货主提出的托运申请和自己的运输路线等情况，判断是否接受该托运申请。如果能够接受，则双方议定有关事项后，在交给发货人或其代理人的场站收据副本上签章，证明接受托运申请，多式联运合同已经订立并开始执行。

发货人或其代理人根据双方就货物交接方式、时间、地点、付费方式等达成协议，填写场站收据，并把其送至多式联运经营人处编号，多式联运经营人编号后留下货物托运联，将其他联交还给发货人或其代理人。

2．集装箱的发放、提取及运送

多式联运中使用的集装箱一般应由多式联运经营人提供。这些集装箱来源可能有三个：一是经营人自己购置使用的集装箱；二是由公司租用的集装箱，这类箱一般在货物的起运地附近提箱而在交付货物地点附近还箱；三是由全程运输中的某一区段承运人提供，这类箱一般需要在多式联运经营人为完成合同运输与该分运人订立分运合同后获得使用权。

如果双方协议由发货人自行装箱，则多式联运经营人应签发提箱单或者租箱公司或区段承运人签发的提箱单交给发货人或其代理人，由他们在规定日期到指定的堆场提箱并自行将空箱托运到货物装箱地点准备装货。如发货人委托亦可由经营人办理从堆场装箱地点的空箱托运。如是拼箱货或整箱货但发货人无装箱条件不能自装时，则由多式联运经营人将所用空箱调运至接受货物集装箱货运站，做好装箱准备。

3．出口报关

若联运从港口开始，则在港口报关；若从内陆地区开始，应在附近的海关办理报关手续。出口报关事宜一般由发货人或其代理人办理，也可委托多式联运经营人代为办理。报关时应提供场站收据、装箱单、出口许可证等有关单据和文件。

4．货物装箱及接收货物

若是发货人自行装箱，发货人或其代理人提取空箱后在自己的工厂和仓库组织装箱，装箱工作一般要在报关后进行，并请海关派员到装箱地点监装和办理加封事宜。如需理

货，还应请理货人员现场理货并与之共同制作装箱单。若是发货人不具备装箱条件，可委托多式联运经营人或货运站装箱，发货人应将货物以原来形态运至指定的货运站由其代为装箱。如是拼箱货物，发货人应负责将货物运至指定的集装箱货运站，由货运站按多式联运经营人的指示装箱。无论装箱工作由谁负责，装箱人均需制作装箱单，并办理海关监装与加封事宜。

对于由货主自装箱的整箱货物，发货人应负责将货物运至双方协议规定的地点，多式联运经营人或其代理人在指定地点接收货物。如是拼箱货，经营人在指定的货运站接收货物。验收货物后，代表联运经营人接收货物的人应在场站收据正本上签章并将其交给发货人或其代理人。

5. 订舱及安排货物运送

经营人在合同订立后，即应制定货物的运输计划，该计划包括货物的运输路线和区段的划分、各区段实际承运人的选择确定以及各区段衔接地点的到达、起运时间等内容。这里所说的订舱泛指多式联运经营人要按照运输计划安排洽定各区段的运输工具，与选定的各实际承运人订立各区段的分运合同。这些合同的订立由经营人本人或委托的代理人办理，也可请前一区段的实际承运人作为代表向后一区段的实际承运人订舱。

6. 办理保险

在发货人方面，应投保货物运输险。该保险由发货人自行办理，或由发货人承担费用由多式联运经营人代为办理。货物运输保险可以是全程，也可分段投保。在多式联运经营人方面，应投保货物责任险和集装箱保险，由经营人或其代理人向保险公司或以其他形式办理。

7. 签发多式联运提单，组织完成货物的全程运输

多式联运经营人的代表收取货物后，经营人应向发货人签发多式联运提单。在把提单交给发货人前，应注意按双方议定的付费方式及内容、数量向发货人收取全部应付费用。

多式联运经营人有完成或组织完成全程运输的责任和义务。在接收货物后，要组织各区段实际承运人、各派出机构及代表人共同协调工作，完成全程中各区段的运输以及各区段之间的衔接工作，运输过程中所涉及的各种服务性工作和运输单据、文件及有关信息等组织和协调工作。

8. 运输过程中的海关业务

按惯例国际多式联运的全程运输均应视为国际货物运输。因此该环节的工作主要包括货物及集装箱进口国的通关手续、进口国内陆段保税运输手续及结关等内容。如果陆上运输要通过其他国家海关和内陆运输线路时，还应包括这些海关的通关及保税运输手续。

这些涉及海关的手续一般由多式联运经营人的派出机构或代理人办理，也可由各区段的实际承运人作为多式联运经营人的代表办理，由此产生的全部费用应由发货人或收

货人负担。

如果货物在目的港交付，则结关应在港口所在地海关进行。如在内陆地交货，则应在口岸办理保税运输手续，海关加封后方可运往内陆目的地，然后在内陆海关办理结关手续。

9．货物交付

当货物运至目的地后，由目的地代理通知收货人提货。收货人需凭多式联运提单提货，经营人或其代理人需按合同规定，收取收货人应付的全部费用。收回提单后签发提货单，提货人凭提货单到指定堆场和集装箱货运站提取货物。如果整箱提货，则收货人要负责至掏箱地点的运输，并在货物掏出后将集装箱运回指定的堆场，运输合同终止。

10．货运事故处理

如果全程运输中发生了货物灭失、损害和运输延误，无论是否能确定发生的区段，发(收)货人均可向多式联运经营人提出索赔。多式联运经营人根据提单条款及双方协议确定责任并做出赔偿。如果已对货物及责任投保，则存在要求保险公司赔偿和向保险公司进一步追索问题。如果受损人和责任人之间不能取得一致，则需在诉讼时效内通过提起诉讼和仲裁来解决。

(五)国际多式联运经营人的概念

《中华人民共和国海商法》规定：多式联运经营人，是指本人或委托他人以本人名义与托运人订立多式联运合同的人。

(六)国际多式联运经营人的特征

(1) 国际多式联运经营人既不是发货人的代理，也不是承运人的代理，它是一个独立的法律实体，具有双重身份，对货主来说它是承运人，对实际承运人来说，它又是托运人。它一方面与货主签订多式联运合同，另一方面又与实际各分包承运人签订运输合同。

(2) 国际多式联运经营人是总承运人，对全程运输负责，对货物灭失、损坏、延迟、交付等均承担责任，但可向各个分包承运人追偿。

(七)国际多式联运经营人的类型

1．以船舶运输经营为主的多式联运经营人

以船舶运输经营为主的多式联运经营人主要利用船舶提供港至港服务，不拥有也不从事公路、铁路和航空运输，而是通过与各相关承运人订立分合同来安排运输，同时还订立内陆装卸仓储和其他服务分合同。

2．无船多式联运经营人

无船多式联运经营人可分为承运人型、场站经营人型和经纪人型。

(1) 承运人型。虽不拥有船舶，但拥有汽车、火车或飞机，与货主订立多式联运合同后，除用自己的运输工具完成某区段运输外，还与相关承运人订立分合同。

(2) 场站经营人型。拥有货运站、堆场和仓库。与所涉及的运输方式的承运人订立分合同。

(3) 经纪人型。不直接从事对货主的推销、报关服务，只潜心于对商品的开发和服务的改善。

(八)国际多式联运经营人的责任形式

1. 统一责任制

统一责任制是国际多式联运经营人对货主负有不分区段运输的统一责任。即货物灭失或损坏，包括隐蔽损失，无论发生在哪个区段，国际多式联运经营人按一个统一原则负责，并按一个约定的限额赔偿。

2. 分段责任制

分段责任制又称网状责任制，指国际多式联运经营人的责任范围以各区段运输原有的责任为限，如海上区段按《海牙规则》、铁路区段按《国际铁路运输公约》、公路区段按《国际公路货物运输公约》、航空区段按《华沙公约》。在不适用国际法时，应按相应国内法办理。赔偿时按各区段的国际法或国内法规定限额赔付，对不明区段货物的隐蔽损失，按双方约定办理。

3. 修正统一责任制

修正统一责任制是介于统一责任制与分段责任制之间的责任制，又称混合责任制。即在责任范围方面与统一责任制相同，而在赔偿限额方面与分段责任制相同。

六、多式联运的组织形式

1. 海陆联运

海陆联运是国际多式联运的主要组织形式，也是远东/欧洲方向国际多式联运采用的主要组织形式之一。目前主要有班轮公会的三联集团、北荷、冠航和丹麦的马士基等国际航运公司，以及非班轮公会的中国远洋运输公司、中国台湾长荣航运公司和德国那亚航运公司等组织和经营远东/欧洲海陆联运业务。这种组织形式以航运公司为主体，签发联运提单，与航线两端的内陆运输部门开展联运业务，与大陆桥运输展开竞争。

2. 陆桥联运

陆桥联运指利用横跨大陆的铁路作为中间桥梁，把大陆两端的海洋连接起来组成一个海—陆—海的连贯运输方式。

(1) 西伯利亚大陆桥。西伯利亚大陆桥是指将集装箱货物由远东海运到俄罗斯东部港口，再经跨越欧亚大陆的西伯利亚铁路运至波罗的海沿岸的港口，然后采用铁路、公路或海运运到欧洲各地的国际多式联运的运输线路。

西伯利亚大陆桥缩短了从日本、远东、东南亚及大洋洲到欧洲的运输距离，节省了运输时间。从日本横滨到欧洲鹿特丹，采用陆桥运输不仅可使运距缩短1/3，也可使运输时间节省 1/2。一般情况下，运输费用还可节省 20%～30%。西伯利亚大陆有海—铁—海、海—铁—铁、海—铁—公三种运输形式。

(2) 北美大陆桥。北美大陆桥是指利用北美的大铁路从远东到欧洲的“海陆海”联运。该陆桥运输包括美国大陆桥运输和加拿大大陆桥运输。美国大陆桥有两条运输线路：一条是从西部太平洋沿岸至东部大西洋沿岸的铁路和公路运输线；另一条是从西部太平洋沿岸至东南部墨西哥湾沿岸的铁路和公路运输线。

(3) 亚欧第二大陆桥。亚欧第二大陆桥，也称新亚欧大陆桥。该大陆桥东起中国的连云港，西至荷兰鹿特丹港，全长 10 837 千米，其中在中国境内 4143 千米，途径中国、哈萨克斯坦、俄罗斯、白俄罗斯、波兰、德国和荷兰七个国家，可辐射到 30 多个国家和地区。1990 年 9 月，中国铁路与哈萨克斯坦铁路在德鲁日巴站正式接轨，标志着该大陆桥的贯通。出国境后可经三条线路抵达荷兰的鹿特丹港。

亚欧大陆桥将亚欧两个大陆原有的陆上运输通道缩短了 2000 千米；比西伯利亚大陆桥缩短了 2500 千米；比绕道印度洋和苏伊士运河的水运距离缩短了 10 000 千米，费用节省 20%～25%，时间缩短一半。

3. 海空联运

海空联运又称为空桥运输。在运输组织方式上，空桥运输与陆桥运输有所不同，陆桥运输在整个货运过程中使用的是同一个集装箱，不用换装，而空桥运输的货物通常要在航空港换入航空集装箱。这种联运组织形式是以海运为主，只是最终交货运输区段由空运承担。

国际海空联运线主要有以下三种。

(1) 远东—欧洲。远东与欧洲间的航线有以温哥华、西雅图、洛杉矶为中转地，也有以中国香港、曼谷、海参崴为中转地，还有以旧金山、新加坡为中转地。

(2) 远东—中南美。近年来，远东至中南美的海空联运发展较快，因为此处港口和内陆运输不稳定，所以对海空运输的需求很大。该联运线以迈阿密、洛杉矶、温哥华为中转地。

(3) 远东—中近东、非洲、澳洲。这是以中国香港、曼谷为中转地至中近东、非洲的运输服务。在特殊情况下，还有经马赛至非洲、经曼谷至印度、经中国香港至澳洲等联运线，但这些线路货运量较小。

【实训任务】

任务一　签订多式联运合同

工作思考

(1) 何谓多式联运合同？
(2) 签订多式联运合同的责任有哪些？
(3) 签订多式联运合同的注意事项是什么？

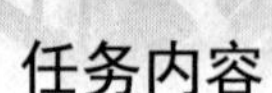

任务内容

学习签订多式联运合同。

任务目标

熟悉多式联运合同；能够填写多式联运合同。

任务准备

多式联运合同范本及结构图片。

任务实施

步骤一　确定多式联运承运人及合同的订立方式

多式联运承运人，又称多式联运经营人，是指与旅客或者托运人订立多式联运合同，并负责履行或者组织履行合同，对全程运输负责，享有承运人权利、承担承运人义务的人。

多式联运承运人不仅是订立多式联运合同的承运人，也是对全程运输负责的承运人。他既不是旅客或者托运人的代理人或代表，也不是参加多式联运的承运人的代理人或代表，或者不是参加联运各区段的具体承运人。多式联运承运人负有履行合同的全部责任，这是他与各区段具体承运人的主要区别所在。

实践中，多式联运合同的订立主要有以下两种方式。

1) 托运人或旅客与经营多式联运业务的经营人订立合同

在此情况下，先是由托运人或者旅客与经营多式联运业务的经营人订立承揽运输合同，联运经营人为合同的承揽运输人(也即多式联运承运人)一方，托运人或旅客为合同的另一方。然后，联运经营人与各承运人签订运输协议。在这种情形下，联运经营人以自己的名义与托运人或旅客签订运输合同，承担全程运输，而实际上经营人在承揽运输任务后再将运输任务交由其他承运人完成。但托运人或旅客仅与联运经营人直接发生运输合同关系，而与实际承运人并不直接发生合同关系。因此，联运经营人处于一般运输合同的承运人的地位，享受相应的权利，并承担相应的责任。至于联运经营人与实际承运人之间的关系，则依其相互间的协议而定。

2) 托运人或旅客与第一承运人订立运输合同

在此种情况下，各个承运人为合同的一方当事人，而托运人或旅客为另一方当事人。各个承运人虽均为联运合同的当事人，但只有第一承运人代表其他承运人与托运人或旅客签订运输合同，其他承运人并不参与订立合同。第一承运人则为联运承运人。

步骤二　确定承运人之间的责任

《中华人民共和国合同法》第 318 条规定：“多式联运经营人可以与参加多式联运的各区段承运人就多式联运合同的各区段运输约定相互之间的责任，但该约定不影响多式联运经营人对全程运输承担的义务。”多式联运合同在签订时，一般应明确各个换装港(站)及货物交接办法或各区段承运人的责任。至于承运人之间的责任，一般先由多式联运承运人与各区段承运人来协议约定，然后在运输合同中加以明确。但是，联运承运人与各区段承运人之间就其责任的约定，不得影响或者减少联运经营人对全程运输所承担的义务。如果约定联运承运人仅对某一区段运输负责，而不对全程运输负责的，该约定应视为无效。

步骤三 填写货物联运单据

《中华人民共和国合同法》第 319 条规定："多式联运经营人收到托运人交付的货物时，应当签发多式联运单据。按照托运人的要求，多式联运单据可以是可转让单据，也可以是不可转让单据。"

1) 联运单据的含义和种类

多式联运单据，是指证明多式联运合同以及证明多式联运承运人接管货物并负责按照合同约定交付货物的单据。多式联运单据实际是一种货物运单，与前述货物运单的基本内容一致。

多式联运单据，按照在单据"收货人"一栏内是否填明收货人的名字，可分为记名单据(向某个特定的人交付货物)、不记名单据(向持单据的人交付货物，而不管该持票人是何人)和指示单据(凭指示或某人指示交付货物)。记名单据不可转让；不记名单据无须背书即可转让；指示单据须经背书(或记名背书或空白背书)。所以，联运单据又可分为可转让单据和不可转让单据两种。

2) 联运单据的签发

在托运货物时，多式联运承运人接收托运人交付的货物后应立即向托运人签发联运单据。该单据应依托运人的选择，或者为可转让单据或者为不可转让单据。多式联运单据应由多式联运承运人或经他授权的人签字。虽然联运单据是联运承运人或其授权的人签发的，但托运人也应当对其提供的情况负责。因此，双方当事人对签发的联运单据都负有责任。

小知识

国内多式联运中使用的票据见表 5-5。

表 5-5 国内多式联运中使用的票据

序 号	票据名称	票据作用
1	全国联运行业货运统一发票	是各联运企业间业务结算票据
2	全国联运行业统一货运委托书	是委托单位与管理单位就货物联运的合同
3	运输交接单	是办理货物交接和结算各项运输费用的依据
4	中转交接单	是货物在港站换装交接和结算中转费用的依据
5	货物储运单	是货物在库场保管交接及结算仓储费用的依据
6	联运运单	是多式联运合同，也是办理货物运输与货物交付的依据。一般来说，运单不是物权证明，不是有价证券，不能流通转让

技能训练

1. 训练内容

尝试在既定背景下签订多式联运合同。

2. 训练要求

(1) 能够正确复述多式联运合同签订步骤。
(2) 结合多式联运合同签订内容确定责任约定。
(3) 训练中操作要认真、仔细。

任务二　国际多式联运方案设计

工作思考

(1) 如何设计国际多式联运方案?
(2) 国际多式联运的主要组织形式有哪些?

任务内容

有一批安防产品需从中国山西运至西班牙的塞维利亚，试设计运输方案。

任务目标

明确国际多式联运的特点和作用；熟悉多式联运的主要组织形式和内容；掌握国际多式联运的业务程序和内容。

任务准备

地图册。

任务实施

步骤一　熟悉地理位置

标出中国山西和西班牙的塞维利亚在世界地图中的位置，了解两个城市所处的地理环境和周边交通状况。

步骤二　设计海运方式的运输方案

设计并回答下列问题。
(1) 在图中标出需要经过哪些国家？有哪些海峡及港口？
(2) 海运的里程及运至目的地需要的大致时间是多少？
(3) 收、发货人需要联系多少个承运人？
(4) 这个过程中需交换多少单据？
(5) 需交付几次运费？

(6) 需安排多少监管环节？

步骤三　设计海铁联运的运输方案(通过新亚欧大陆桥)

设计并回答下列问题。

(1) 在图中标出新亚欧大陆桥经过的国家、地区及主要港口货站。

(2) 大陆桥的里程及运至目的地需要的时间是多少？

(3) 与海运方案相比有哪些优势？

(4) 国际多式联运有哪些特点及作用？

(5) 设计该项目多式联运的业务程序及内容。

技能训练

1．训练内容

在地图上标出西伯利亚大陆桥和北美大陆桥的路线图，指出所经过的国家、地区和主要港口货站分布的相关情况；掌握具体的办理程序及内容。

2．训练要求

(1) 正确。标记的内容符合要求，正确无误。

(2) 完备。对训练的项目内容回答完整。

(3) 真实。按项目实例完成，内容真实。

(4) 清晰。字迹清晰、正确规范。

3．训练评价

国际多式联运方案设计技能训练评价表见表5-6。

表5-6　国际多式联运方案设计技能训练评价表

被考评人					
考评地点					
考评内容	国际多式联运方案设计				
考评标准	内　容	分值	自我评价	小组评价	实际得分
	知道国际多式联运的特点	25			
	掌握多式联运的组织形式	25			
	掌握多式联运的业务程序	25			
	方案设计正确无错误	25			
合计		100			

注：(1) 实际得分=自我评价×40%+小组评议×60%。

(2) 考评满分为100分，60～74分为及格，75～84分为良好，85分以上为优秀。

任务三　国际标准集装箱的结构及标记标识

工作思考

(1) 国际标准集装箱的结构如何？
(2) 国际标准集装箱的标记标识有哪些？

任务内容

国际标准集装箱的结构及箱体上的标记。

任务目标

熟悉国际标准集装箱的主要部件及结构；掌握集装箱各类标志所代表的含义。

任务准备

国际标准集装箱箱体标记及结构图片。

任务实施

步骤一　熟悉国际标准集装箱的结构

(1) 集装箱的方位性术语。
① 前端(front)——无门端。
② 后端(rear)——门端。
③ 左侧(left)——从后往前看，左边的一侧。
④ 右端(right)——从后往前看，右边的一侧。
(2) 集装箱主要部件名称。
40 英尺集装箱构件总体结构如图 5-4 所示。

① 角件(comer fitting)。角件分上角件和底角件，各有四个，角件上有三个锁孔，全部由铸钢制造。

② 角柱(comer post)。角柱共有四根，是主要的承重部件，用铸钢制造，连接上、下角件。

③ 角结构(comer structure)。角结构有上角件和下角件，由角柱组成，承受堆码载荷。

④ 上端梁(top end rail)。上端梁有一根，前端上部横梁。
⑤ 下端梁(bottom end rail)。下端梁有一根，前端下部横梁。
⑥ 门楣(door header)。门楣有一根，门上方的横梁。
⑦ 门槛(door sill)。门槛有一根，门下方的横梁。
⑧ 顶侧梁(top side rail)。顶侧梁有两根，分左右。
⑨ 底侧梁(bottom side rail)。底侧梁有两根，分左右。
⑩ 顶板(roof panel)。顶板目前主要为波纹板。

⑪ 侧板(side panel)。

⑫ 底板(floor)。货物载荷由地板承受后，通过底横梁传递给左、右底侧梁然后至下角件。

⑬ 底横梁(cross member)。底横梁有多个，连接地板与侧梁。

⑭ 叉槽(fork lift packet)。叉槽只有 20 英尺箱有，是为了快速装卸空箱时使用。

⑮ 鹅颈槽(gooseneck tunnel)。40 英尺高箱底部有，和带槽底盘车配合使用。

⑯ 门(door)。门有两扇，在右门上施封。

⑰ 门锁杆(door locking bar)。门锁杆有四根，上面有把手，把手上有孔，便于挂封，门锁杆上下有凸轮，凸轮座焊在门楣和门槛上。

⑱ 门封(door seal)。门封是橡胶制品。

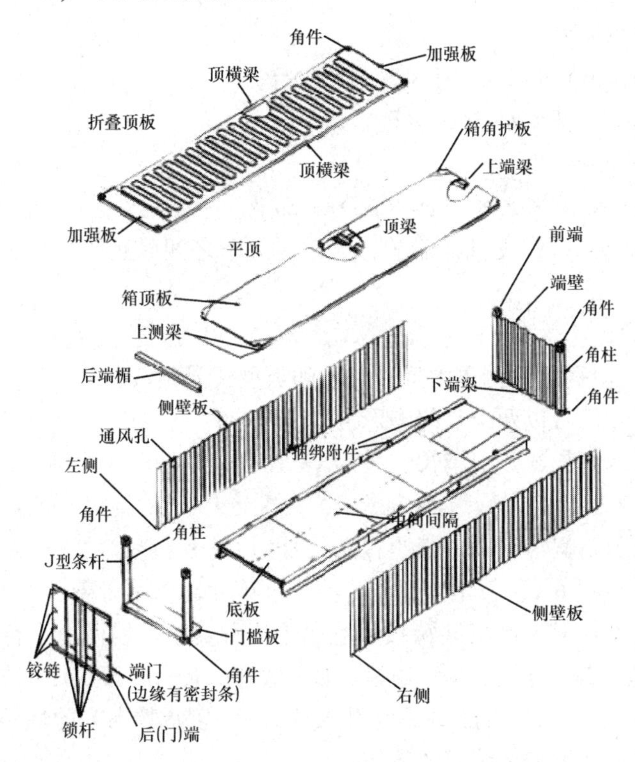

图 5-4　40 英尺集装箱构件总体结构

步骤二　熟悉集装箱上的各类标记

(1) 集装箱上的标记。

集装箱的标记有以下三类。

① 必备标记。识别标记和作业标记。

② 自选标记。识别标记和作业标记。

③ 通行标记。安全合格牌照、集装箱批准牌照和检验合格徽。

(2) 必备标记。

① 识别标记。

箱号(cont. no.)。箱号由箱主代号、顺序号和核对数三部分组成，如COSU8005631。

箱主代号。箱主代号是集装箱所有人的代号，由四个字母组成，前三个字母自定，第四个字母为“U”，表示海运集装箱。

顺序号。顺序号由六位数字组成，紧跟在箱主代号之后，由箱主自定。

核对数。核对数是箱号的最后一位数，通过计算得出，作用是防止箱号在记录时发生差错。

集装箱箱号在集装箱上有六处。

② 作业标记(全部在右门上标注)。

额定重量和自重体积。

允许总重(max. g.w) ××××千克/××××磅。

自重(tare)××××千克/××××磅。

最大载重(max. c.w)。

容积(cub. capacity)××××cu.m/××××cu.ft。

空陆水联运标记：可在飞机、船舶、卡车、火车之间联运的集装箱标有空陆水联运标记。

(3) 自选标记。

① 识别标记。识别标记主要由尺寸代号和类型代号组成。

尺寸代号。尺寸代号以两个字符表示。

第一个字符表示箱长，其中箱长代号为1—10英尺、2—20英尺、3—30英尺、4—40英尺，以字母A～P表示的为特殊箱长。

第二个字符表示箱宽与箱高，其中箱高代号为0—8英尺、2—8英尺6英寸、4—9英尺6英寸、5—9英尺6英寸、6—超过9英尺6英寸，以字母表示的为特殊箱宽。

类型代号。类型代号反映集装箱按用途属于哪种类型。以两个字符表示，第一个字符表示集装箱类型，G—通用、V—通风、B—散货、R—冷藏、H—隔热、U—敞顶、P—平台、T—罐式、A—空、陆、水联运集装箱、S—以货物命名的集装箱；第二个字符为阿拉伯数字，表示某类型集装箱的特征。

② 作业标记。作业标记是国际铁路联盟标记，获取该标记就是指集装箱的技术条件满足了国际标准化组织中的《国际铁路联盟条例》中的规定。在欧洲铁路上运输集装箱时，必须有该标记。

(4) 通行标记。

① 安全合格牌照。该牌照表示集装箱已按国际铁路联盟的《国际集装箱安全公约》(简称CSC)的规定，经有关部门检验合格，符合有关的安全要求，允许在运输经营中使用。

安全合格牌照的内容包括：批准国、批准证书号和批准日期；出厂日期；集装箱制造厂商产品号；最大总重等。

② 集装箱批准牌照。为便于集装箱在各国间通行，可由海关加封运行，不必开箱检查箱内的货物。凡符合联合国欧洲经济委员会的《集装箱海关公约》规定的集装箱，可以装上“集装箱批准牌照”，在各国间加封运输。

③ 检验合格徽。集装箱上的安全合格牌照主要是确保集装箱不对人的生命安全造成威胁。此外，集装箱还必须确保在运输过程中不对运输工具的安全造成威胁。所以，国际标准化组织要求各检验机关必须对集装箱进行各种相应试验，并在试验合格后，在集装箱门上贴上代表该检验机关的合格徽。

有些国家对于进入本国的集装箱有一些特殊的要求，在选用集装箱时必须加以注意。如凡进入澳大利亚和新西兰的集装箱，必须有“防虫处理板”通行标记，否则会被拒之门外。另外，附有熏蒸设施，能在箱内使用规定的药品进行熏蒸的集装箱，应在箱门贴上“农林徽”。

技能训练

1. 训练内容

根据上面介绍的各类标记，正确标出集装箱箱体主要结构部件和箱门上各标记所代表的含义。

2. 训练要求

(1) 可以根据各种标准集装箱的结构和悬挂的标记，增加技能训练的内容和环节。
(2) 结合各种类型的集装箱实例，灵活运用。
(3) 训练中操作要认真、仔细。

任务四 集装箱货运单证的流转与使用

工作思考

(1) 集装箱货运单证的流转程序是什么？
(2) 集装箱货运单证如何使用？

任务内容

集装箱场站收据的流转与使用。

任务目标

熟悉集装箱主要货运单证；掌握集装箱场站收据的流转过程。

任务准备

各种集装箱货运单证。

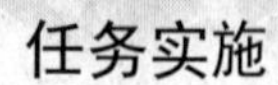

任务实施

步骤一 熟悉集装箱主要的货运单证

(1) 集装箱发放通知单(container release order，CRO)。集装箱发放通知单是船公司指示集装箱堆场将空集装箱及其他设备提交给本单持有人的书面凭证。在集装箱运输中，船公司根据订舱单或预配清单向发货人或集装箱货运站签发集装箱发放通知单，并通知集装箱堆场。货主或集装箱货运站向堆场提取空箱时必须出示该单证。

(2) 集装箱设备交接单(equipment interchange receipt，EIR)。集装箱设备交接单是集装箱所有人或集装箱经营人委托集装箱码头、堆场和货方或集装箱货运站交接集装箱及电动机等设备的凭证。集装箱设备交接单分进场设备交接单和出场设备交接单，各有三联，第一联为船代留底联；第二联为堆场联；第三联为用箱人或拖箱人联。

集装箱设备交接单见表5-7。

表5-7 集装箱发放/设备交接单

海中远国际货运有限公司

COSCO Shanghai international freight co., ltd. out 出场

集装箱发放/设备交接单

equipment interchange receipt no.

用箱人/运箱人(container user/haulier)		提箱地点(place of delivery)	
发往地点(delivered to)	返回/收箱地点(place of return)		
船名/航次 (vessel/voyzge no.)	集装箱号 (container no.)	尺寸/类型 (size/type)	营运人 (cntr. optr.)
提单号 (b/l no.)	铅封号 (seal no.)	免费期限 (free time period)	运载工具牌号 (truck，wagon，barge no.)
出场目的 (pps of gate-out/status)	进场目的/状态 (pps of gate-in/status)	出场日期 (time-out)	
出场检查记录(inspection at the time of interchange)			
普通集装箱 (gp container)	冷藏集装箱 (rf container)	特种集装箱 (special container)	发电机 (gen set)
正常(sound) 异常(defective)	正常(sound) 异常(defective)	正常(sound) 异常(defective))	正常(sound) 异常(defective)

(3) 装箱单(container load plan，CLP)。装箱单是按装箱顺序记载装箱货物的具体名称、数量、尺码、重量、标志和其他货运资料的单证，对于特种货物还应加注特定要求。

装箱单是集装箱船舶进出口报关向海关提交的载货清单的补充资料，也是向承运人提供箱内所装货物的明细清单；既是集装箱码头编制装、卸船计划的依据，也是发生货损时处理索赔事故的原始依据之一。

装箱单一式五联，码头、船代、承运人各一联，发货人/装箱人共两联。整箱货的装箱单由发货人缮制，拼箱货的装箱单由集装箱货运站缮制，见表 5-8。

表 5-8　拼箱货的装箱单

<table>
<tr><td colspan="4" rowspan="2">装　箱　单
CONTAINER LOAD PLAN</td><td colspan="2">集装箱号
Container No.</td><td colspan="2">集装箱规格
Type of Container:　20　40</td></tr>
<tr><td colspan="2">铅封号
Seal No.</td><td colspan="2">冷藏温度　℉　℃
Reefer. temp. Required</td></tr>
<tr><td colspan="2">船名　航次
Ocean Vessel　Voy. No.</td><td>收货地点
Place of Receipt
□—场 CY　□—站 CFS　□—门 Door</td><td>装货港
Port of Loading</td><td colspan="2">卸货港
Port of Discharging</td><td colspan="2">交货地点
Place of Delivery
□—场 CY　□—站 CFS　□—门 Door</td></tr>
<tr><td>箱主
Owner</td><td>提单号码
B/L No.</td><td>1. 发货人　2. 收货人　3. 通知人
Shipper　Consignee　Notify</td><td>标志和号码
Marks & Numbers</td><td>件数及包装种类
No. & Kind of Pkgs.</td><td>货　名
Description of Goods</td><td>重量(公斤)
Weight kgs.</td><td>尺码(立方米)
Measurement Cu. M.</td></tr>
<tr><td rowspan="2"></td><td rowspan="2"></td><td colspan="2" rowspan="2">底 Front
门 Door</td><td rowspan="2"></td><td></td><td></td><td></td></tr>
<tr><td>总件数
Total Number of Packages
重量及尺码总计
Total Weight & Measurement</td><td></td><td></td></tr>
<tr><td rowspan="3">危险品要注明危险品标志分类及闪点
In case of dangerous goods, please enter the label classification and flash point of the goods.</td><td colspan="2">重新铅封号
New Seal No.</td><td>开封原因
Reason for breaking seat</td><td colspan="2">装箱日期　Date of vanning:
装箱地点　at:
(地点及国名 Place & Country)</td><td></td><td>皮　重
Tare Weight</td></tr>
<tr><td>出　口
Export</td><td>驾驶员签收
Received by Drayman</td><td>堆场签收
Received by CY</td><td colspan="2" rowspan="2">装箱人
Packed by:
发货人　货运站
(Shipper/CFS)
(签署) Signed</td><td></td><td>总毛重
Gross Weight</td></tr>
<tr><td>进　口
Import</td><td>驾驶员签收
Received by Drayman</td><td>货运站签收
Received by CFS</td><td colspan="2">发货人或货运站留存
1. SHIPPER/CFS
(1)一式十份　此栏每份不同</td></tr>
</table>

(4) 场站收据(dock receipt，D/R)。场站收据又称港站收据或码头收据，指船公司委托集装箱堆场、集装箱货运站或内陆站在收到整箱货或拼箱货后，签发给托运人证明已收到货物，托运人可凭以换取提单或其他多式联运单证的收据，共 10 联。

第一联：集装箱货物托运单货主留底备查。

第二联：集装箱货物托运单船代留底、编制装船清单、积载图预制提单等。

第三联：运费通知(1)——计算运费。

第四联：运费通知(2)——运费收取通知。

第五联：场站收据副本(1)(装货单)——报关并作为装货指示。

第五联附页：缴纳出口货物港务费申请书(由港区核算应收港务费用)。

第六联：场站收据副本(2)(大副联，粉红色)，报关，船上留存备查。

第七联：正本场站收据，黄色，报关，船代凭此签发提单。

第八联：货代留底，编制货物流向单。

第九联：配舱回单(1)——货代编制提单等。

第十联：配舱回单(2)——根据回单批注修改提单

步骤二 熟悉集装箱十联场站收据的流转程序(见图 5-5)。

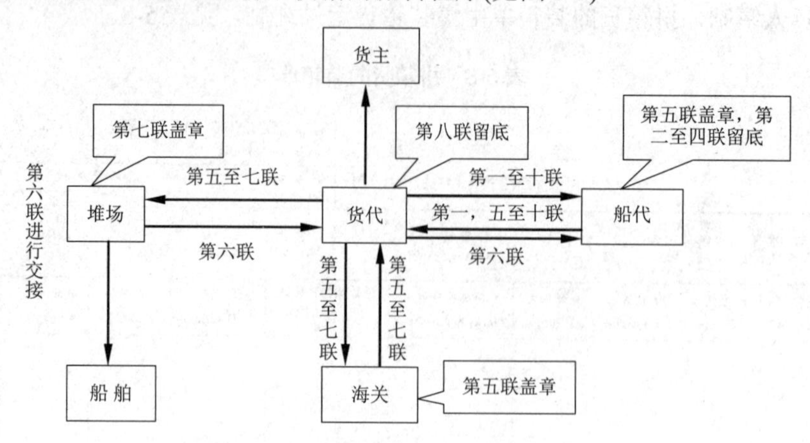

图 5-5 集装箱十联场站收据的流转程序

步骤三 货运代理接受托运人的委托后填制十联场站收据，并将第一联货主留底联由货主留存备查，将其余 9 联送船代订舱。

发货人或货代填制场站收据时应注意以下几个问题。

(1) 货物装卸港、交接地。

(2) 运输条款、运输方式、运输要求。

(3) 货物详细情况(种类、唛头、性质、包装、标志等)。

(4) 装船期，能否分批出运。

(5) 箱子规格、种类、数量等。

步骤四 船代确定船名、航次，给每一票货物分配一个提单号，将提单号填入九联单，并在第五联装货单联加盖确认订舱章，明确表示订舱。然后留下第二至四联，其余第五至十联退还托运人或其代理。船代在第五联(装货单联)盖章时应注意以下几个问题。

(1) 是否指定船公司、船名。

(2) 是否规定货物运抵日期或期限。

(3) 有无特殊运输要求。

(4) 是否应收订舱押金。

(5) 对发货人提出的运输要求能否做到。

步骤五 货代留下第八联货代留底联，用于编制货物流向单及作为日后查询的依据。第九、十联配舱回单(1)、(2)联退给托运人，以证明承运人已确认订舱和编制提单等单证。

货代将第五至七联已加盖船代签单章的装货单、大副联、正本场站收据随同报关单等单证向海关报关。

海关与船代传送的信息核对无误后，在第五联装货单上盖放行章，并将第五至七联退还报关人。

货主或货代将已盖海关放行章的装货单、大副联、正本场站收据包括港口收费联连同货物送装箱点装箱。

托运人或货代将集装箱及上述第五至七联单送港区或货运站。cy 或 cfs 查验集装箱或货物，先查验第五联的海关放行章，再检查进场的货物的内容、箱数、货物总件数是否与单证相符，并核对场站收据的各个号是否与单证相符，要做到单货相符、单单相符。如相符则在正本场站收据(第七联)上加批实收箱数，并签字，加盖签证章。

场站留下装货单及大副联：装货单联归档保存以备日后查询；装货单附页用来向托运人或货代结算费用；大副联连同配载图应及时转交理货部门，由理货员在装船完毕后，将大副联交船上大副留底。

堆场或货运站签收第七联时应注意以下几个问题。

(1) 进堆场或货运站的货物是否已报关。

(2) 进堆场或货运站的货物与单证记载内容是否相符。

(3) 进堆场的箱号、封号是否与单证记载相符。

(4) 一起送交的单证，其内容是否单单相符。

第七联正本场站收据应退回托运人或货代，以便托运人或货代凭此要求船代签发正本提单(装船前可签发待运提单，装船后可签发已装船提单)。

但在实际业务中，托运人或货代并不将场站收据取回，而是在集装箱装船后 4 小时内，由船代在港区的现场人员与堆场签证人员交接将其带回给船代，船代据此通知货代放单信息(在该货代被授权代理船公司签发提单的情况下)签发“已装船提单”。

技能训练

1．训练内容

(1) 熟悉集装箱主要货运单证及其作用。

(2) 掌握十联场站收据的流转和使用。

2．训练要求

(1) 可以根据项目结合具体业务流程实例，增加技能训练的内容和环节。

(2) 结合业务实例，灵活运用。

(3) 训练中操作要认真、仔细。

3．训练评价

集装箱主要货运单证流转与使用技能训练评价表见表 5-7 和表 5-8。

4．训练建议

建议结合集装箱运输业务实例进行训练。

任务五　集装箱海运运费的计算

工作思考

(1) 集装箱海运运费的计算标准是什么？
(2) 海运集装箱拼箱货和整箱货的运费如何计算？

任务内容

海运集装箱拼箱货和整箱货运费计算。

任务目标

掌握集装箱海运运费的计算方法。

任务准备

海运运价本。

任务实施

步骤一　集装箱海运运费的计算

(1) 不同箱型海运运费的计算方法。

① 拼箱货。沿用件杂货运费的计算方法，对具体的航线按货物的等级及不同的计费标准(俗称散货价)计算出基本运费，然后在基本运费的基础上加上相应的附加费。附加费包括传统杂货所收取的常规附加费，以及与集装箱货物运输有关的附加费。

② 整箱货。对具体航线可以实行不分货物等级只按箱型的包箱费率计算运价，也可以分货物等级和箱型的包箱费率一起来计算集装箱货物的基本运费。

(2) 包箱费率(box rate)。包箱费率是以每个集装箱为单位规定计收运费的费率。

① FAK(freight for all kin)包箱费率。对每一集装箱不细分箱内货类，不计货量(在重量限额内)，只按箱内货物(普通货、一般化工品、半危险品、全危险品、冷藏品)制定出不同规格(20 英尺和 40 英尺)箱子的费率。

② FCS(freight for class)包箱费率。与 FAK 的区别是，将集装箱普通货物的等级划分为 1～20 级。在 FCS 下，首先根据货名查等级，然后按等级和箱子规格查到每个箱子的相应运费。

③ FCB(freight for class and basis)包箱费率。与 FCS 不同的是，它既按不同货物等级或货类，又按计算标准制定出不同的费率。例如，货物 8～10 级，CY—CY 交接方式，20 英尺的集装箱货物按重量计费为 1500 美元，按尺码计费为 1450 美元。在 FCB 下，首先根据货名查到等级，然后按等级、计算标准和箱子规格查到每只箱子的相应运费。

步骤二　整箱货海运运费的计算

整箱货的运费计算，一般是按包箱费率乘以整箱个数得出基本运费，再加上附加费，

得到应收运费的金额。计算公式为

整箱货运费=包箱费率×箱量+附加费

【例 5-3】 一批手动工具需用集装箱从上海运往英国费利克斯托，重量为 20 吨，容积为 16.5 立方米。采用 CY—CY 条款，订舱 1×20 英尺。计算货主需要为该批货物支付多少运费？

解：

① 查货物分级表，知该货物属 10 级，W/M。

② 查中国—欧洲航线费率表，知 10～11 级货物拼箱运价为 130 美元/英尺，整箱运价为 2050 美元/20 英尺、3900 美元/40 英尺。附加费率表显示燃油附加费为 20%。

③ 运费=包箱费率×箱量+附加费=1×2050×(1+20%)=2460(美元)

步骤三　拼箱货海运运费的计算

拼箱货海运运费的计算，沿用件杂货运费的计算方法，对具体的航线按货物的等级及不同的计费标准(俗称散货价)计算出基本运费，总运费等于基本运费再加上相应的附加费。计算公式为

$$F=fQ(1+S_1+S_2+\cdots+S_n)$$

式中：f 为货物的运价；Q 为计费质量；$S_1, S_2, \cdots, S_n$ 为各项附加费的百分比。

技能训练

1. 训练内容

某货轮从广州港装载杂货人造纤维，体积为 20 立方米，毛重为 16.8 吨，运往欧洲某港口，托运人要求选择卸货港为汉堡或鹿特丹，基本费率 80.0 美元/英尺，选卸港附加费率为 3.0 美元/英尺，计费标准为 W/M。

(1) 托运人应支付多少运费？

(2) 如果改用集装箱运输，用一个 20 英尺箱，海运费率为 1100 美元/TEU，货币附加费为 10%，燃油费为 10%。求集装箱海运的总费用。

(3) 托运人选择哪种运输方式更合适？

2. 训练要求

(1) 可根据项目计算方法结合业务实例进行练习。

(2) 海运运价本可在各大海运网站上查找。

(3) 训练中要认真、仔细。

3. 训练评价(见表 5-9、表 5-10)

(1) 实际得分=自我评价×40%+小组评议×60%。

(2) 考评满分为 100 分，60～74 分为及格，75～84 分为良好，85 分以上为优秀。

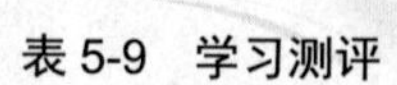

表5-9 学习测评

被考评团队名称或个人姓名		班级		学号(评价个人用)		
考评地点			日期			
学习任务		集装箱货物运输				
测评主题		组织海上集装箱货物出口运输				
专业能力测评(80%)	准备工作	相关知识准备充分，3分钟内回答集装箱的概念、特点、优越性、种类和标记；集装箱适箱货物；集装箱运输涉及的关系方、集装箱货物的交接地点和交接方式中三个问题达到80%以上满意度	10			
	准备工作	物件和资料准备齐全、摆放整齐	5			
	集装箱运费计算	掌握集装箱运费计算方法，计算结果正确	10			
	接受货主委托	掌握集装箱运输受理条件	10			
	订舱	填写或审核场站收据正确	5			
	配载	掌握集装箱种类，选用集装箱正确，集装箱配载合理	5			
	提取空箱	掌握集装箱检查的部位及其检查方法，检查结果正确	5			
	报验	能依照国家有关法规并根据商品特性，在规定的期限内填好申报单，分别向商检、卫检、动植检等口岸监管检验部门申报检验	5			
	出口报关	掌握在港口或者附近海关办理报关，清楚报关时应提供的场站收据、装箱单、出口许可证等有关单据和文件的收集整理	5			
	装箱	了解整箱货和拼箱货装箱方法和要求，装箱单和场站收据填写正确	5			
	交接和签收	掌握交接时间要求并按时办理，交接记录准确	5			
	换取提单	了解换取集装箱提单的要求，提供相关单证齐全，办理结汇正确、及时	5			
	集装箱装船	与船公司配合密切，组织装船及时、高效	5			
方法能力测评(10%)	工作目标及相关角色	工作目标理解准确，角色扮演到位	2			
	信息源的寻找	查阅资料的范围广泛，内容正确、完整	3			
	工作内容调查	调查内容完整	3			
	信息的选取及整合	信息选取及整合准确、合理	2			
社会能力测评(10%)	敬业精神表现	参与讨论，发言积极，训练认真	3			
	组织协调能力表现	善于与人沟通，活动的组织与策划表现积极	3			
	团队合作能力表现	各司其职、协同作战、配合默契，如两人交流发言，每次既有新面孔又能形成合力	4			
合计			100			
总评得分(=20%*A*+20%*B*+60%*C*)						

评量表 1

表 5-10　平时成绩考核表

班级：　　　单元名称：　　　　评量期间：自　　年　月　日起至　　年　月　日止

序号	学号	姓名	评量内容																									平时成绩总评
			课堂表现								口语表现								考勤表现					作业表现				
1																												
2																												
3																												
4																												
5																												
6																												
7																												
8																												
9																												
10																												
11																												
12																												
13																												
14																												
15																												
16																												
17																												
18																												
19																												
20																												
21																												
22																												
23																												
24																												
25																												
26																												
27																												
28																												
29																												
30																												

4．训练建议

建议结合集装箱海运具体实际业务进行训练(见表5-11、表5-12)。

评量表2

表5-11　单元方案制作评量表

姓名：　　　　　　专业与班级：　　　　　　　　学号：

评量项目	自　评	教师评价
1. 业务认知30分		
(1) 业务认知清晰(20分)		
(2) 集装箱运费构成清晰(10分)		
2. 运费规定40分		
(1) 不同类型集装箱运费公式(20分)		
(2) 不同运费的计算标准(20分)		
3. 计算速度15分		
(1) 计算时间(10分)		
(2) 计算结果(5分)		
4. 团队合作15分		
(1) 分工具体、职责明确(8分)		
(2) 团队合作意识(7分)		
合计		

表5-12　单元实操评量表

考核内容	权重(%)	考核标准			
		A等分值范围(85～100分)	B等分值范围(70～84分)	C等分值范围(60～69分)	D等分值范围(60分以下)
业务认知	30	业务认知清晰，业务熟练，集装箱运费的构成和标准掌握清晰、熟练	业务较熟练，集装箱运费的构成和标准掌握明确	业务不熟练，职责不太明确，集装箱运费的构成和标准不清晰	不懂业务，职责不明确，集装箱运费的构成和标准没有掌握
计算规范	40	完全按照计算公式完成，特殊要求清晰明确、文字表达正确，没有涂改	基本按照计算公式完成，特殊要求基本掌握、文字表达基本完整，没有涂改	特殊要求的有遗漏，文字表达不完整、有较多遗漏，有涂改，较乱	计算公式没有记清、有较多错误，涂改多，非常乱
计算速度	15	能在较短时间内计算完毕，速度快	能在规定时间内计算完毕	不能在规定时间内计算完毕，需要略延时	不能在规定时间内计算完毕，需要延时较长
团队合作	15	岗位分工明确、团队合作默契	岗位分工较好，有团队意识，团队合作较好	有岗位分工，但合作意识较差	无岗位分工，无团队合作意识

课程思政

在网上搜索并观看“智慧物流融入工业互联网、邮政、多式联运、铁水联运、联合船代等融入其中”的视频，该视频说明了先进的运输设施和设备使国内国外的物资运输得到了高效保障，也说明了运输能够促进国内外经济的往来和互通有无的开放合作理念，同时也进一步认证了交通强国的战略意义。

拓展提升

一、集装箱运输的过去和现在

集装箱运输成为一种现代化的运输方式，经历了漫长的过程。它的发展可分为以下几个阶段。

(一)集装箱运输发展的初始阶段(19 世纪初至 1966 年)

集装箱运输起源于英国。早在 1801 年，英国的詹姆斯·安德森博士已提出将货物装入集装箱进行运输的构想。1845 年英国铁路曾使用载货车厢互相交换的方式，视车厢为集装箱，使集装箱运输的构想得到初步应用。19 世纪中叶，在英国的兰开夏出现运输棉纱、棉布的一种带活动框架的载货工具，这是集装箱的雏形。

正式使用集装箱来运输货物是在 20 世纪初期。1900 年，在英国铁路上首次试行了集装箱运输，后来相继传到美国(1917 年)、德国(1920 年)、法国(1928 年)及其他欧美国家。

1966 年以前，虽然集装箱运输取得了一定的发展，但在该阶段集装箱运输权限于欧美一些先进国家，主要从事铁路、公路运输和国内沿海运输；船型以改装的半集装箱船为主，其典型船舶的装载量不过 500TEU 左右，速度也较慢；箱型主要采用断面为 8 英尺×8 英尺，长度分别为 24 英尺、27 英尺、35 英尺的非标准集装箱，部分使用了长度为 20 英尺和 40 英尺的标准集装箱；箱的材质开始以钢质为主，到后期铝质箱开始出现；船舶装卸以船用装卸桥为主，只有极少数专用码头上有岸边装卸桥；码头装卸工艺主要采用海陆联运公司开创的底盘车方式，跨运车刚刚出现；集装箱运输的经营方式是仅提供港到港的服务。以上这些特征说明，在 1966 年以前集装箱运输还处于初始阶段，但其优越性已得以显示，这为以后集装箱运输的大规模发展打下了良好的基础。

(二)集装箱运输的发展阶段(1967—1983 年)

自 1966—1983 年，集装箱运输的优越性越来越被人们承认，以海上运输为主导的国际集装箱运输发展迅速，是世界交通运输进入集装箱化时代的关键时期。

1970 年约有 23 万 TEU，1983 年达到 208 万 TEU。集装箱船舶的行踪已遍布全球范围。随着海上集装箱运输的发展，各港纷纷建设专用集装箱泊位，世界集装箱专用泊位到 1983 年已增至 983 个。世界主要港口的集装箱吞吐量在 20 世纪 70 年代的年增长率达到 15%。专用泊位的前沿均装备了装卸桥，并在鹿特丹港的集装箱码头上出现了第二代集装箱装卸桥，每小时可装卸 50TEU。码头堆场上轮胎式龙门起重机、跨运车等机械得

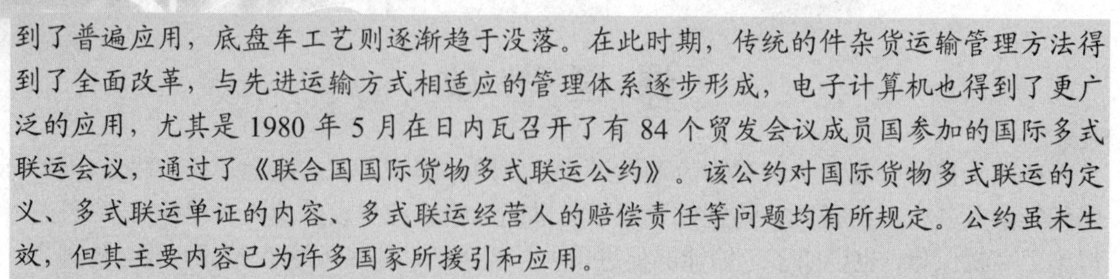

到了普遍应用，底盘车工艺则逐渐趋于没落。在此时期，传统的件杂货运输管理方法得到了全面改革，与先进运输方式相适应的管理体系逐步形成，电子计算机也得到了更广泛的应用，尤其是 1980 年 5 月在日内瓦召开了有 84 个贸发会议成员国参加的国际多式联运会议，通过了《联合国国际货物多式联运公约》。该公约对国际货物多式联运的定义、多式联运单证的内容、多式联运经营人的赔偿责任等问题均有所规定。公约虽未生效，但其主要内容已为许多国家所援引和应用。

虽然在 20 世纪 70 年代中期，由于石油危机的影响，集装箱运输发展速度减慢，但是这一阶段发展时期较长，特别是许多新工艺、新机械、新箱型、新船型以及现代化管理，都是在这一阶段涌现出来的，世界集装箱向多式联运方向发展也孕育于此阶段中，故可称之为集装箱运输的发展阶段。

(三)集装箱运输的成熟阶段(1984 年以后)

1984 年以后，世界航运市场摆脱了石油危机所带来的影响，开始走出低谷，集装箱运输又重新走上稳定发展的道路。发达国家件杂货运输的集装箱化程度已超过 80%。据统计，到 1998 年世界上约有各类集装箱船舶 6800 多艘，总载箱量达 579 万 TEU。集装箱运输已遍及世界上所有的海运国家，随着集装箱运输进入成熟阶段。世界海运货物的集装箱化已成为不可阻挡的发展趋势。

集装箱运输进入成熟阶段的特征主要表现在以下两个方面。

(1) 硬件与软件的成套技术趋于完善。干线全集装箱船向全自动化、大型化发展，出现了 2500～4000TEU 的第三代和第四代集装箱船。一些大航运公司纷纷使用大型船舶组织了环球航线。为了适应大型船停泊和装卸作业的需要，港口大型、高速、自动化装卸桥也得到了进一步发展。为了使集装箱从港口向内陆延伸，一些先进国家对内陆集疏运的公路、铁路和中转场站以及车辆、船舶进行了大量的配套建设。在运输管理方面，随着国际法规的日益完善和国际管理的逐步形成，实现了管理方法的科学化、管理手段的现代化。一些先进国家已从原仅限于港区管理发展为与口岸相关各部门联网的综合信息管理，一些大公司已能通过通信卫星在全世界范围内对集装箱实行跟踪管理。先进国家的集装箱运输成套技术为发展多式联运打下了良好的基础。

(2) 开始进入多式联运和“门到门”运输阶段。实现多种运输方式的联合运输是现代交通运输的发展方向，集装箱运输在这方面具有独特优势。先进国家由于建立和完善了集装箱的综合运输系统，使集装箱运输突破了传统运输方式的“港到港”概念，综合利用各种运输方式的优点，为货主提供“门到门”的优质运输服务，从而使集装箱运输的优势得到充分发挥。“门到门”运输是一项复杂的国际性综合运输系统工程，先进国家为了发展集装箱运输，将此作为专门学科，培养了大批集装箱运输高级管理人员、业务人员及操作人员，使集装箱运输在理论和实务方面都得到逐步完善。

虽然世界集装箱运输已进入成熟阶段，但也应看到世界各国集装箱运输的发展是不平衡的。集装箱运输是资本密集、管理技术要求高的产业，发展中国家由于资金和人才的短缺，起步也较晚，一般还处于集装箱运输的发展阶段，少数还处于起步阶段。但集装箱运输已广泛用于国际贸易，发展中国家必须吸收先进国家的先进技术和管理经验，才能跟上时代的要求，适应国际贸易发展的需要。

二、集装箱运输发展的趋势

1. 全球集装箱运力规模稳步增长

从全球在运营的集装箱船运力供给来看，根据克拉克森数据，2020—2022 年整体呈现逐年增长态势，复合增速超过 4%，截至 2022 年年底，全球集装箱船队总运力超过 2500 万 TEU。

2. 全球集装箱贸易规模波动较大

从全球集装箱海运贸易需求来看，2018—2022 年，全球集装箱海运贸易规模整体呈现波动变化态势，2021 年超过 2 亿 TEU，2022 年又有所下滑，整体在 1.9～2.1 亿 TEU 之间波动。

22 年，受新冠疫情、俄乌冲突等多重因素影响，全球集装箱海运市场需求疲软，从主要航线来看，大多数航线海运量呈现不同程度的下滑，其中，亚欧航线运量跌幅最大，超过 10%。

3. 全球集装箱运价水平整体下滑

近几年全球集装箱运力供给持续增长，另外，随着全球经济下滑，集装箱运输需求面临萎缩风险，综上导致近期全球集装箱运价下滑明显。

从波罗的海集装箱运价指数——全球综合指标来看，2022—2023 年 2 月，整体呈现快速下滑的态势，2022 年年初最高在 9700 美元/FEU(40 英尺高箱货柜)，到 2023 年 2 月下降至 2000 美元/FEU 左右，降幅超过 70%。

(资料来源：华律网. 集装箱运输的发展过程是什么[EB/OL]. (2023-06-09)[2023-10-01]. https://www.66law.cn/laws/373831.aspx)

资 料 链 接

本项目相关网站。

(1) 中国航贸网：http://www.snet.com.cn

(2) 中国航运网：http://www.shipping.com

(3) 中海集装箱运输股份有限公司网：http://www.cscl.com.cn

(4) 道锐思网：http://www.thechoice.com.cn/newindex.php

(5) 中国企业集成网：http://www.jincao.com/fa/law24.25.htm

(6) 铁流网：http://www.tieliu.com.cn

(7) 中远集装箱运输公司网：http://www.coscon.com

项目六　合理化运输

【知识目标】

- 了解物流运输的概念和特点
- 掌握物流运输的功能和基本原理
- 理解物流运输系统的构成要素
- 掌握五种运输方式各自的特点
- 理解并掌握运输与物流其他功能环节的关系

【能力目标】

- 能准确并恰当地选择合理的物流运输方式
- 掌握运输合理化的途径及措施
- 根据项目实例恰当选择运输方式，制定初步运输优化方案

【课程思政】

- 提升学生的服务意识和爱国情怀
- 培养学生与人沟通、解决问题的能力
- 培养学生的责任感和使命感

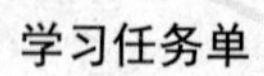

学习任务单

学生学习 条件分析	起点分析： 1. 初步了解了运输的基本知识 2. 在日常生活中了解运输的广泛应用 重点分析： 1. 五种运输方式选择的优缺点 2. 五种运输方式特点 难点分析： 1. 如何组织合理化运输 2. 不合理运输表现
教学方法与手段	1. 教学方法：案例教学法、讨论法、讲授法、任务驱动法 2. 学习方法：自主学习法、分组合作学习法、问题导向学习法、善用资源与求助学习法 3. 教学手段：多媒体、黑板、视频
教学资源	1. 学校资源：课件、网络环境下的实训室、多媒体教室 2. 文献资源：课程大纲、教案、参考教材、国家物流资源库
能力指标	1. 能够根据任务完成合理化运输方案设计 2. 能够根据案例分析是哪种不合理运输
教学目标	知识目标： 1. 认知运输的功能作用 2. 熟悉五种运输方式的特点 技能目标： 1. 能够正确选择运输方式 2. 根据货运案例组织合理化运输 3. 能够计算公路运输的费用和进行线路的选择与优化素养： 思政目标： 1. 培养学生具有团结协作的精神和节约成本的意识 2. 提升学生社会责任意识和担当意识，为百姓办实事、提高民生福祉
教师课前准备	1. 设置学习情境，精选教学案例和熟悉公路货运作业流程 2. 准备教具(公路运单、课件、视频等)。
学生课前准备	1. 认知公路货物运输的基本概念、特点和适合公路货运的条件 2. 理解不合理运输的表现形式
学习评量	1. 本单元评量满分 100 分 2. 评量表及评量尺规参看附件 3. 本单元的课后作业纳入本次评量 4. 出席率纳入单元课堂学习表现成绩
课后作业	归纳、整理本单元的主要内容
教学反思	

沃尔玛的整合物流体系

广西壮族自治区合浦大地盐业公司自北海托运一批海盐到上海，有关情况见表 6-1。相关的提示是：北海—南宁—上海铁路里程 2519 千米；公路里程 2424 千米；北海港—上海吴淞港 1235 海里。

表 6-1　客户托运货物简明记录表

运单编号	托运人	货物及数量	起点—终点	要　求	运输方式选择
北海 K08-26-3	合浦大地盐业公司	海盐 6000 吨	北海—上海	选择最经济的办法	沿海运输

(资料来源：suingerg.树立运输合理化意识，推行运输合理化措施[EB/OL]. (2013-02-12)[2023-10-01]. https://www.docin.com/p-602451134.html)

■案例研讨

将 6000 吨海盐从北海运往上海，目前能实现的有以下四个方案：①走铁路，里程是 2519 千米；②走公路，里程是 2424 千米；③走水路，里程是 1235 海里；④空运。为什么选择沿海运输？

①不选择铁路，是因为其不及水路运输经济；②不走公路，是因为其里程为 2424 千米，大大超出公路运输的经济里程，同时汽车的容量过小；③不选择空运，是因为海盐 6000 吨是重货，价值一般，承受运费能力不高，也不是救急；④水运价格低廉，比铁路低，比公路也低，比航空更低。所以沿海运输是最佳选择，符合托运人“选择最经济的办法”的要求。总的来说，物流运输必须遵循运输合理化的原则，换句话说就是，运输合理化是物流运输活动的衡量标准和行动指南。运输合理化正是本章所要阐述的内容，并且要成为“物流人”牢固树立的一面旗帜。

【理论知识】

一、运输概述

(一)运输的概念

运输是指物品借助动力系统在一定空间范围内产生的位置移动。运输是在一定范围内，利用人们公认的运输工具所发生的人员和物品的空间位移，而利用其他介质的载运及输送并不是运输活动，如输电、输水、供暖、供气等。

即使是人们公认的公共运输工具所完成的人员和物品的位移，也并不完全属于运输活动。例如，消防车、洒水车、空中救援飞机等虽然属于公共运输工具，但其直接目的并不是为了完成人员和物品的空间位移，因此不属于运输活动；在家或工作单位等建筑物内人员和物品的空间位移，也不属于运输的范畴。

由此可见，运输是指借助公共运输线路及设施和运输工具来实现物品空间位移的一种经济活动和社会活动，它可以创造货物的时间效用和空间效用(物质产品增值)。

运输和物流在本质上既有区别又有联系，两者的区别见表 6-2。

表 6-2 运输与物流的区别

比较项目	运 输	物 流
劳动对象	人员、物品	物品
工作范围	流通领域	流通领域、生产领域

运输作为物流系统的一项功能，包括生产领域的运输和流通领域的运输。生产领域的运输活动，一般是在生产企业内部进行，因此称之为厂内运输。流通领域的运输活动，则是作为流通领域里的一个环节，其主要内容是对物质产品的运输，是以社会服务为目的，是完成物品从生产领域向消费领域在空间位置上的物理性的转移过程。而运输与物流运输在一些领域中存在交叉的联系，均涉及流通领域运输。

运输与交通经常被人们作为同义词一起使用或者替代使用，但其内涵是有区别的，见表 6-3。

表 6-3 运输与交通的区别

比较项目	运 输	交 通
性质	人或物空间位置的移动	连接、通达的方式和设施
强调重点	运输工具上载运的人员及物资的多少及位移的距离	运输工具在运输网络上流动的情况，而与交通工具上的人员及物资的有无和多少无关
方式	扩展到信息的传送，不仅仅是五种交通方式	公路、铁路、水路、空路、管道五种交通方式
涉及要点	选择一种或多种交通方式，利用现有的交通基础设施并通过组织管理完成运输任务，主要是如何实现需求问题	交通基础设施建设、交通方式选择，主要涉及规划、投资和政策等供给问题

运输是通过工具，在交通设施上进行的活动、过程，因此交通是运输的基础和前提，而运输又是交通实际意义的保障。运输需求的增加推动了交通设施规模的扩大和改善，而交通设施规模的扩大和改善又刺激了运输需求的增加。

(二)运输的特点

1. 运输具有生产的本质属性——产品是货物或人的空间位移

运输是借助运输者的劳动和运输工具设备与燃料的消耗的结合来实现的，是在不改变劳动对象原有属性或形态的要求下，实现劳动对象的空间位移。

2. 运输服务的公共性——社会共同需求

(1) 运输服务的公共性保证为社会物质在生产和流通过程中提供运输服务。

(2) 运输服务的公共性保证为人们在生产和生活过程中的出行需要提供运输服务。

3．运输产品是无形产品——服务需求

运输生产是为社会提供效用而不生产实物形态的产品，属于服务性生产。其产品可称为无形产品，具体表现为货物或人在空间位置上的变化，而其本身没有产生实质性变化。

4．运输生产和运输消费同时进行——生产的同时即时消费

运输产品的生产过程与消费过程是不可分割的，在时间和空间上是结合在一起的。如果运输需求不足，则运输供给就应相应减少，否则就会造成浪费。

5．运输产品具有非储存性——不能被储存用来满足其他时间和空间发生的运输需求

运输产品不可能被储存用来满足其他时间和空间发生的运输需求。运输业没有产品过剩问题，只存在运输能力不足或过剩的问题。因此运输产品既不能储存也不能调拨，只能在运输能力上做一些储备。

6．运输产品的同一性——运输对象的位移

各种运输方式生产同一产品，即运输对象的位移，因此各种运输方式之间可以相互补充、协调与替代，形成一个有效的综合运输体系。

(三)运输方式选择的影响因素和方法

1．运输方式选择的影响因素

(1) 货物的价值、性质、形状等：如货运量大，价格低可以选择铁路运输；如货物轻、价值大、体积小的货物可以采用航空运输。

(2) 运输时间：是指从货源地发货到目的地接收货物的时间。

运输时间的度量是货物如何快速地实现发货人到收货人之间“门到门”的时间，而不单纯是运输工具的快速移动，货物从运输起点到终点的时间。如生鲜、果蔬类货物受时间影响较大，对时间的要求较高。

(3) 运输成本：指完成两个地理位置间的运输所支付的费用、运输管理和维持运输中存货有关的费用。运输成本因货物、运输工具不同而不同。考虑运输成本时，必须注意运费与其他物流子系统之间的关系。

(4) 运输的安全性：是指运输中所运货物和运输人的安全性，也包括公共安全。

在货物运输过程中，货物可能被损坏，有些危险品，由于安全措施不健全，可能会影响公共安全。

(5) 运输批量：15～20吨，汽车运输；15～20吨以上，铁路运输；数百吨以上，船舶运输。

(6) 其他条件。

运输一般受经济环境和社会环境变化影响，制约托运人对运输方式的选择。

如对公路运输超载货物、超速运行的限制，对航空和铁路、水路和公路运输中，特种货物运输有着不同的规定，因此选择运输方式时，通常是在保证运输安全的条件下，再衡量运输时间和运输费用，当运输时间满足需要的情况下，选择运输费用低的运输方式。客户运输情况表如表6-4所示。

表6-4　客户运输情况表

客户名称	运输货物和数量	运输位置信息	运输要求
包头市东升食品有限责任公司	白糖1000吨	南宁—呼和浩特	以最经济的办法，希望尽快送达

(1) 南宁—呼和浩特的铁路里程为3234千米，公路里程为3019米，为长途运输。

(2) 白糖1000吨，为小宗批量货物。

(3) 从运距和批量来看，铁路和水路都可，而客户希望尽快到达，所以选择铁路货物运输。

2. 运输方式选择的方法

运输方式选择的方法需要考虑运输的环境和运输服务目标要求，选择定性分析与定量分析的方法进行考虑，定性分析方法主要依据各种运输方式的运营特点、主要功能，运输货物的特性，货主的要求等因素，对运输方式进行直观的选择方法。

定性分析方法只能在单一的运输方式和多式联运运输方式选择，单一运输方式选择主要根据运输方式的特征进行选择，多式联运是两种以上的运输方式联合起来，提供运输服务，在不同运输方式自由变换运输工具，以最合理最有效的方式实现货物的运输。在实际操作中常用的组合方式有公铁联运(驼背运输)、航空与公路联运、公路或铁路与水路联运。

我们来看定量分析方法。

定量分析的选择的方法：综合评价法和成本比较法。

1)　综合评价法

综合评价法首先考虑运输方式评价的因素：经济性(F1)，体现费用的节省；迅速性(F2)，体现货物在途时间；安全性(F3)，货物的完整程度，以破损率表示；便利性(F4)，以货物所在地至装车地之间的距离来表示。先分别计算出经济性、迅速性、安全性、便利性在各种运输方式中的平均值，再将某种运输方式的数值与平均值比较，得到其相对值。

经济性：各种运输方式的平均费用。

$$C=\left[C(G)+C(T)+C(S)+C(H)\right]/4$$

式中：C——4种运输方式费用支出的平均值；

$C(G)$——公路运输费用的支出；

$C(T)$——铁路运输费用的支出；

$C(S)$——水路运输费用的支出；

$C(H)$——航空运输费用的支出。

各种运输方式的经济性，可用运输费用相对值表示，如公路运输：

$$F1(G)=C(G)/C$$

其次确定运输方式选择的综合指标：可以通过权重获得。权重是该项指标的重要程度，通过经验法获得。

经济性($F1$)：权重系数为 $b1$。

迅速性($F2$)：权重系数为 $b2$。

安全性($F3$)：权重系数为 $b3$。

便利性($F4$)：权重系数为 $b4$。

计算各种候选运输方式的综合重要度：用 G、T、S、H 分别表示公路、铁路、水路、航空运输的综合重要度。

$$G=b1 \cdot F1(G)+b2 \cdot F2(G)+b3 \cdot F3(G)+b4 \cdot F4(G)$$

$$T=b1 \cdot F1(T)+b2 \cdot F2(T)+b3 \cdot F3(T)+b4 \cdot F4(T)$$

$$S=b1 \cdot F1(S)+b2 \cdot F2(S)+b3 \cdot F3(S)+b4 \cdot F4(S)$$

$$H=b1 \cdot F1(H)+b2 \cdot F2(H)+b3 \cdot F3(H)+b4 \cdot F4(H)$$

比较综合重要程度 $G/T/S/H$，综合重要度数值大的为最终选择。

2)　成本比较选择法

下面通过比较运输服务成本与服务水平导致的相关间接库存成本之间达到平衡的程度进行选择。也就是说，运输的速度和可靠性会影响托运人或买方的库存水平。如果选择速度慢、可靠性差的运输服务，运输过程中就会需要更多的库存，这样就会抵消选择低水平运输服务降低的成本了。因此我们在选择运输方式的时候需要综合考虑，既能满足客户提出的需求，又能使总成本最低，就达到了最终目的。

(四)运输的功能

1．物品移动

无论是原材料、零部件、装配件、在制品、半成品还是产成品，不管是在制造过程中被移动到下一阶段，还是被移动到终端顾客，运输都是必不可少的。运输的主要目的就是以最短的时间、最低的成本将物品转移到指定地点。

2．短时储存

运输的短时储存，就是将运输工具(车辆、船舶、飞机、管道等)作为临时的储存设施。使用该功能时，需要综合其适用条件和成本因素。

(五)运输的原则

运输应遵循经济、安全、及时、准确的原则。

(六)运输的原理

运输的两大原理见表 6-5。

表 6-5　运输的两大原理

经济形式	存在原因	举　例
批量经济	(1) 固定费用可以按整票货物量分摊 (2) 享受运价折扣	(1) 整车运输的每单位成本低于零担运输 (2) 能力较大的运输工具的每单位运输成本要低于能力较小的运输工具
距离经济	(1) 分摊到每单位距离的装卸费用随距离的增加而减少 (2) 费率随距离的增加而减少	在完成相同吨公里运输情况下，一次运输 800 千米的成本要低于两次运输 400 千米的成本

二、运输的分类

运输可以按以下几种方式进行分类。

(1) 按运输工具的不同分类，运输方式可划分为五种类型，见表 6-6。

表 6-6　运输方式分类表(按运输工具分)

运输分类	特　点
公路运输	具有很强的灵活性，主要承担近距离、小批量的货运
铁路运输	主要适用于长距离、大数量的货运和没有水运条件地区的货运
水路运输	承担大数量、长距离的运输，在内河及沿海进行大批量干线运输
航空运输	主要适用于对时效性要求高的高价值货物运输
管道运输	主要适用于大宗流体货物，如石油、天然气、煤浆、矿石浆体等

五种运输方式相关营运特征的比较见表 6-7。

表 6-7　五种运输方式相关营运特征的比较

营运特征 \ 运输方式	铁路运输	公路运输	水路运输	航空运输	管道运输
运价	3	2	5	1	4
速度	3	2	4	1	5
可得性	2	1	4	3	5
可靠性	2	3	4	5	1
能力	2	3	1	4	5

注：排名数字由小到大，表示营运特征由高到低。

(2) 按运营主体的不同分类，运输方式可划分为三种类型，见表 6-8。

表 6-8　运输方式分类表(按运营主体分)

运输分类	特　点
自营运输	多见于公路运输，以汽车为主要运输工具，且多以近距离、小批量货物运输为主
经营性运输	广见于公路、铁路、水路、航空等运输业中，是运输业的发展方向。最常见的汽车营业运输系统一般可分为专线运输及包车运输

续表

运输分类	特　点
公共运输	体系的构筑投资相当大，回收期长，风险大，与国民经济的发展息息相关，是一种基础性系统，在我国一般没有相应的企业投资经营

(3) 按运输范围的不同分类，运输方式可划分为四种类型，见表 6-9。

表 6-9　运输方式分类表(按运输范围分)

运输分类	特　点
干线运输	速度较同种工具的其他运输要快，成本也较低，是运输的主体
支线运输	为收、发货地点之间的补充性运输形式，路程较短，运输量相对较小
二次运输	经过干线与支线运输到站的货物，按需要再从车站运至仓库、工厂或集贸市场等指定交货地点
场内运输	一般在车间与车间、车间与仓库之间进行

(4) 按运输作用的不同分类，运输方式可划分为三种类型，见表 6-10。

表 6-10　运输方式分类表(按运输作用分)

运输分类	特　点
一般运输	运输工具及运输方式单一，运输服务的适应性不强
联合运输	可缩短货物在途时间，加快运输速度，节省运费，提高运输工具的利用率，同时可以简化托运手续，方便用户
多式联运	比一般的联合运输规模大，并且反复地使用多种运输手段，以实现最优化运输服务

(5) 按运输中途是否换装分类，运输方式可划分为两种类型，见表 6-11。

表 6-11　运输方式分类表(按运输中途是否换装分)

运输分类	特　点
直达运输	可以避免中途换装所出现的运输速度缓慢、货损增加、费用增加等一系列弊病，从而能缩短运输时间、加快车船周转、降低运输费用
中转运输	可以将干线、支线运输有效地衔接起来，化整为零或集零为整，从而方便用户，提高运输效率

三、运输价格

(一)运输价格的概念

运输价格是指运输企业对特定货物或旅客所提供的运输劳务的价格。运输价格能在一定程度上有效地调节各种运输方式的运输需求，即在总体运输能力基本不变的情况下，运输需求会因运输价格的变动而改变。

(二)运输价格形成的主要因素

形成运输价格的因素主要有运输成本、运输供求关系、运输市场结构模式等。

1. 运输成本

运输成本主要由四项内容构成，即基础设施成本、运转设备成本、营运成本和作业成本，具体又可分为以下几项。

(1) 变动成本。它指与每一次运输配送直接相关的费用，与运输里程和运输量成正比，包括与承运人运输每一票货物有关的直接费用，如劳动成本、燃料费用和维修保养费用等。

(2) 固定成本。它指在短期内不发生变化，与运输里程和运输量没有直接关系的费用，包括端点站、运输设施、运输工具、信息系统的设立和购置成本等。

(3) 综合成本。它指决定提供某种特定的运输配送服务所发生的费用。如货物从 A 运往 B 时，卡车从 B 返回 A 的费用是不可避免的，这部分费用就称为综合成本。综合成本对运价有很大影响，承运人索要的运价中必须包括隐含的综合成本，运价的确定要考虑托运人有无适当的回程货物。

(4) 公共成本。它指承运人代表所有的托运人或某个分市场的托运人支付的费用，包括诸如端点站或管理部门之类的费用。

2. 运输供求关系

运输供给和需求对运输市场价格的调节，通常是由于供求数量不同程度的增长或减少引起的。

(1) 运输需求不变时，运输供给和运输价格成反比。

(2) 运输供给不变时，运输需求和运输价格成正比。

3. 运输市场结构模式

(1) 完全竞争运输市场。它指运输企业和货主对运输市场价格不能产生任何影响的市场，运输企业和货主都只能是运输价格的接受者。

(2) 完全垄断运输市场。它指某一运输市场完全被一个或少数几个运输企业所垄断和控制的市场。

(3) 垄断竞争运输市场。它指既有独占倾向又有竞争成分的市场。

(4) 寡头垄断运输市场。它指某种运输产品的绝大部分由少数几家运输企业垄断的市场，运输价格不是由市场供求关系决定的，而是由几家大企业通过协议或某种默契规定的。

(三)运输价格的结构形式

1. 距离运价

距离运价是指按货物运输距离的远近而制定的价格。

(1) 均衡里程运价。它指对同一货种而言，每吨公里货物运价不论其运输距离的长短均为一不变值。

(2) 递远递减运价。它指对同一货种而言，每吨货物运价虽然随运输距离的增加而相应增加，但不成正比增加，致使每吨公里货物运价随运输距离的增加而逐渐降低。铁路行李运输常采用这种运价形式，铁路行李递远递减率和递减运价率见表 6-12。

表 6-12　铁路行李递远递减率和递减运价率表

区段/千米	递减率(%)	运价率/[元/(千克・公里)]	各区段全程运价(元)	区段累计运价
1～200	0	0.000 586 1	0.117 22	—
200～500	10	0.000 527 49	0.158 247	0.275 467
500～1000	20	0.000 468 88	0.234 44	0.509 907
1000～1500	30	0.000 410 27	0.205 135	0.715 042
1500～2500	40	0.000 351 66	0.351 66	1.066 702
2500 以上	50	0.000 293 05	—	—

2. 线路运价

线路运价是指按运输线路或航线不同而制定的价格。线路运价广泛使用于国际海运和航空货物运输中。

合理化运输定义

四、运输合理化

(一)运输合理化的概念

运输合理化是指在一定的条件下以最少的物流运作成本获得最大的效率和效益。

运输合理化的影响因素很多，起决定性作用的有六个方面的因素，即运输距离、运输环节、运输工具、运输时间、运输费用和运输一致性，称为合理运输的“六要素”(见表 6-13)。其中运输时间短和运输费用少，是考虑合理运输的两个主要因素，它们集中体现了运输的经济效益。

表 6-13　运输合理化要素

影响因素	具体解释	举例说明
运输距离	在运输过程中，运输时间、运输货损、运输费用、车辆或船舶周转等运输的若干技术经济指标，都与运距有一定比例关系，运距长短是运输是否合理的一个最基本因素	如迂回运输与过远运输都会拉长距离、浪费运力、占用运力时间长、运输工具周转慢、占压资金时间长，又易出现货损，增加费用支出
运输环节	每增加一次运输，不但会增加起运的运费和总运费，而且必须要增加运输的附属活动。所以，减少运输环节，尤其是同类运输工具的环节，对合理运输有促进作用	如增加装卸、搬运、包装等环节时，各项技术经济指标也会因此下降

续表

影响因素	具体解释	举例说明
运输工具	各种运输工具都有其使用的优势领域，对运输工具进行优化选择，按运输工具的特点进行装卸运输作业，最大限度发挥所用运输工具的作用，是运输合理化的重要一环	如集装箱将货物集合组装成集装单元，在现代流通领域内运用大型装卸机械和大型载运车辆进行装卸、搬运作业和完成运输任务，能高效率和高效益地实现货物“门到门”运输
运输时间	运输是物流过程中需要花费较多时间的环节，尤其是远程运输，在全部物流时间中，运输时间占绝大部分，运输时间的缩短对整个流通时间的缩短有决定性的作用	如青岛啤酒的新鲜度管理，像送鲜花一样送啤酒，让消费者品尝到最新鲜的啤酒
运输费用	运费高低在很大程度上决定着整个物流系统的竞争能力。运输费用的降低，无论对货主企业来讲还是对物流经营企业来讲，都是运输合理化的一个重要目标	如货运代理节省货物运输费用的措施主要有巧妙设计包装、熟悉运输路线，并能精打细算和善于与船运公司配合，这样物流运费就会大大降低
运输一致性	运输一致性是指若干次装运中履行某一特定的运次所需的时间与原定时间或与前几次运输所需时间的一致性，它也是运输合理化的反映	如给定的一项运输服务第一次用时两天，而第二次用时 10 天，这无疑需要设置安全储备存货，以防预料不到的服务故障，必会增加供需双方承担的存货义务和有关风险

对于运输是否合理，除了考虑上述六要素外，还要考虑六要素之间的平衡关系。例如，运输时间和运输费用的关系，主要表现在能够提供更快速服务的运输商实际要收取更高的运费；运输服务越快，运输中的存货越少，无法利用的运输间隔时间就越短。最低的运输费用并不意味着最低的运输总成本，最低的运输总成本也并不意味着合理化的运输。

总之，综合考虑六要素及其相互关系，就能取得运输合理化预想的结果。

(二)不合理运输的表现及其原因

1. 不合理运输的概念

不合理运输是指在组织货物运输过程中，违反货物流通规律，不按经济区域和货物自然流向组织货物调运，忽视运输工具的充分利用和合理分工，装载量低，流转环节多，从而出现浪费运力、货物流通不畅和加大运输费用的现象。

货物运输不合理就会导致货物迂回、倒流、过远、重复等现象出现，势必造成货物在途时间长、环节多、流转慢、损耗大、费用高，浪费运力和社会劳动力，影响企业生产和市场供应。

2. 不合理运输的主要形式

对流运输

经过长期的生产实践，总结的不合理运输主要有以下几种形式。

1) 与运输方向有关的不合理运输

(1) 对流运输。对流运输也称为相向运输，是指同一种货物或彼此间可相互代用而又不影响管理、技术及效益的货物，在同一线路上或不同运输方式的平行线路上做相对方向的运送，而与对方运程的全部或一部分发生重叠的运输。已经制定了合理流向图的产品，一般必须按合理流向的方向运输，如果与合理流向图指定的流向相反，也属对流运输。

对流运输有两种类型。一种是明显的对流运输，即在同一路线上的对流运输，如图 6-1 所示。

从图 6-1 中可以看出，某货物从甲地经过乙地运到丙地；同时又从丁地经过丙地运到乙地。这样，在乙地与丙地之间产生了对流运输。

另一种是隐蔽的对流运输，即同一种货物在违反近产近销的情况下，沿着两条平行的路线朝相对的方向运输。它不易被发现，故称为隐蔽的对流运输，见图 6-2。

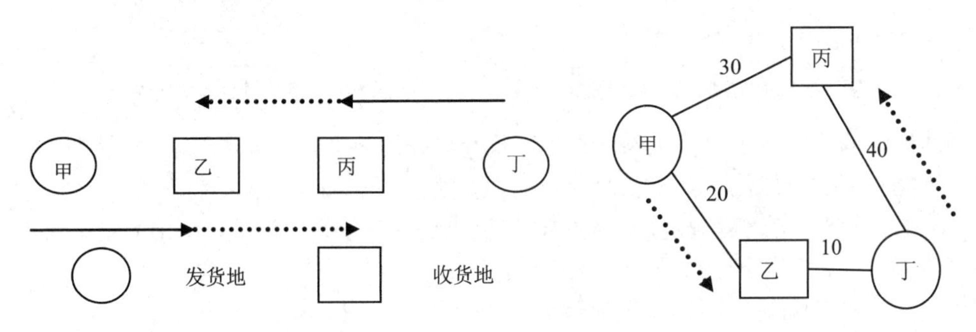

图 6-1　货物对流运输示意图　　　　图 6-2　隐蔽对流运输示意图

从图 6-2 中可以看出，甲、丁为两个发货地，乙、丙为两个收货地，各地之间的距离分别为 40 千米、30 千米、20 千米、10 千米。从丁地发运货物 2 吨给丙地；从甲地发运同种货物 2 吨给乙地。这种运输路线是不合理的，其中浪费 40 吨公里的运力。正确的运输路线应该是丁地发给乙地，甲地发给丙地。

对流运输产生的原因主要是计划不周、组织不善、调运差错。其主要危害是浪费运力、加大成本。

(2) 倒流运输。倒流运输是指货物从销地或中转地向产地或起运地回运(流)的一种运输现象。其不合理程度要甚于对流运输，因为倒流运输的往返两程的运输都是不必要的，形成了双程浪费。

在实际工作中，倒流有两种情况：一种是指同一种货物从产地(供应地)甲运达销地乙后，又从销地乙运回原产地(供应地)，或运回到相对方向的中途另一个销地丁；另一种是从产地丙运往自己本身能够生产同一种货物的产地甲。这两种均属于倒流运输，如图 6-3 所示。

倒流运输会造成浪费运力、增加运费开支、加大成本。其产生的主要原因往往是因为计划不周、组织不善或者调运差错。

2) 与运输距离有关的不合理运输

迂回运输

(1) 迂回运输。迂回运输是指货物绕道而行的运输现象，是一种本可以选取短距离进行运输，却选择路程较长路线进行运输的不合理形式，如图 6-4 所示。迂回运输有一定的复杂性，不能简单处之，只有因为计划不周、地理不熟、组织不当而发生的迂回运输，才属于不合理运输。如果最短距离有交通堵塞、路况不好或对噪声、排气等有特殊限制时所发生的迂回运输不能称为不合理运输。

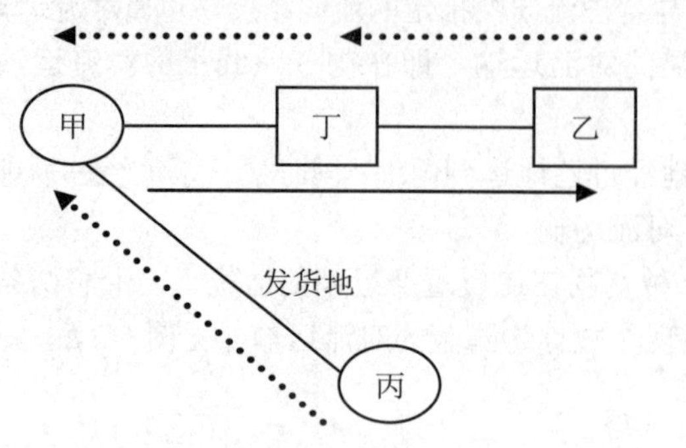

图6-3 货物倒流运输示意图

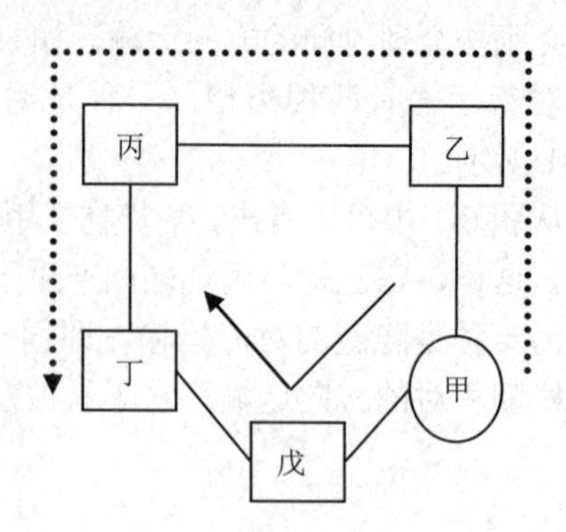

图6-4 货物迂回运输示意图

迂回运输的危害在于直接拉长运距、延长货物在途时间，不但浪费运力、加大成本，也增加货物损坏的可能性。其产生原因与地理、线路不熟悉及组织不当有关。

(2) 过远运输。过远运输是指调运物资舍近求远的货物运输现象。销地完全有可能由距离较近的供应地调进所需要的质量相同的货物，却超出货物合理流向的范围，从远处调运进来。由此造成可采取近程运输而未采取，却拉长了货物运距的浪费。例如图6-5中，甲、丙是两个产地，乙、丁是两个销地，它们的货物供应量和需要量都是各5吨。图6-5和表6-14说明，由甲地供应丁地、丙地供应乙地是不合理的，其与甲地供应乙地、丙地供应丁地相比较，要多走里程400千米，浪费2000吨公里的运力和运费。所以，合理的运输路线应该是甲地供应乙地、丙地供应丁地。

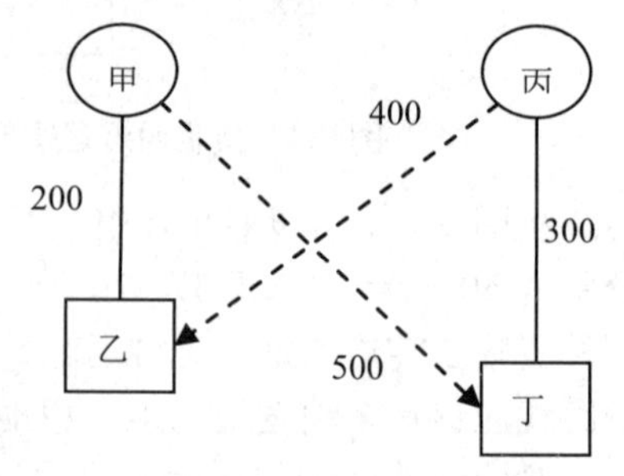

图6-5 货物过远运输示意图

表6-14 过远运输与合理运输比较表

过远运输					合理运输				
产地	销地	运量(吨)	运距(千米)	周转量(吨公里)	产地	销地	运量(吨)	运距(千米)	周转量(吨公里)
甲	丁	5	500	2500	甲	乙	5	200	1000
丙	乙	5	400	2000	丙	丁	5	300	1500
合计			900	4500	合计			500	2500

过远运输的危害是拉长运距、浪费运力、延长货物在途时间、导致资金积压，增加运输费用。其可能原因是信息错误而导致计划不周、组织不当。

3) 与货物运量有关的不合理运输

(1) 返程或起程空驶。空车或无货载行驶，可以说是不合理运输最严重的形式。在货物运输组织中，有时必须调运空车，从管理上不能将其看成不合理运输。但是，因调运

不当、货源计划不周、不采用运输社会化而形成的空驶，则是不合理运输的表现。造成空驶的主要原因有以下几种。

① 能利用社会化的运输体系不利用，却依靠自备车送货，这往往出现单程实车、单程空驶的不合理运输。

② 由于工作失误或计划不周，造成货源不实，车辆空去空回，形成双程空驶。

③ 由于车辆过分专用，无法搭运回程货，只能单程实车、单程空驶周转。

空驶直接浪费运力，加大成本，危害是很大的，用一些人的说法是“睁眼烧财富”。

(2) 重复运输。重复运输是指一种货物本可以直达目的地，但由于某种原因，如仓库设置不当或计划不周、调运差错、组织不善等，而在中途停车，卸下后重新装运至目的地，或者同品种货物在同一地点一面运进，同时又一面向外运出的不合理运输现象，如图 6-6 所示。重复运输的最大毛病是增加了非必要的中间环节，延长了货物在途时间，增加了装卸搬运费用，增大了货损，而且降低车、船使用效率，影响其他货物运输。

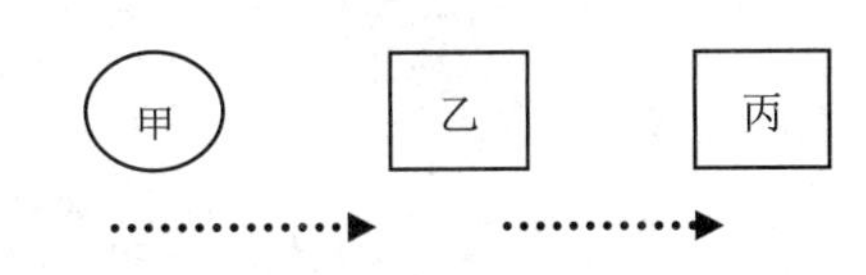

图 6-6　货物重复运输示意图

(3) 无效运输。无效运输是指被运输的货物杂质(如煤炭运输中的矿石、圆木材使用时出现的边角余料等)过多，使运输能力浪费于不必要物资运输的现象。无效运输既浪费运力，又加大成本。其产生多数是因为货物检查不细致、不到位，或者是条件所限、组织不善等。

4) 与运力有关的不合理运输

(1) 运力选择不当。运力选择不当是指未考虑各种运输方式的特点和优势而不正确地利用运输工具造成的不合理现象，常见的有以下几种形式。

① 弃水走陆。在同时可以利用水运和陆运时，不利用成本较低的水运或水陆联运，而选择成本较高的铁路运输或公路运输，使水运优势不能发挥，直接增加运费，浪费运力。其产生的可能原因是信息不灵或错误，或者计划不周、组织不善、调运差错等。

② 铁路、大型船舶的过近运输。不是铁路及大型船舶的经济运行里程，却利用这些运力进行运输。其主要不合理之处在于火车及大型船舶起运及到达目的地的准备、装卸时间长，且机动灵活性不足，在过近距离中利用，发挥不了其优势，相反，由于装卸时间长，反而会延长运输时间，增加装卸搬运费用及货损，降低车、船使用效率。另外，与小型运输设备比较，火车及大型船舶的装卸难度大、费用也较高。其产生的多数原因是调运差错、计划不周、组织不善。

③ 运输工具承载能力选择不当。不根据承运货物数量及重量进行选择，而盲目决定运输工具，造成过分超载、损坏车辆及车辆不满载、浪费运力的现象。尤其是“大马拉小车”的现象发生较多，由于装载货量小，单位货物运输成本必然增加。

(2) 托运方式选择不当。有些货主本可以选择最好的托运方式而未选择，造成运力浪费及费用支出加大。例如，本应选择整车运输而未选择，反而采取零担托运；应当直达运输而选择了中转运输；应当中转运输而选择了直达运输等都属于这一类型的不合理。

5) 与线路设计有关的不合理运输

与线路设计有关的不合理运输主要是指线路交叉，即在同一区域进行配送运输时，设计的线路之间相互交叉，增加了车辆行驶距离。

(三)运输合理化的有效措施

运输合理化的有效措施如图6-7所示。

不合理的运输造成了运距过长、运力浪费、运输时间增加、运费超支等问题，给供方和需方带来了一定的损失，长期以来，人们在生产实践中探索和创立了许多运输合理化的途径，在一定时期内、一定条件下取得了效果。

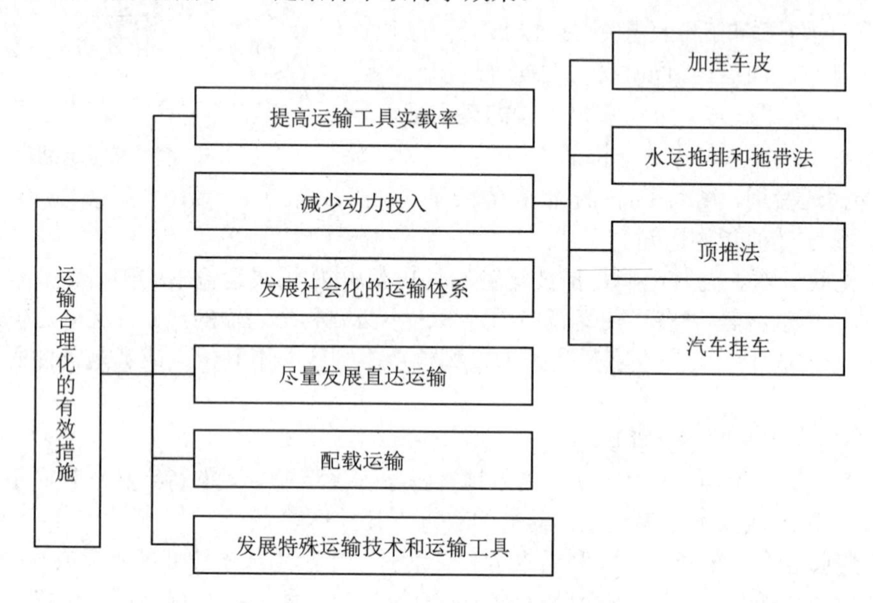

图6-7 运输合理化的有效措施

1. 提高运输工具的实载率

提高实载率的意义在于充分利用运输工具的额定能力，减少车船空驶和不满载行驶的时间，减少浪费，从而求得运输的合理化。实载率有两个含义：一是单车实际载重与运距的乘积和标定载重与行驶里程的乘积的比率，这在安排单车、单船运输时，是作为判断装载合理与否的重要指标；二是车船的统计指标，即一定时期内车船实际完成的货物周转量(以吨公里计)占车船载重吨位与行驶公里的乘积的百分比。

我国曾在铁路运输上提倡“满载超轴”，其中，满载的含义就是充分利用货车的容积和载重量，多载货，不空驶，从而达到合理化的目的。这个做法对推动当时运输事业的发展起到了积极作用。当前，国内外开展的“配送”形式的优势之一就是将多家需要的货和一家需要的多种货实行配装，以达到容积和载重的充分、合理运用，比起以往自家提货或一家送货车辆大部分空驶的状况，是运输合理化的一个进展。在铁路运输中，采用整车运输、合装整车、整车分卸及整车零卸等具体措施，都能提高实载率。

2. 减少动力投入，增加运输能力

这种合理化的要点是少投入、多产出，走高效益之路。运输的投入主要是能耗和基础设施的建设，在设施建设已定型和完成的情况下，尽量减少能源投入，是少投入的核心。做到了这一点就能大大地节约运费，降低单位货物的运输成本，达到合理化的目的。国内外在这方面的有效措施如下。

(1) 在机动车允许的情况下加挂车皮。在机车动力能力允许的基础上，采取加长列车、多挂车皮的办法，在不增加机车的情况下增加运输量。

(2) 水运拖排和拖带法。竹、木等物资的运输，利用竹、木本身的浮力，不用运输工具载运，采取拖带法运输，可省去运输工具本身的动力消耗从而求得合理；将无动力驳船编成一定队形(一般是纵列)，用拖轮拖带行驶，具有比船舶载乘运输运量大的优点，可求得合理化。

(3) 顶推法。顶推法是我国内河货运采取的一种有效方法，即将内河驳船编成一定队形，由机动船顶推前进。其优点是航行阻力小，顶推量大，速度较快，运输成本较低。

(4) 汽车挂车。汽车挂车的原理和船舶拖带、火车加挂基本相同，都是在充分利用动力能力的基础上，增加运输能力。汽车挂车和单车相比，可以采用甩挂的办法，提高效率，降低油耗。根据测定，在汽车挂车中，半挂汽车又比全挂汽车更为优越。

(5) 选择大吨位汽车。在运量比较大的路线上，采用大吨位汽车进行运输，比采用小吨位汽车运输节约。例如，美国货运汽车平均吨位为 12.5 吨，每百吨公里油耗为 3.01 升；我国货运汽车平均载重吨位为 4.6 吨，每百吨公里油耗为 8 升。

3. 发展社会化的运输体系

运输社会化的含义是发展运输的大生产优势，实行专业分工，打破一家一户自成运输体系的状况。

一家一户的运输，车辆自有，自我服务，不能形成规模，且一家一户运量需求有限，难以自我调剂，因而经常容易出现空驶、运力选择不当(因为运输工具有限，选择范围太窄)、不能满载等浪费现象，且配套的接发货设施、装卸搬运设施也很难有效地运行，所以浪费颇大。实行运输社会化，可以统一安排运输工具，避免对流、倒流、空驶、运力不当等多种不合理形式，不但可以追求组织效益，而且可以追求规模效益，所以发展社会化的运输体系是实现运输合理化的重要措施。

我国在利用联运这种社会化运输体系时，创造了“一条龙”货运方式。对产、销地及产、销量都较稳定的产品，事先通过与铁路、交通等社会运输部门签订协议，规定专门收、到站，专门航线及运输路线，专门船舶和泊位等，有效地保证了许多工业产品的稳定运输，取得了很大成绩。

4. 发展直达运输

直达运输是追求运输合理化的重要形式，其对合理化的追求要点是通过减少中转、过载、换载，从而提高运输速度，省却装卸费用，降低中转货损。直达的优势，尤其是在一次运输批量和用户一次需求量达到了一整车时表现最突出。此外，在生产资料、生活资料运输中，通过直达，建立稳定的产销关系和运输系统，也有利于提高运输的计划

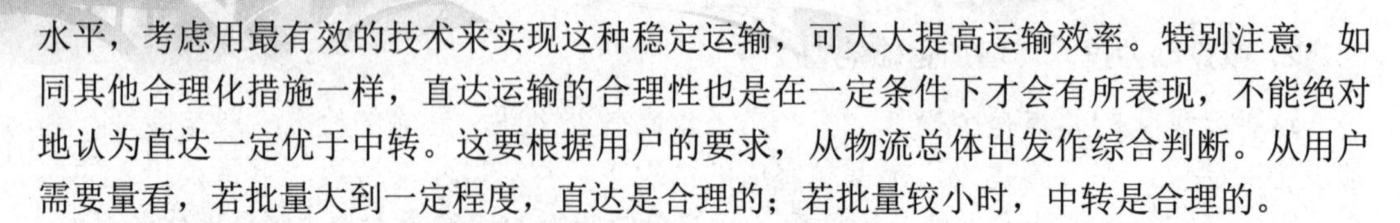

水平，考虑用最有效的技术来实现这种稳定运输，可大大提高运输效率。特别注意，如同其他合理化措施一样，直达运输的合理性也是在一定条件下才会有所表现，不能绝对地认为直达一定优于中转。这要根据用户的要求，从物流总体出发作综合判断。从用户需要量看，若批量大到一定程度，直达是合理的；若批量较小时，中转是合理的。

5. 配载运输

配载运输往往是指轻重商品的混合配载，在以重质货物运输为主的情况下，同时搭载一些轻泡货物。如海运矿石、黄沙等重质货物时，在舱面捎运木材、毛竹等；铁路运矿石、钢材等重物时，在上面搭运轻泡农、副产品等。配载运输在基本不增加运力投入及不减少重质货物运输的情况下，解决了轻泡货物的搭运，因而效果显著。

6. 发展特殊运输技术和工具

依靠科技进步是运输合理化的重要途径。例如，专用散装车及罐车，解决了粉状、液状物运输损耗大、安全性差等问题；袋鼠式车皮、大型半挂车解决了大型设备整体运输问题；“滚装船”解决了车载货的运输问题，集装箱船比一般船能容纳更多的箱体，集装箱高速直达车船加快了运输速度等，都是通过采用先进的科学技术实现合理化的。

五、运输与物流各要素之间的关系

运输与物流各要素之间的关系如图 6-8 所示。

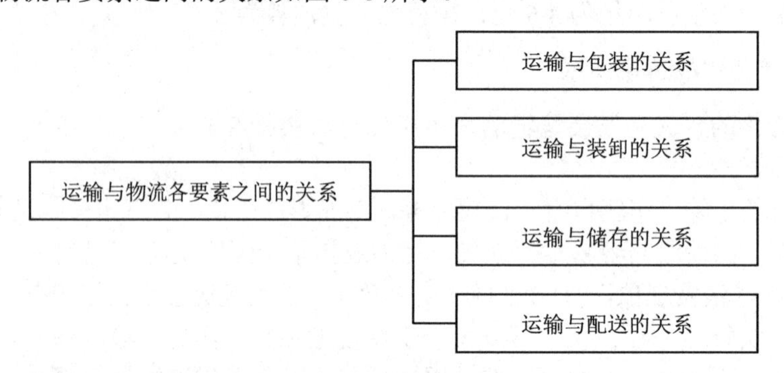

图 6-8　运输与物流各要素之间的关系

1. 运输与包装的关系

货物的包装材料、包装规格、包装方法等都不同程度地影响着物流运输。

2. 运输与装卸的关系

物流运输活动必然伴随有装卸活动，装卸还是各种运输方式的衔接手段。

3. 运输与储存的关系

储存保管是指货物暂时处于停滞的状态，这是货物投入消费前的准备。货物的储存量虽然直接取决于需要量，但货物的运输也会给储存带来重大影响。

4. 运输与配送的关系

运输和配送虽然都是线路活动，但它们也有区别。运输与配送的区别主要表现在以下三个方面。

(1) 活动范围不同。运输是在大范围内进行的，如国家之间、地区之间、城市之间等；配送一般仅局限在一个地区或一个城市范围之内。配送中所包含的那一部分运输活动在整个输送过程中是处于“末端输送”的位置，其起止点是物流据点至用户。

(2) 功能上存在差异。运输是以大批量、远距离的货物位置转移为主，运输途中客观上存在着一定的存储功能。配送几乎包括所有的物流功能要素，是全部物流活动在小范围中的体现。特殊的配送还要以加工活动为支撑，所以包括的面更广。

(3) 运输方式和运输工具不同。运输可采用各种运输工具，只需根据货物特点、时间要求、到货地点以及经济合理性进行选择即可。配送则由于功能多样化、运输批量小、频率高等特点，只适合采用装载量不大的短途运输工具，主要是汽车。

六、运输在物流中的作用

物流合理化在很大程度上取决于运输合理化，搞好运输工作对企业物流具有十分重要的意义。

运输在物流中的作用如图 6-9 所示。

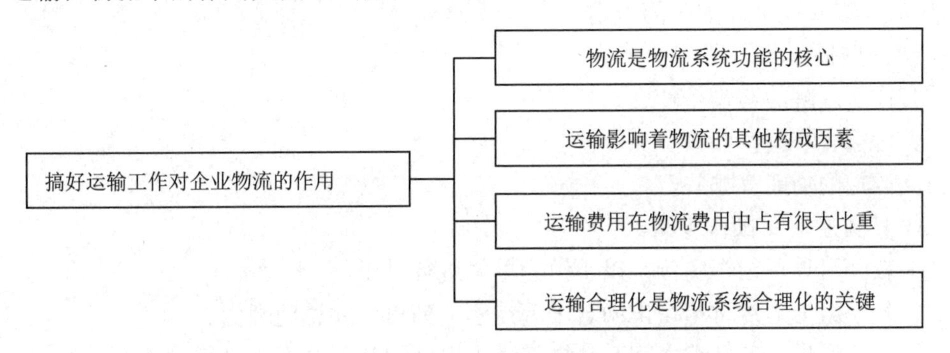

图 6-9 运输在物流中的作用

【实训任务】

任务一 运输方式的选择

(1) 运输的含义、特点及功能有哪些?

(2) 五种运输工具的特点和适用范围是什么?

(3) 如何进行运输方式的选择?

给出项目实例，结合五种运输方式的特性和适用范围进行分析对比，选择恰当的运输方式。

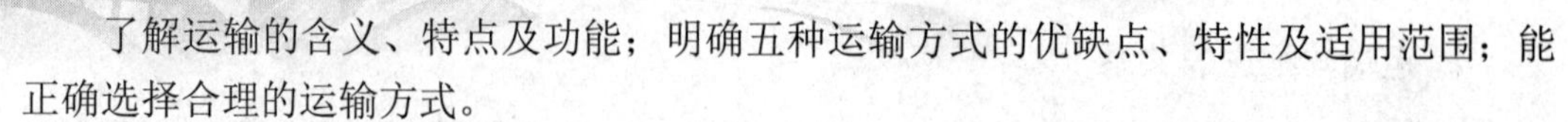

了解运输的含义、特点及功能；明确五种运输方式的优缺点、特性及适用范围；能正确选择合理的运输方式。

利用最新交通地图及各种运输方式里程表；物流实训室(利用互联网)；班级成员分成若干个训练小组。

任务实施

步骤一 熟悉运输的含义、特点及功能

(1) 案例引入。

案例1：海南，山清水秀，自然风光秀美，自古以来寓意天之边缘，海之尽头。11月中旬，当北方已是冰天雪地之时，海南三亚却依然艳阳高照。海南的气候可以使农作物“稻可三熟，菜满四季”。今天，无论在什么季节，黑龙江的哈尔滨、新疆的乌鲁木齐都可以吃到海南的新鲜蔬菜。

案例2：粮食、棉花等农作物集中产出的季节一般都是在秋季，但是人们一年四季都有需求。不光是粮食等农作物，在经济社会中，需求和供给之间普遍存在着时间差，这是一种普遍的客观存在。但是商品本身是不会自动弥合时间差的，如果没有有效的方法，集中生产出的粮食除了当时的少量消耗外就会腐烂，而在非产出时间，人们就会找不到粮食吃。不过可以通过运输以科学、系统的方法来弥补这些缺憾，有时甚至可以改变这种时间差，以实现运输的时间效用。

(2) 问题提出。

① 你所理解的运输是什么？

② 运输有哪些特点？

③ 运输的功能有哪些？

(3) 任务驱动，操作步骤。

① 教师引导，结合实例，以小组为单位进行讨论。

② 各小组分别将讨论得出的若干观点逐一列出，并说明理由。

③ 教师引导，各小组之间互动提问，小组之间就不同观点进行讨论。

(4) 问题归纳，知识应用。

① 对各小组讨论得出的最终观点进行分析、点评。

② 总结归纳并拓展前面所学的运输的相关知识点。

步骤二 熟悉五种运输工具的特点和适用范围

(1) 案例引入。

案例1：浙江杭州某丝绸厂向法国里昂市出口一批丝绸衣物。

案例2：山西的煤炭是我国重要的能源物资，而北京、广东、浙江等地是煤炭的消耗地。

案例3：克拉玛依油田位于准噶尔盆地的西北边缘，是中华人民共和国成立后发现的第一个大油田，被誉为准噶尔盆地的明珠，自它在亘古荒原被开发那天起，就与荣誉与

神秘相伴。它是新中国的第一个大油田，使中国走出了贫油论的阴影。克拉玛依市是一个常被风沙包裹的经济结构单一的工业化城市，周边自然条件恶劣。

(2) 问题提出。

① 就案例1回答：可采用哪些运输方式将货物运送到目的地？分别说明理由。

② 就案例2思考：从山西大同向北京、广州、上海等地运输的煤炭应该分别采用哪些运输方式？分别说明理由。

③ 查找交通地图，标出各种运输方式的运输路线及途经的主要地点和港口的名称。

④ 就案例3回答：原油运输采用的是哪种运输方式？该方式具有哪些特点？

⑤ 查找相关资料，说明我国的西气东输的运输方式、运输路线及相关情况。

(3) 任务驱动，操作步骤。

① 就案例1，先指导学生查看地图，找到中国杭州和法国里昂的位置，了解周围地理环境及运输线路概况。然后结合两个城市的地理位置和运输路线情况，考虑运输货物(丝绸衣物)的特点，思考可以选择哪几种运输方式，并将几种方式分别进行优劣比较，确定其中一种运输方式。

② 就案例2，先指导学生查看地图，找到山西大同、北京、上海、广州的位置，了解周围地理环境及运输线路概况。然后结合几个城市的地理位置和运输路线情况，考虑运输货物(煤炭)的特点，思考可以选择哪几种运输方式，并将几种运输方式分别进行优劣比较，确定其中一种运输方式。最后标出各种运输方式的运输路线及途经的主要地点和港口的名称。

③ 就案例3，先展示若干管道运输图片(见图6-10)，由学生回答管道运输的货物种类和管道运输的特点。提供相关资料，介绍并说明我国西气东输的主要运输线路和运力和运量等情况。

图6-10　管道运输示意图

(4) 问题归纳，知识应用。

① 就案例1，在有时间要求的情况下，选择航空运输是可行的，但费用较高；海运是最经济的方式，虽然节省费用，但运输时间和线路较长。具体路线：从上海港(或宁波港)上船，经马六甲海峡、科伦坡、曼德海峡、红海、苏伊士运河、地中海到达法国马赛

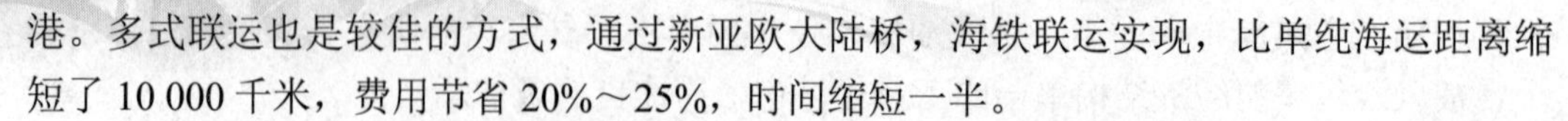

港。多式联运也是较佳的方式，通过新亚欧大陆桥，海铁联运实现，比单纯海运距离缩短了10 000千米，费用节省20%～25%，时间缩短一半。

通过运输方式的选择，熟悉并比较航空运输、水路运输、多式联运各自的优劣和特点，并结合实际情况选择恰当的运输方式。

② 就案例2，熟悉并掌握我国西煤东运的主要运输方式和运输路线。从大同到北京，铁路运输是最佳运输方式。铁路运输运量大、费用省、安全可靠。此外，从大同到北京公路运输距离为389千米，在铁路运力紧张的情况下，用大吨位货车，以公路代铁路也是可行的，并且可以节省运输时间，减少运输环节。从大同到上海，先采用铁路运输(大秦线)运至秦皇岛港，或运至天津塘沽港，然后上船，海运至上海，或铁路运输走京沪线。从大同到广州，同样先采用铁路运输，运至秦皇岛港或天津塘沽港，再海运至广州，或铁路运输走京广线。

③ 就案例3，管道运输是随着石油的生产而产生并发展起来的，是一种特殊的、将运输通道和运输工具合二为一的专门运输方式。现代管道不仅可以输送原油、各种石油制品、化学品、天然气等液体和气体物品，而且可以运送矿砂、煤浆等，甚至可以运送邮包。随着现代技术的发展，未来管道运输具有广阔的发展空间。管道运输最大的优点是不受地面气候影响，自然条件限制少，并可连续作业和全天候运行。

西气东输工程是我国能源战略的重要组成部分，它以新疆塔里木气田为主气源，以我国中东部的长江三角洲地区为目标消费市场，以干线管道、重要支线和储气库为主体，连接沿线用户，形成横贯我国东西的天然气供气系统。西气东输工程将建设4200千米管道，将塔里木盆地的天然气东送，经七省(区)到上海，供应长江三角洲地区和沿线各省(区)的工业和居民用气。初期年供气120亿立方米，初步预测第一期工程投资将达1200亿元。

技能训练

假如你是物流公司的运输管理人员，你要从客户利益出发，考虑不同运输方式的优缺点和适用范围，为客户选择合理的运输方式和运输路线，并说明理由。

(1) 从上海到赞比亚(非洲)，运输50千克的发电厂急需零件。

(2) 从青岛到美国各主要城市，运输10 000台电冰箱。

(3) 从天津某食用油工厂到乌鲁木齐，运输800箱食用油。

(4) 某牛奶厂在方圆50千米范围内收购牛奶，然后将生产包装好的牛奶运送到本市各大定点超市。

任务二　运输合理化的方案

(1) 不合理运输的表现形式有哪些？

(2) 不合理运输的原因是什么？

(3) 如何制定物流运输优化方案？

给出项目实例，结合不合理运输的主要方式和五种运输方式的特性和适用范围，制定初步的物流运输优化方案。

了解不合理运输的方式种类以及产生的主要原因；灵活运用运输合理化的有效措施；能够根据实际情况制定初步的物流运输优化方案。

利用最新交通地图及各种运输方式里程表；物流实训室(上网设备开通校园网络)；班级成员分成若干个训练小组。

任务实施

步骤一　熟悉不合理运输的主要形式

(1) 案例引入。

案例 1：小王在温州购买了 100 箱鞋子，准备运往金华销售，他雇了一辆 15 吨的载货汽车运输。

案例 2：张新从重庆运送 200 吨土产杂品到上海，他采用铁路运输方式。

案例 3：沈阳老龙口酒厂紧缺 20 吨玉米原料，长春和锦州均有货源，货运调度安排货车走京哈高速经四平到长春拉货。

案例 4：陈大海要从徐州运 50 头生猪到南京，他选择公路运输，走徐州—连云港—淮安—扬州—南京线。

案例 5：从浙江长兴运到上海的建筑材料都采用内河航运，走长(兴)—湖(州)—申(上海)航线。

(2) 问题提出。

① 各小组讨论，分别指出上述各个项目实例中的运输组织形式是否合理。

② 指出合理的有哪些方面，不合理的属于哪种运输不合理形式，并说明理由。

(3) 任务驱动，操作步骤。

① 就案例 1，先指导学生查看地图，标出温州和金华的位置，查找行车路线可以有多少条，再查里程表，确定最佳行车路线；然后判定该案例采用汽车运输方式是否正确。根据运输货物的数量和性质，判定运力选择是否恰当。

② 就案例 2，先指导学生查看地图，标出重庆和上海的位置，查看两座城市的周围地理环境及运输线路概况。然后根据运输货物的数量和性质，确定可以选择哪几种运输方式，并将几种运输方式分别进行优劣比较，确定一种最佳的运输方式。

③ 就案例 3，先指导学生查看地图，标出沈阳、长春和锦州的位置，分别查看长春和锦州距沈阳的距离，并标出具体行车路线和行车里程。标出京哈高速路线中，沈阳到四平、四平到长春的路线及里程；标出京沈高速路线中，沈阳到锦州的路线及里程，然后判定案例 3 的选择是否正确。

④ 就案例 4，根据运输货物的数量和性质，确定选择哪几种运输方式，并将几种方式分别进行优劣比较，确定一种最佳的运输方式。指导学生查看地图，找出徐州、连云港、淮安、扬州、南京的位置，查里程表，确定此条路线的行车里程。此外，找出从徐州到南京有多少条行车路线，分别比较行车里程。最后判定案例 4 的行车路线是否正确。

⑤ 指导学生查看地图，找出内河运输航线：长(兴)—湖(洲)—申(上海)航线。

步骤二　制定初步物流运输优化方案

(1) 问题提出。

① 针对上面各项目实例，找出其中不合理的运输组织形式。

② 结合实例，制定初步物流运输优化方案。

(2) 任务驱动，操作步骤。

① 根据项目实例选择恰当的运输方式(公路、铁路、水路、航空、管道等)。

② 将几种可以实现的运输方式进行优劣对比，确定最合理的运输方式。

③ 查找交通地图和里程表，确定运输路线。

④ 将可以到达的运输路线找出，比较运输线路的里程。

⑤ 确定最终的运输线路，并标出运输线路途经的各主要地点或港口的名称和距离。

(3) 问题归纳，知识应用。

① 案例1属运力选择不当。货物为100箱鞋，总重量不会超过5吨，浪费了15吨整车运输的额定载重量，应选择与其他重货一起拼车或选择小吨位货车。此外，温州到金华里程为248千米，选择公路运输方式是恰当的。

② 案例2属运输方式选择不当。土产杂品价值不高，而且货运量较大，应采用更低廉的长江水运。

③ 案例3属于舍近求远的过远运输。沈阳经四平到长春297千米，而沈阳到锦州，走京沈高速(全长658千米)，沈锦段长207千米，应选择沈阳到锦州路线。此外，由于是急需的20吨玉米原料，采用公路运输可以保证时间。

④ 案例4属于绕远而行的迂回运输。查找里程图，应选择徐州—睢宁—滁州—南京(104国道，此段全长365千米，或宁宿徐高速)线路。

⑤ 案例5属于合理选择。上海到长兴，有一条200多千米长、被誉为“东方小莱茵河”的黄金水道——长湖申航线。溯水而上，长兴的新型建材、机电、服装、酒类、茶叶、矿泉水等40多种产品可以源源不断进入上海市场。

技能训练

1. 训练内容

(1) 了解运输的起源及各种运输方式的产生。

(2) 你家乡的特产主要有哪些？是以什么运输方式运送出去的？

(3) 了解辽宁省海铁联运“烟大轮渡”的运输线路、运输方式及运力等情况。

(4) 了解我国西煤东运、北煤南运的主要运输方式、运输线路及运力等情况。

2. 训练准备和具体步骤

(1) 将班级分成若干组，4～6人一组，提前将上述训练内容做好布置和安排。

(2) 由各小组组长进行成员分工，通过网络或书刊查阅上述四项训练任务的相关资料，编制PPT课件方案。

(3) 分小组制作完成课件方案，先交指导教师审核，然后进行修改完善。

(4) 指导教师安排1～2学时，由各小组指派一名学生，对制作的课件方案进行限时10～15分钟的讲演介绍。

(5) 指导教师根据各小组的制作及讲演情况，现场进行互动提问，并总结点评。

(6) 各小组根据互动提问和点评内容进行方案修改，最终提交指导教师，由指导教师进行综合评价。

3．训练要求

(1) 各小组成员要熟悉自己的职责和分工，严格按照训练步骤进行。
(2) 严格遵守训练要求，查阅地图及相关资料，做到认真、全面、翔实。
(3) 要求各小组成员参与其中，分工明确，各负其责，各人要有完整的工作记录。
(4) 各项任务要求按步骤、按规定时间完成，并先提交指导教师进行审核。

4．训练评价

运输合理化技能训练评价的平时成绩考核表见表 6-15～表 6-17。

评量表 1

表 6-15　平时成绩考核表

班级：　　　　单元名称：　　　　　评量期间：自　　年　月　日起至　　年　月　日止

序号	学号	姓名	评量内容																									平时成绩总评
			课堂表现								口语表现								考勤表现					作业表现				
1																												
2																												
3																												
4																												
5																												
6																												
7																												
8																												
9																												
10																												
11																												
12																												
13																												
14																												
15																												
16																												
17																												
18																												
19																												
20																												
21																												
22																												
23																												
24																												
25																												
26																												
27																												
28																												
29																												
30																												

考核内容	A	B	C	D	E
1.出勤与纪律情况(20分)	不曾请假、迟到或早退，且踊跃参与学习活动或会议	不曾请假、迟到或早退，且对参与学习活动或会议态度尚佳	按照规定请假，不曾迟到或早退，且对参与学习活动或会议态度尚佳	按照规定请假，不超过6次迟到或早退，但对参与学习活动或会议态度不积极	常请假、迟到或早退(超过6次)，且对参与学习活动或会议态度不积极
2.课堂表现(30分)	学习能积极主动，课堂任务精准完成，与老师互动效果很好，实践操作准确	学习能较积极主动，课堂任务正确完成，与老师互动效果较好，实践操作较准确	学习能主动，课堂任务较正确完成，与老师互动效果较好，实践操作一般	学习主动性较差，课堂任务完成较少，与老师互动效果一般、实践操作一般	不学习或不完成课堂任务，不进行实践操作
3.作业表现(30分)	作业上交及时，准确率很高，能将知识整合、灵活运用，处理问题能力很强	作业上交及时，准确率较高，能将大部分知识整合、灵活运用，处理问题能力较强	作业上交及时，准确率较高，能将部分知识整合、运用，处理问题能力一般	作业上交较晚，准确率较低，不能将知识整合、运用，处理问题能力较差	没有上交作业，准确率很低，知识点错误
4.口语表现(20分)	讲述流畅、精准，主题表达明确、逻辑清晰，时间控制很合理	讲述通顺、正确，主题表达较明确、逻辑正确，时间控制较合理	讲述尚可、较正确，主题表达部分明确、逻辑需加强，时间控制一般	讲述欠通顺、较正确，主题表达不清、逻辑欠佳，时间控制不当	讲述混乱或无法回答问题，缺乏逻辑，时间控制分配不当

注：各项目之A、B、C、D、E依次占配分的100%、80%、60%、30%、0%。

评量表2

表6-16　单元方案制作评量表

姓名：　　　　　　专业与班级：　　　　　　　　　学号：

评量项目	自　评	教师评价
1. 业务认知30分		
(1)业务认知清晰(20分)		
(2)合理化运输要求(10分)		
2. 运输方案设计55分		
(1)运输方式选择正确(30分)		
(2)运输路线安排合理(15分)		
(3)方案设计合理、清晰(10分)		
3. 团队合作15分		
(1)分工具体、职责明确(8分)		
(2)团队合作意识(7分)		
合计		

表 6-17 单元实操评量表

考核内容	权重/%	考核标准			
		A 等分值范围（85～100 分）	B 等分值范围（70～84 分）	C 等分值范围（60～69 分）	D 等分值范围（60 分以下）
业务认知	30	业务认知清晰，业务熟练，合理化运输要求清晰	合理化运输要求较清晰，业务较熟练	业务不熟练，合理化要求不熟练	不懂业务，合理化要求不明确
方案设计	55	运输方式选择合理正确，运输线路安排正确，整体方案成本低	运输方式选择正确，运输线路安排尚可，整体方案成本尚可	运输方式选择尚可，运输线路安排不恰当，整体方案一般	运输方式选择错误，路线安排不合理，方案错误
团队合作	15	岗位分工明确，团队合作默契	岗位分工较好，有团队意识，团队合作较好	有岗位分工，但合作意识较差	无岗位分工，无团队合作意识

【综合案例】

案例一

青岛啤酒的“新鲜度”管理

对于新鲜度要求极高的商品，如啤酒，对物流有何要求？

“我们要像送鲜花一样送啤酒，把最新鲜的啤酒以最快的速度、最低的成本送到消费者面前。”这是青岛啤酒股份有限公司的经营之道。

啤酒产品具有较高的保鲜要求，即使产品在保质期内，产品新鲜度对啤酒口味等指标也有较大影响。产品从生产厂到消费者的时间越短，各项合理化指标的变化越小，啤酒的新鲜度越高，口感越好。

在实行新鲜度管理之前，生产地青岛库存量过大——近 3 万吨，存放时间都在一个月以上，有些品种甚至存放两个月以上，影响了啤酒的口味。优化物流体系，就是要尽可能缩短产成品进入市场的时间，提高产品的新鲜度，增强产品的竞争力。

具体措施是从运输、仓储环节入手，基于 Oracle 的 ERP 系统和基于 SAP 的物流操作系统提供信息平台支持，对其过程的各个环节进行重新整合、优化，以减少运输周转次数，同时加强仓储、运输调度，减少中间环节。接到客户订单后，产品由生产厂直接送往港、站，而省内订单则直接由生产厂运到客户仓库。仅此一项，运输成本就下降了 0.5 元/箱，运往外地的速度比以往提高了 30%以上。

青啤招商物流公司运营以来，青岛啤酒在物流效率的提升、成本的降低、服务水平的提高等方面成效显著，运输起到了关键的作用。那么，在经济生活中，如何正确认识物流运输系统各要素之间的关系？如何认知物流需求与供给？如何避免不合理的运输形式？实施何种途径使运输合理化？

(资料来源：人人文库.物流案例分析：青岛啤酒外包物流保鲜速度[EB/OL]. (2022-01-01)[2023-10-01]. https://www.renrendoc.com/paper/180942993.html

案例二

韩国三星公司合理化运输

今天的商业环境正在发生显著的变化，市场竞争愈加激烈，客户的期望值正在日益提高。为适应这种变化，企业的物流运输工作必须进行革新，创建出一种适合企业发展、让客户满意的物流运输合理化系统。为了实现运输合理化，通过在采购、销售过程中有效地掌握物流、信息流去满足客户的需求，三星公司物流工作合理化革新小组在配送选址、实物运输、现场作业和信息系统四个方面进行物流革新。

一、配送选址革新措施提高配送中心的效率和质量

韩国三星公司将其配送中心划分为产地配送中心和销地配送中心。前者用于原材料的补充，后者用于存货的调整。这样对每个职能部门都确定了最优工序，使配送中心的数量减少、规模得以最优化，便于向客户提供最佳的服务。

二、实物运输革新措施能及时地交货给零售商

配送中心在考虑货物数量和运输所需时间的基础上确定出合理的运输路线。同时，一个高效的调拨系统也被开发出来，这方面的革新加强了支持销售的能力。

三、现场作业革新措施使进出工厂的货物更方便、快捷地流动

为此公司建立了一个交货点查询管理系统，可以查询货物的进出库频率，高效地配置资源。

四、信息系统革新措施将生产、配送和销售一体化

韩国三星公司在局域网环境下建立了通信网络，并开发了一个客户服务器系统，公司集成系统(SAPR)1/3将投入物流中使用。客户如有涉及物流的问题，都可通过订单跟踪系统得到回答。

韩国三星公司物流工作合理化革新小组对配送选址、实物运输、现场作业和信息系统四个方面进行物流革新，提升了企业在客户心目中的形象，从而更加有利于企业的经营。

(资料来源：icecream. 运输合理化的案例[EB/OL]. (2022-09-13)[2023-10-01]. https://www.gerenjianli.cn/fwdq/shiyongwen/10129427.html)

课 程 思 政

同一运输任务，选择不同的运输路线和运输车辆，进行运输成本的比较分析，差距非常大，说明需要具有节约成本意识和合理化运输设计能力及具有社会责任意识，更应该具有在流通环节减负、为百姓办实事、提高民生福祉的意识。合理化运输方案的设计，需要具有团结合作意识、服务意识、责任意识及解决问题的综合能力。

拓 展 提 升

运输合理化与岗位职责的落实

运输合理化不仅是一句口号，更是一个系统工程；运输合理化的实现，需要每个物流人、每个物流岗位尽职尽责。各物流公司的岗位设置不同，表6-18所示为某专业物流公司的主要岗位及其职责。

表6-18　××市顺通物流公司主要岗位及其职责

工作岗位	岗位职责	任职要求
物流经理	(1) 全面负责物流公司的管理和日常运作，组织制定经营目标及其实现措施 (2) 制定物流公司短期及长期的改善和发展计划并组织实施 (3) 负责物流公司各项作业程序的执行及过程的控制 (4) 负责对各职能人员进行日常工作的指导、训练及业绩考评 (5) 对物流公司各职能人员的工作进行合理安排、监督并能及时调整 (6) 负责对与本公司相关的合作单位和政府主管部门的日常联系、协调工作 (7) 对公司的资产负责，实现保值和增值 (8) 年末向职工代表大会报告年度工作业绩和公司在管理、决策方面的失误	(1) 40岁以下，物流管理、计算机专业专科以上学历 (2) 6年及以上物流运作经验，其中4年以上物流主管经历 (3) 良好的IT技术知识和技能，具有一定的财务成本知识 (4) 强烈的客户服务意识和积极主动的团队合作精神 (5) 较强的事业心和责任感 (6) 熟悉分销配送系统流程和控制 (7) 能规划全国销售网络和建立物流配送系统
仓储主管	(1) 负责在库货物保管，严格执行公司库房管理规定 (2) 根据公司合法单据对库内货物进行实物移动、垛卡扣减，确保商品在各个环节中的垛卡记录完整、准确 (3) 负责出入商品的条码扫描并上传到系统，并检查无误 (4) 对采购、转储、无单运输、外部业务等实物到货办理收货、入库 (5) 做好转储到货、采购到货、破损索赔、破损拒收，并做好相关记录与反馈工作 (6) 负责收、发货各类报表、总结的制作和报送 (7) 负责收、发货的流程优化和人员培训 (8) 积极配合其他部门、小组工作，积极参与公司的整体工作，提高本部门运作和管理水平	(1) 受教育程度：大学专科或以上学历，物流相关专业 (2) 资格证书：有物流师或助理物流师职业资格证者优先 (3) 工作经验：至少两年仓储管理工作经验 (4) 专业技能：熟悉库内的各项业务操作 (5) 通用技能：熟练操作计算机及常用办公软件，耐心细致，善于沟通表达，吃苦耐劳，敬业负责，具有团队合作精神。应变能力、处理突发事件能力强

续表

工作岗位	岗位职责	任职要求
运输主管	(1) 负责运输部门人员管理及工作分配 (2) 调动车辆，合理安排公司运输资源 (3) 监督运输索赔及运输异常事件处理 (4) 负责运输成本的控制，有效降低费用率 (5) 做好承运商的关系维护、运作质量管理及考核 (6) 开展运输市场调查、分析，以及运输渠道的拓展、维护 (7) 监督发货和市内配送相关工作，对相关数据进行分析，最终使得运输成本与时效、OTD及客户满意度达到相关要求	(1) 30～45岁，男性，物流相关专业大专以上学历 (2) 从事过物流行业工作4年以上，具有开拓创新精神，担任过中型以上物流公司领导职务且业绩良好者优先 (3) 熟知储运整个的供应链管理，可协调部门内外的运营执行情况 (4) 具有较强的责任心和团队精神，具备出色的组织管理能力 (5) 有驾照，并可熟练操作办公软件
运输专员	在运输主管领导下，做好运输管理方面的工作： (1) 接收系统销售订单及客户订购单，整理并分发送货单据，安排备货 (2) 联系运输公司，安排车辆装运货物 (3) 监督运输公司的服务质量，管理送货方及第三方发票，保证运输安全，及时、有效处理运输事故 (4) 管理运输费用，及时反馈运输信息 (5) 处理拒收货品及退货 (6) 负责报告的提交及存档、总账系统的处理	(1) 30～45岁，物流管理等相关专业大专以上学历 (2) 工作认真、仔细，吃苦耐劳，具备良好的职业道德和团队协作精神 (3) 具有较强的组织实施能力 (4) 性格开朗，善于与人沟通，具备良好的学习能力和对工作持之以恒的态度 (5) 熟知运输供应链或仓储的管理，并有5年以上的现场管理经验。有大型物流公司工作经验5年以上者优先录取
货运员	(1) 受理货主运输请求，编制和执行货物运输计划 (2) 负责货物的验收、运杂费的计算与核收 (3) 负责货运票据的制作与流转、工作日况的填记与汇报 (4) 负责货物运输全程的信息跟踪，保持与货主的信息畅通	(1) 大专及以上学历，物流、交通运输等相关专业，男性 (2) 工作踏实，能承受工作压力，需要值夜班
信息管理专员	(1) 负责企业信息管理各系统中的日常维护工作 (2) 协助软件开发公司进行企业信息管理系统中部门功能的开发工作 (3) 在实践中承担起集团信息管理各系统的规划工作	(1) 信息管理相关专业，本科及其以上学历，30岁以下，男性 (2) 有网络基础知识，熟悉路由器、防火墙等网络设备管理 (3) 能够熟练使用Windows Server 2003操作系统；熟悉IIS的使用及MS SQL Server数据库操作；熟悉Java、ASP等开发语言及相关设计工具；熟悉Flash、ActionScript的设计和开发

智慧物流运输

一、智慧物流运输的发展

智慧物流运输源于智能交通(intelligent transportation system，ITS)，智能交通源于计算机与通信技术的发展。其具体的发展阶段如下：

1. 初级交通管理阶段

19 世纪初，红、绿两种颜色交通信号灯(英国)；1918 年，红、黄、绿三种颜色的手动信号灯(美国)；1926 年，机械式交通信号机(英国)；1964 年，第一个利用计算机进行交通信号控制的系统(加拿大)

2. 智能交通管理阶段

1967 年，美国联邦公路局启动电子路径诱导系统研究，欧洲和日本随后也相继开展了相关研究工作。

在之后的发展过程中，人们越来越多地将科学管理应用于实践，将交通运载工具、交通基础设施和交通参与者综合起来系统考虑，充分运用通信、信息、控制和传感等各类先进技术，建立起一种实时、精确且高效的交通运输管理体系，智能交通系统(ITS)应运而生。

1986 年，欧共体提出了“欧洲高效、安全的交通系统计划”(prometheus)，1989 年提出了“保障车辆安全的欧洲道路基础设施计划”(drive)，1990 年美国联邦公路局提出了“智能车辆道路系统”(ivhs)，1994 年召开了第一届世界 ITS 大会，从此世界进入了智能交通时代。

3. 智慧交通管理阶段

第四代计算机网络、云技术、大数据技术的诞生，使得智能交通得到蓬勃发展，各国都建立了自己的智能交通体系框架。研究的范围不再限于城市交通，而是扩展到了公路、水运、物流、综合运输等行业。

二、智慧物流运输的基本知识

1. 智慧物流运输的基本含义

智慧物流运输是在智能交通的基础上，在物流运输领域充分利用物联网、空间感知、云计算、移动互联网等新一代信息技术，综合运用交通科学、系统方法、人工智能、数据挖掘等理论与工具，以全面感知、深度融合、主动服务、科学决策为目标，通过建设实时的动态信息服务体系，深度挖掘物流运输相关数据，形成问题分析模型，实现行业资源配置优化能力、公共决策能力、行业管理能力、公众服务能力的提升，推动物流运输更安全、更高效、更便捷、更经济、更环保、更舒适的运行和发展，带动物流运输相关产业转型、升级。

2. 智能交通与智慧物流运输联系与区别

1) 联系

智慧运输和智能交通均是传感、信息和通信等多种先进技术在道路交通方面进行运用的产物，两者在关键技术、建设内容和应用目标等方面包含较多共同部分。

2) 区别

智慧物流运输系统以国家智能交通系统体系框架为指导，重点针对运输产业领域建成“高效、安全、环保、舒适、文明”的智慧运输体系。

大幅度提高物流运输系统的管理水平和运行效率，为物流运输提供全方位的交通信息服务和便利、高效、快捷、经济、安全、人性、智能的交通运输服务。

为运输管理部门和相关企业提供及时、准确、全面和充分的信息支持和信息化决策支持。

3. 智慧物流运输的特点

1) 有效联结运输供应链的各要素

智慧物流运输系统提高了订单的响应处理能力，提高了调度的配载效率，通过网络和云平台实现各方信息的准确传递，实现了全链路信息透明。

2) 集成先进技术的智能系统

智慧物流运输系统实质上就是将先进的信息技术、计算机技术、数据通信技术、传感器技术、电子控制技术、自动控制技术、运筹学、人工智能等学科成果综合运用于交通运输、服务控制和车辆调度，加强了车辆、道路和使用者之间的联系，从而形成一种定时、准确、高效的新型综合运输系统。

3) 以数据为支撑进行全面控制

智慧物流运输系统中的数据采集层，包括卡口终端设备、RFID射频数据、GPS定位数据、手机信息等，它们采集的非结构化的视频和图片数据，以及经过前置智能算法所处理后输出的结构化信息数据。通过系统平台整合园区、车辆、货主等多方数据，针对结构化基础信息，通过大数据挖掘系统进行情报化信息分析，全面调控物流运输过程。

4. 智慧物流运输的体系构成

1) 运营管理

建立标准化的数据通道，将所有与业务有关的信息连接，实现货主、收/发货方、中小型第三方物流企业、车主、司机信息互联互通，确保供应链全线物流资源高效协同。

智慧运输运营管理平台主要包括订单管理、配载作业、调度分配、行车管理、GPS车辆定位系统、车辆管理、人员管理、数据报表、基本信息维护、系统管理等功能模块。

2) 智能驾驶

以道路(航道)智能化为基础，遵循交通基础设施与车(船)载系统协调配合的理念，实现车辆(船只)辅助驾驶及特定条件下的自动驾驶，从根源上减少了由于人的误操作而引发的交通问题，提高了交通运输的安全性和运行效率。

3) 交通管理

主要服务于交通管理者，包括交通动态信息监测、需求管理、交通控制、交通事件管理、勤务管理、交通执法和停车管理等方面。

交通动态信息是指在时间和空间上不断变化的交通流信息，如交通流量、车速、占有率、车头时距和旅行时间等。

信息的采集方式分为固定型和移动型两种：

固定型采集技术可分为磁频采集、波频采集和视频采集三类技术；

移动型采集技术是运用安装有特定设备的移动车辆来采集交通数据的技术总称，目前主要有基于电子标签、基于全球定位系统(GPS)和基于汽车牌照自动识别三种采集技术。

交通需求管理是对交通源的管理，是一种政策性管理，控制货车进城、车辆单双号通行以及收取拥堵费等均属于交通需求管理。

交通控制是对交通流的一种技术性管理，通过管理道路交通基础设施及合理管制与引导交通流提高道路通行效率。

交通控制策略包括节点交通控制(如信号控制交叉口)、干线交通控制(如绿波带)以及区域交通控制。区域交通控制以全区域所有车辆的通行效率最大为管理目标，旨在同时实现节约能源和减少环境污染。

交通执法方面，执法记录仪已成为基层交通管理部门的标配，能够实时便捷地收集有效证据，保障执法人员和执法对象的权益，有效规范执法行为，促进执法水平的提升。

停车管理方面，停车难和效率低一直是影响车主出行的交通难题，集云收费、云管理、云支付和云运维于一体的智慧停车系统正逐渐改善这种现状，免取卡不停车、车位诱导、取车引导和电子收费等功能真正实现了智慧停车管理，给车主带来极大便利。

4) 电子收费

电子收费系统主要应用于高速公路不停车收费，即ETC系统。

5) 交通信息服务

交通信息服务主要指向驾驶员传递有用的交通服务信息，包含出行前信息服务、行驶中驾驶员信息服务、途中公共交通信息服务、途中其他信息服务、路径诱导与导航以及个性化信息服务等。

(资料来源：z195.交通运输行业的智能交通系统与智慧物流[EB/OL].(2020-02-12)[2023-11-28]. https://wenku.baidu.com/view/3c147a475427a5e9856a561252d380eb62942381.html?_wkts_=1701841847084&bdQuery)

资料链接

本单元相关网站的网址如下，仅供读者拓展学习之用。

(1) 交通部物流工程研究中心网：http://www.cltc.com.cn

(2) 海关综合信息资讯网：http://www.china-customs.com

(3) 上海物流网：http://www.sh56.cn

(4) 中国水资讯网：http://www.cjk3d.net/news/index.html

(5) 浙江物流网：http://www.zj56.com.cn

(6) 浙江省八达物流有限公司网：http://www.badawl.com

参考文献

[1] 刘心. 物流运输管理实务[M]. 北京：清华大学出版社，2021.

[2] 徐家骅. 物流运输管理实务[M]. 北京：清华大学出版社，2021.

[3] 李海峰. 物流运输管理实务[M]. 北京：冶金工业出版社，2021.

[4] 朱强. 物流运输管理实务[M]. 北京：高等教育出版社，2020.

[5] 江建达. 物流运输管理[M]. 大连：东北财经大学出版社，2020.

[6] 王岩. 物流单证制作[M]. 北京：机械工业出版社，2021.

[7] 贾铁钢. 运输实务[M]. 北京：电子工业出版社，2021.

[8] 杨鹏强. 国际货运代理实务[M]. 北京：电子工业出版社，2021.

[9] 张理. 物流运输管理[M]. 北京：清华大学出版社，2020.

[10] 韩杨. 物流运输管理实务[M]. 北京：清华大学出版社，2020.

[11] 徐馥. 物流设施与设备操作实务[M]. 北京：电子工业出版社，2020.

[12] 蒋宗明. 运输管理实务[M]. 合肥：安徽大学出版社，2020.

[13] 姬中英. 物流运输实务[M]. 北京：中国人民大学出版社，2020.

[14] 丁莉. 物流运输管理实务[M]. 北京：清华大学出版社，2020.

[15] 杨鹏强. 航空货运代理实务[M]. 北京：北京理工大学出版社，2020.

[16] 王爱霞. 物流运输实务[M]. 北京：机械工业出版社，2020.

[17] 甘卫华. 现代物流基础[M]. 北京：电子工业出版社，2020.

[18] 李虹. 物流运输实务[M]. 北京：机械工业出版社，2020.

[19] 李冰. 物流运输实务[M]. 北京：中国人民大学出版社，2020.

[20] 彭秀兰. 道路运输管理实务[M]. 北京：机械工业出版社，2020.

[21] 郎德琴. 物流运输基础与实务[M]. 北京：中国劳动社会出版社，2019.

[22] 付丽茹. 公路运输[M]. 北京：水利水电出版社，2019.

[23] 徐丽群. 运输物流管理[M]. 北京：机械工业出版社，2019.

[24] 方秦盛. 物流运输管理实务[M]. 武汉：华中科技大学出版社，2018.

[25] 秦英. 物流运输组织与管理实务[M]. 北京：科学出版社，2018.

[26] 黄少峰. 物流运输管理[M]. 南京：江苏大学出版社，2018.

[27] 马华. 物流输管理实务[M]. 北京：中国轻工业出版社，2018.

[28] 王卫洁. 物流运输管理实务[M]. 北京：中国人民大学出版社，2018.

[29] 刘徐方. 集装箱运输管理实务[M]. 北京：清华大学出版社，2018.